教育部人文社会科学研究青年基金项目"社会工作实践知识发展的行动研究：

以D市为例"（19YJC840040）的研究成果

社会工作实践知识

理论构建与行动研究

王海洋 / 著

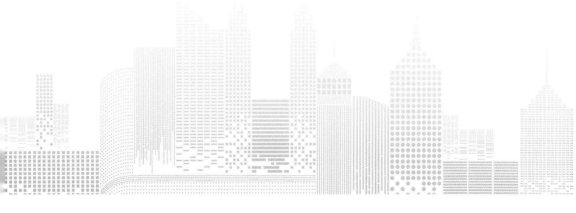

PRACTICAL KNOWLEDGE OF SOCIAL WORK

THEORETICAL CONSTRUCTION AND ACTION RESEARCH

社会科学文献出版社
SOCIAL SCIENCES ACADEMIC PRESS (CHINA)

前　言

在过去的 30 多年中，中国社会工作的发展历程明显分为两个阶段。前 20 年，主要处于"理论教育阶段"，此阶段缺乏实践的土壤、经验和机会，社会工作者知识大多基于对西方社会工作理论与方法的诠释。直至 2006 年，党的十六届六中全会明确提出了"建设宏大的社会工作人才队伍"的目标，标志着中国社会工作正式迈入制度性建设的新阶段。自 2008 年起，中国南方城市率先实施了专业社会工作服务的"政府购买模式"，这一举措使社会工作实质性地融入了国家治理体系之中，为专业社会工作者提供了宝贵的实践机会与空间。针对实务经验的不足，社会工作教育力求通过加速引入和移植西方社会工作理论来补齐这一短板。然而，这一过程中也出现了急于引入和移植西方社会工作理论，疲于去西方、中国港台地区拿来方法"应用"的现象，导致无力直面社会工作实践的田野及理论与路径的本土化探索。在此期间，内地通过香港引入的西方社会工作知识多为工具理性的知识，这帮助我们达到了短时期内快速发展社会工作的目标。

事实上，在过去西方主流传统中"专业"所强调的特殊知识根植于高等学习机构通过科学研究发展出来的理论和技术之中。"实践"的处境是窘迫的，实践知识存在着，却不能干净利落地被纳入知识类别中。这加剧了实践者的"严谨或适切"的困境，即严谨性的专业知识反而使得实践者对实践中的某些主要现象视而不见，而应对这些现象的艺术性方法，却又不具备专业知识的严谨性。这种人文社会科学的科技理性（科技理性是指专业知识存在于工具性的问题解决活动之中，科技知识则是现代社会专业与专家的支撑）下学术研究者与实践社会工作者不平等的劳动分工，导致众多身处复杂人类与社会现场的社会工作者，在追求知识和探究方法的过程中陷入狭窄的胡同，久而久之，实践社会工作者失去了辨识生命细致变化的能力，对场域脉络间交织牵动的力量视而不见。社会工作在专业化的过程中，也深受科技理性的影响，强调科学化、标准化，社会工作者的介入愈来愈强调理性和客观性，实践知识被建构为关于"方法-目标"之间关系的知识。如果目标一致，那么"我应该如何行动"的问题可被简化为"什么是最有效的达成目标的手段"，这使得实践知识染上了强烈的工具性色彩。当复杂实践现场知识和灵活、多样的探究方法被简化为"问题-方法"的通用模式时，专业社会工作实践者失去了在复杂而不确定的实践现场有效行动的能力，社会工作实践成为工具性实践。

对助人工作而言，应追求知行合一实践认识论。认识是伴随着介入行动而得到丰富和改变的，认识与行动是相辅相成、同步发展的。从实践认识论角度出发，每一个社会工作者均具备独特性与能动性。这种独特性不仅源于其个人经验的积累，也体现了其对社会环境、文化背景及社区需求的深刻理解与敏锐洞察。同时，社会工作者在面对个人、群体及社区环境的多样性和复杂性时，必然要与这些独特的复杂因素进行直接且深入的互动。此过程旨在不断获取新的理解与洞察，进而优化行动策略，而行动本身又持续催生新的认知。因此，鉴于复杂实践现场对社会工作者的要求，他们必须发展出实践智慧或实践知识，以适应并应对实践处境的要求。然而，中国本土社会工作其实是把西方传进来的"模式化"的工作方法作为模板来实现快速发展的，社会工作者被这套模板"卡住"。比如"流动儿童四点半学堂"，虽然叫做儿童学堂，但服务对象其实是里面的孩子及他们身后的成年人，是打工的父母和他们的孩子们，或在社区阶段性居住几年的工人和他们的家庭。如果只强调"儿童学堂"，很容易就陷入一种以小组形式开展学堂活动的工具性操作方法之中。这样一来就剥夺了社会工作者与复杂、立体人群互动时形成实践智能的机会。

因此，要避免社会工作者的工作陷入模板化的困境，从而保持其独特性和灵活性，关键在于使每位社会工作者都能基于自身的实践经验，提炼并创造出属于自己的本土实践知识。这是本书所探讨的核心议题。从这一视角出发，中国南方地区人口的高流动性为社会工作者提供了独一无二的机遇与挑战。但是因为本土社会工作实践被"模式化"的工作方法挤压，社会工作者难以有实质的创新和突破。笔者正好经历了这一过程，体验到了西方传入的工具理性的社会工作操作的无效性，以及其对社会工作者的直接挤压。因此，本书试图从广东 D 市社区地理人文的真实情况出发，站在社会工作行动研究者的位置，通过理论研究与实践协同，构建具有细致实践智能的本土实践知识，以回应社会工作本土实践的无效性难题。

中国的社会问题具有其复杂性和独特性，与西方社会存在显著的差异。因此，我们不能简单地将西方引入的社会工作知识"拿来即用"，这已被事实证明不可行。西方社会工作知识应当被视为一种参考或借鉴，而非直接应用的模板。更为重要的是，我们需要细致辨识中西方社会工作知识之间的差异，以确保社会工作知识在中国社会的适用性和有效性。作为"80 后"，笔者亲身经历了社会工作行业的兴起，同时也深刻体会到了其发展过程中的工具性实践所带来的无效性难题。我们对欧美及中国港台地区社会工作行业的发展状况有所了解。在此背景下，当我们审视自身所处的社会工作环境中的结构性限制及实践挑战时，难免会产生相似的疑虑。面对这样的现状，我们需要将这份共有的情感转化为未来生命旅程中 20~30 年间发展社会工作的积极力量。我们须明确，我们的目标是要思考并行动，从自身位置与条件出发，探究社会工作本土实践的深化与知识生产。社会工作强调实践的重要性，强调专业知识应放置于实践中检验，行动均应放置于当时的政治、历史脉络中展开，以带来社会与人的同步改变。因此，本书的目标是在构建社会工作实践知识理论的基础上，协同实践者发展出具有在地性的社会工作实践知识。这种实践知识是对社会工作者实践经验的梳理与提炼的产物。它不仅是基于过往经验的知识构建，更是推动社会工作者职业成长与实践改善的有用知识。笔者与 D 市的社会工作实践者协同探究实践知识的生产路径。这既是实践导向的知识追寻历程，也是整理社会工作者的实践经验、发展社会工作实践知识的行动研究路径。

本书从理论构建与行动研究两个层面，聚焦以下问题进行系统研究。第一，在西方工具理性社会工作模式的影响下，D市社会工作的发展呈现出何种样态？社会工作者的实践有效性如何？第二，改革开放40余年来，D市的地理人文特质发生了什么变化？生活在这一地域中的人们所面对的政治、历史及现实地景是怎样的？源自西方的社会工作知识，是否能够有效应对这种复杂多变的地理人文环境？第三，D市社会工作者如何行动？行动的难题为何？如何对其进行理论解释？第四，从D市独特的社区地理人文条件出发，要发展出"好社会工作实践者"，社会工作者知识势必要经过怎样的本土化？社会工作者如何生产属于自己特殊脉络的实践知识？由此，本书提出社会工作实践知识生产的理论框架与行动路径（见图1），尝试从理论（理论批判）与实践（行动研究）两个维度对上述问题进行系统探究。

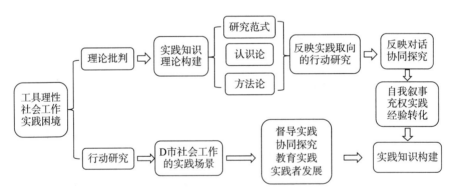

图1　社会工作实践知识生产的理论框架与行动路径

具体而言，本书的研究分为四个阶段进行。第一阶段，理论构建阶段。首先，对工具理性社会工作实践进行了理论批判，并基于工具理性社会工作实践困境，从理论角度探究了摆脱工具理性社会工作实践困境之道，即迈向实践范式的社会工作知识观。其次，基于实践范式的社会工作知识观，构建了社会工作实践知识生产的认识论，以及反映实践取向的行动研究的方法论。最后，对社会工作实践知识生产的行动研究的具体操作方法与实践运用进行了系统构建。第二阶段，专业实践历程的行动研究阶段。这一阶段，本书研究社会工作者的实践知识的案例。使用具体的案例探究西方工具理性的社会工作实践的无效性以及对社会工作者的挤压、D市社区改革开放以来40余年间地理人文特质的变化及独特的样貌、社会工作者自己的行动理论与经验，并进行梳理和总结。第三阶段，协同探究者的行动研究阶段。研究者选择以督导的身份置身社会实践现场，与社会工作者开展协同行动研究。所以研究者的社会工作者督导（协同探究）实践具有以理论检验现场和发展理论的意涵。因此，笔者重点选取D市5个实践场域（刘清所在的T工业区、老熊所在的流浪救助站、张社工所在的H镇、小周所在的S镇以及小安所在的Q社区）对其社会工作者团队开展督导（协同探究），在研究督导（协同探究）行动中带他们各自往田野之后，协同探究实践知识的生产。第四阶段，行动研究的知识公开阶段。2020~2024年，课题组先后5次在广东省D市、广州市，四川省绵阳市等地通过督导会或研讨会等形式与被研究者一道对行动研究成果进行核对、检验。

值得一提的是，本书致力于通过行动研究生产实践知识，以弥合研究与实务、理论与现实之间的鸿沟。行动研究也被形容为一种运动（movement），在其中实践者致力于在他们自身的两种行动——"实践行动"与"对实践进行反映的行动"间建立紧密联系。因此，在本书研究的行动研究阶段，研究者以协同探究者的身份与社会工作者一起展开行动研究，旨在确保研究成果能有效回应实务社会工作者在实践中所面临的挑战与困境；同时研究者协同实践者对其过往实践经验进行了回溯、整理与知识提炼，促进研究成果"从实践中来""到实践中去"，使其能够切实服务实践。

目　录

上篇　理论构建

上篇

理论构建

第一章 社会工作实践知识的
研究范式[*]

　　社会工作的本质是道德实践和政治实践，然而社会工作在强大的科技理性影响下走向了"工具性实践"，因此带来了专业知识危机。只有追溯到社会工作知识范式，才可更为深入地掌握危机实质。对社会工作的实证主义范式、批判理论范式、建构主义范式、参与范式等展开探究，可以发现上述范式均无法从根本上回应社会工作的知识危机。实践范式的出现成为化解这一危机的有效尝试。实践范式的社会工作知识观呼唤社会工作回归道德实践和政治实践本质。

一　社会工作的工具性实践与知识危机

　　主流传统中"专业"所强调的特殊知识根植于高等学术机构进行科学研究发展出来的理论和技术。研究者与实践者越来越像生活在不同的世界、从事不同的事业的人。这造成了专家与实务工作者权力关系不对等的事实；专业知识成为以专家为本位、去在地经验的知识；甚至知识的生产不是为了改善工作，而是为了巩固专业权力和维护专业利益

　　*　本章内容曾以《迈向实践范式的社会工作知识观》（作者王海洋）为题发表于《华东理工大学学报》（社会科学版）2017 年第 1 期，收入本书时内容有修改。

（Schön，2004）。实践①的处境是窘迫的，实践知识（practical know-ledge）存在着，却不能被干净利落地纳入知识类别中。这加剧了实践者的"严谨或适切"的困境，即严谨性的专业知识反而使得实践者对实践中的某些主要现象视而不见，而应对这些现象的艺术性方法，却又不具备专业知识的严谨性（舍恩，2007）。这种人文社会科学的科技理性（科技理性认为专业知识存在于工具性的问题解决活动之中，科技知识则是现代社会专业体系与专家的支撑）的学术研究者与实践工作者不平等的劳动分工的后果是，众多身处人类社会复杂现场的工作者，在追求知识和探究方法的过程中陷入狭窄的胡同。久而久之，实践工作者失去了辨识生命细致变化的能力，对场域脉络间交织牵动的力量视而不见（Watzlawick et al.，2007）。

社会工作在实现专业化的过程中，也深受科技理性的影响，强调科学化、标准化，社会工作者的介入愈来愈强调理性和客观性，实践知识被建构为关于"方法-目标"之间关系的知识。如果目标一致，那么"我应该如何行动？"的问题可被简化为"什么是达成目标的最有效手段"，这使得实践知识染上了强烈的工具性色彩（Schön，2004）。复杂实践现场的知识和灵活、多样的探究方法被简化为"问题-方法"的社会工作通用模式。专业社会工作实践者失去了辨识生命细致变化的敏感性和在复杂而不确定的实践现场有效行动的能力，社会工作实践成为工具性实践。作为工具性实践的社会工作又常把服务对象的价值信念、道德伦理考虑与挣扎和一切涉及主观色彩的关怀都排除在理论与介入行动之外。强调怎么做而很少关注"为什么会有这样的问题"的取向，渐渐把道德实践和政治关怀排挤到社会工作理论和实务的边缘位置。似乎社会工作越"专业化"，就越远离它对社会正义的捍卫和追求，与在社会上处于边缘的和遭受歧视的弱势群体的隔阂就越大（朱志强，2000）。

---

① 实践（praxis）一词是指人们改造客观世界的社会活动，具有能动性、客观性和社会历史性等特征，包括生产斗争、阶级斗争和科学实验，在哲学上具有历史意涵，在马克思理论中等同于社会实践。

社会工作向来有"为同胞而活"（living for the brethren）的精神，追求社会正义（张英阵、郑怡世，2012）。社会工作专业实践的基础是关怀，社会工作者应关怀受压迫者、贫困者、女性等群体。然而，社会工作不断强化"科学使命"（the scientific mission），使得社会工作逐步背离社会底层的弱势群体，越来越多地转向服务中产阶级，并热衷于扩大服务使用者购买服务的私人市场（Specht & Courtney，1994）。又如甘炳光所指出的，很多人以为社会工作是一个为服务对象充权的专业，但社会工作专业其实蕴藏着去权的本质，实践中常要求服务对象相信社会工作者的专业判断，服从他们的专业权威。另外，专业社会工作要获得政府赋予的权力及在法律上的认可，很多时候会扮演政府政策推行者、资源分配者的角色（甘炳光，2014：85~95）。实际上，甚至有学者称："台湾地区体制内社会工作的教育让我深深失望，当时社工号称专业正在萌芽，社工专业协会也正孕育而起。一片专业化的呼声之中，学术社工让我看不出有何具体协助的成效与感动；我不理解凭什么是专业。"（龚尤倩，2012）因此，出现了社会工作知识危机，甚至出现了"专业消亡论"和"社会工作的终结"（the end of social work）等主张。例如，鲍威尔（F. Powell）在其《社会工作的政治学》一书中指出，福利国家危机以及新管理主义正在快速地改变社会工作，使社会工作的传统本质发生转变（Powell，2001：13-22），让社会工作背离了其初衷。

二　社会工作的范式探究

社会工作的范式即社会工作哲理基础，是社会工作知识体系的重要组成部分，是考察社会工作理论的逻辑起点，因为就其本质而言，社会工作的理论体系是基于一系列哲学假设建构而成的。社会工作的哲理基础涉及的是根本性的理论问题，包括本体论、认识论、方法论等（何雪松，2007）。本体论关乎知识的本质，可分为客观的唯实论与主观的唯名论；认识论关乎知识的基础，可分为实证主义、解释主义、建构主义与批判主义；方法论关乎知识的获得，可分为实验的方法论与理解的、批判的方法论（文军，2012）。以上哲理基础涉及社会工作者如何认识世界，回答的问题包括"什么是可知的""是否有可信的方式去确定何者为真""可以何种方式获取知识或者验证知识""所获知识是否可信"；涉及社会工作以何种视角看待人与环境之间的关联，如何看待成长、发展、改变和其间出现的问题与障碍以及如何介入其中以促进改变。因此，范式探究对社会工作而言是极为关键的，因为不同的哲理基础决定了人们会以相异的角度去看待社会工作理论和实践（何雪松，2007）。

（一）实证主义范式

实证主义取向的社会工作坚信社会工作知识应建立在科学方法基础之上，并强调以证据为本的实践，这是社会工作哲理基础的主流，这一点体现在社会工作的理论体系、研究方法和实践架构之中（何雪松，2007）。

首先，在本体论上，实证主义取向的社会工作采用素朴实在论（naive realism），主张社会是一种客观存在，不受主观因素影响，强调硬科学（hard science）。认为存在单一的、可被确认的社会实体，相信这个单一的真实存在是可以被测量和研究的。也就是说一个由自然律所操控的实体是存在的，现实是真实的而且可以被理解；真实可通过抽离时空的推论得出，可通过因果法则推知；研究的目的是预测和控制真实的本质（Denzin & Lincoln，1994；Denzin & Lincoln，2011；陈向明，2000；潘慧玲，2003）。因此，实证主义取向的社会工作认为作为社会工作服务对象的人和环境是客观的现实存在，有其客观的、独立存在的、唯一的真实性，这种真实性不受社会工作者介入的影响。社会工作者可以运用科学的方法测量或研究这种客观的事实。人与环境的改变存在普遍法则，即影响人或环境的改变的各种变量之间的关系是恒定的、单一的，具有因果性。这样的关系具有可复制性，即可以用单一视角去解释所有场域中的人或环境的（改变的）本质。人与环境可被视为单一性、同质性的。

其次，在认识论上，实证主义取向的社会工作采用二元论与客观主义社会工作认识论，强调主客对立和完全客观。其认为研究者与被研究者是两个分离的实体，且研究能以不影响被研究者的方式进行。社会现象必须被经验所感知，理论的真实性必须由经验来验证，而且认识必须是理性的。因此，其坚持价值中立，以免影响理论真实性（Denzin & Lincoln，1994；Denzin & Lincoln，2011；陈向明，2000）。实证主义取向的社会工作，强调社会工作者可以通过科学、客观的介入改变作为客观实体的人或环境；社会工作中存在通用的改变人与环境的知识，可以从特定个案中发现该知识，并确定它适用于其他一系列类似的个案，即发展出通用理论；人与环境的变量可以被客观化为统计数字；通过社会工作实践可发展出可证实、能有效地解决问题的客观知识。社工的"社会诊断"、"经验临床"实践以及"以证据为本的实践"等方面的理论知识都是基于实证主义认识论发展而来的。实证主义研究者试图研究怎样的社会工作实践是有效的，而他们关注的有效性可以被客观指标检验，这迎合了新管理主义对效率的需求。

最后，在方法论上，实证主义取向的社会工作采用的是实验与操纵的社会工作方法论。知识获取的方式是观察和实验推论，是基于现象研究和假设检验的类自然科学的方式。基于对真实的观察和实证取向，将研究问题细分为具体、可测量的单元（Gibbs，2001：687-704）。相信科学的方法，强调操作工具的科学性和规范性的重要性；运用实验法和其他量化方法进行探究。研究议题以命题形式陈述，且在研究中以实证方法对其进行验证，对任何可能影响结果的干扰因素均需审慎控制或操纵（Denzin & Lincoln，1994：109；Denzin & Lincoln，2011；陈向明，2000：14）。实证主义相信自然科学的方法可以应用于对人和社会的研究。因此，社会工作可以运用科学的工具对人和环境进行介入，并在此基础上发展出一套改进社工实务效果和测量社工介入有效性的评估工具与量表。社会工作者使用统计方法进行数据的收集，以研究描述服务群体整体样貌的各种指标；试图通过代表性样本对整体进行趋势预测，或对服务效果进行整体评估，以检视服务效益。此过程中强调中立、客观，以确保资料的"真实性"，避免社工主观偏见的影响。实证主义取向的社会工作相信经由科学工作方法，社工才可以研究出对案主有效的介入方式，并主张运用客观、严谨的量化方法进行服务成效评估。

（二）批判理论范式

批判理论取向的社会工作凸显了社会工作的"社会"层面，并尝试从根本上寻求更大的社会层面的变迁或者从政治的、权力的层面寻求改变。进而言之，它旨在推进社会行动以实现上述目标，这在一定程度上回应了社会工作的专业宗旨（何雪松，2007）。

在本体论上，批判理论取向的社会工作以女性主义理论和种族理论为基础，其目标是创造变迁、争取被权力所压迫的人们的利益。社会的本质是在事件里面运作的，这种运作是基于权力斗争和为了权力斗争而存在的，其导致了优势群体和被压迫群体的一种互动，这种互动可以基于种族、族群、社会经济阶层、性别、身心障碍、性倾向（Denzin & Lincoln，1994，2011；陈向明，2000）。批判理论取向的社会工作抛弃了实证主义的客观性、经验测量和寻求普遍规律的核心原则。其看到所谓的真实世界是由社会、政治、文化、经济、种族和性别等价值观建构而成的，是一定社会历史的产物。因此，服务对象个人的困扰一定有社会结构上的根源，这些社会结构根源与当时的社会政治和经济制度安排密切相关，这也可以理解为服务群体的不利社会处境均与其所处的不平等和不公平的无权地位有关。同时，人们赋予行动的意义和限制个人行为与互动的规则也一样具有政治性和社会性。因此，社会工作在理解被社会标定的"病态"行为、心理以及认知等问题时，可以分辨出背后的强势权力者对无权者的权力压迫过程，并对"病态"进行新的诠释和再理解，从而协助被权力压迫的人们探究解放和改变的可能性。

在认识论上，批判理论取向的社会工作主张研究者及其研究行为甚至研究结果是被社会结构所引导的，因此批判理论对解放和自由、权力和控制的思考与反省越来越细致和深入。其相信知识是被创造的，且知识可以改变压迫的结构，因此可以通过充权去除压迫，发展出反压迫的知识。早期批判理论更强调"揭露无知"，把被压迫的处境以及被压迫的真实状况和其中的真理揭示出来，更多的是对个人层面的虚假意识的揭露。但后期批判理论越来越强调行动，以及对外在结构做出改变（Denzin & Lincoln，1994，2011；陈向明，2000：14）。批判理论取向社会工作知识应有助于维护社会正义，并且要能协助案主对其生活世界的知识进行"无知揭露"，即对个人层面的虚假意识进行揭露。社会工作专业知识应回应案主在其生活场域中实现"真理揭露"和改变被压迫结构的目标。然而，当前大多社会工作理论倾向于在默认既有的不公平的社会结构的前提下开展专业工作。社会工作中的福利服务越来越成为社会控制的工具，进而对服务群体在事实上进行了"去权"，甚至让社会工作者沦为维持社会不公的技术官僚，并在此基础上发展和丰富了专业治疗技术，进一步强化案主问题的个人化归因。这与批判理论取向社会工作完全不同，批判理论取向社会工作强调社会工作知识的目的是实现解放与自由、对权力和控制进行思考与反省。

在方法论上，批判理论取向的社会工作采用的是对话与辩证法。其要求在探究者与被探究者间进行对话，而对话的本质必须是辩证的，以转变虚假意识、了解现有结构的历史性成因，并尽力改变结构，推动社会的变迁（Denzin & Lincoln，1994，2011；陈向明，2000）。批判理论取向的社会工作势必发展对话和辩证的社会工作方法论。批判理论取向的社会工作重视社会工作实践中的对话与辩证过程，关注社工与案主间的对话，以转变虚假意识；协助案主看到个人问题的社会根源，并理解既有压迫性社会结构的政治、历史结构化过程。具体到社会工作的实践上表现为通过充权的实践，将个人的经验与社会的经济、政治结构连接起来，识别个人困境背后的社会、政治、经济的作用力，并试图通过行动改变结构。具体实践形式有批判社会工作、反压迫社会工作、充权社会工作和女性主义社会工作等。其中对话、辩证是社会工作实践的主要方法论基础。

（三）建构主义范式

在本体论上，建构主义取向的社会工作认为真实是与诠释有关的，主张从持有观点的有经验者的角度去做相互的诠释与互动，因此真实是相对的。建构主义取向的社会工作通过诠释主观认知获得对真实的了解。其不认为有一固定的真实，而是认为对真实的捕捉需通过个人多重的心理建构（constructions）实现。这种建构具社会性与经验性，虽然有些建构是某些人或某一文化所共享的，但不同情境下的人们会有不同的建构，而每一个体亦有其独特的建构，故建构亦具在地性（local）与特定性（specific）特征。真实是通过社会的、经验的意义和理解以互为主体的方式建构的。此外，真实的建构并无绝对的真假，只是明示性与复杂度有所不同而已。建构主义取向的社会工作主张通过鲜活的经验和与他人的互动获得知识，这要求探究者必须是参与（主观参与）的，要主观确定其在创造知识；探究者创造出的知识必须能回应探究对象的真实（Denzin & Lincoln，1994，2011；陈向明，2000）。因此，建构主义取向的社会工作对作为工作对象的行动者以及情境的理解也是相对的。其不认为行动者及其情境只有一个固定的真实，而是认为行动者对其行动以及处境的理解也是个人的多重心理建构的结果。建构主义取向的社会工作会倾向于使用去中心化、解构、差异、多元、在地知识等概念来理解行动者及其处境的真实。也因此，建构主义取向的社会工作不认为社会工作者能理解到工作对象全部的真实。社会工作者对人及环境的理解是在互动中、在对彼此行动共识的建构过程中完成的。建构主义取向的社会工作否认关于行动者及其所处环境的客观事实的存在，认为社工所理解的所有现实都是主观建构的；社会工作者认为服务对象的真实即在他们头脑之中，而非独立于人而存在。因此基于对服务对象或其所处的环境的不同理解会形成不同版本的"真实"，而这些真实只有身处特定情境和关系之中才能理解。因此，对于服务对象以及情境的描述和理解对某些人是真实的，但对另一些人或许不真实。

在认识论上，建构主义取向的社会工作论认为探究者与探究对象（此处特意不用"研究者"与"被研究者"，而用"探究者"与"探究对象"）在研究过程中处于相互影响的互动状态，主客体应是相互融合的，二者形成一个整体，在二者的互动过程中共同创造出知识。他们秉持的价值观会融入资料，而结果亦随着研究的进行逐步被建构（Denzin & Lincoln，1994，2011；陈向明，2000；潘慧玲，2003：115~143）。社会工作知识是相对的，具有基于特定政治、经济、文化、历史条件的意涵。社会工作者对服务群体和环境的观点，以及实践路径和工作方法都具有文化相对性、在地性与历史特殊性。社会工作知识与特定社会制度、社会历史以及社会情境相关联。此外，建构主义取向的社会工作还强调话语分析，如福柯对权力与知识的分析（福柯，2007），也向社会工作者提供了一种新的专业实践观点和路径。总之，社会工作知识必然具有与政治、经济、历史、文化相关联的特殊性。社会工作知识应具备多元性、在地性。也因此，社会工作者要质疑服务对象日常生活世界所呈现的面貌，并不断反思自己在社会工作实践中的立场和隐含的价值选择。

在方法论上，建构主义取向的社会工作采用诠释法与辩证法。建构主义方法论认为一种具有明示性与复杂度的社会建构，必须经过成形、修正及精炼的阶段才能形成，而只有由研究者和参与者进行辩证性的互动与对话，再以诠释学方法分析对话，并作比较与对照，方能得出较符合共识的建构（Denzin & Lincoln，1994，2011；陈向明，2000；潘慧玲，2003：115~143）。建构主义取向对实证主义方法论的质疑意味着前者具有实践层面的解放意涵。建构主义取向的社会工作基于对个人复杂生活的洞察，因此试图挑战主流的专家话语体系，也拒绝让社会工作实践沦为简单的、单一的治疗或介入。建构主义取向的社会工作选择诠释法与辩证法，也要求社会工作者在实践中保持开放的姿态和反思的精神，以寻求与服务群体以及利益相关方对话。建构主义取向的社会工作摆脱了聚焦案主问题、不足、缺陷和障碍的模式，转而关注和探究案主的意义、优势、资源和潜能，因此发展出优势观点、叙事治疗等社会工作实践方法，以探究案主以及环境的改变之道。

（四）参与范式

2011 年 Denzin 和 Lincoln（2011）在四种传统范式（实证主义、后实证主义、批判理论、建构主义）的基础上，提出了参与范式，并进一步讨论参与范式取向社会工作的本体论、认识论和方法论观点，具体如下。

在本体论上，参与范式取向的社会工作主张真实是参与式真实，即主客观相互交织的真实，以及知识是由人的心智和实在共同创建的。因此，社会工作的真实是社工与服务对象合作创造出来的。参与范式取向的社会工作对服务对象以及环境的理解摆脱了实证主义所强调的客观性。社会工作与服务对象之间因此产生一种理解，这种理解不被客观所束缚（实证主义强调主观、客观的对立，这里就是要摆脱这种对立）。参与范式取向的社会工作有类似建构主义取向社会工作之处，参与范式取向的社会工作整合后现代思想，带来了一种转向，即社会工作者和服务对象的互动是一种民主的参与过程。参与范式主张通过理性得到的知识不一定是好的知识；一个人只有让自己的社会工作知识被他人理解才能成为知者。社会工作者与服务对象及其所处情境处在互为主体式的建构的过程中。参与范式取向的社会工作强调社会工作者与外在环境的连接，也因此社会工作开始强调感性知识、经验知识以及实践知识的重要性，而非推理所得到的理性知识。

在认识论上，参与范式取向的社会工作采用批判性的主观认识论、经验或体验的拓展认识论、实践的认识论，主张用"全人"代替真理和诠释之间的传统关系。参与范式取向的社会工作用诠释的概念去建构服务对象与其所处情境，但比诠释更强调全人性，并认为其真理思想早于诠释的思想。社会工作者在与外界互动中进行参与式的主观性批判，在实践中获得对服务对象及其所处情境的了解，在与服务对象的合作中共同发现和界定情境、共同界定问题、共同设计介入方案、共同行动、共同进行评估。社会工作者在实践中伴随着主体性批判努力进行反思，致力于探究和了解我们获取知识的方式和社会工作知识完善的关系，并提出了四种认识方法：经验性方法、外显或表现方法、命题关联方法、实践方法。这四种认识方法具有层次性，最后要达成参与范式取向的社会工作的行动和改变的实践目标，以获得社会工作实践智能。

在方法论上，参与范式取向的社会工作强调社会工作应通过合作行动探究服务群体的政治参与。其认为与研究或理论相比社会工作实践应居于首要地位，同时强调社会工作经验性的知识生产的重要性。主张进行面对面的直接学习，不必通过太多的理论、文字来转述（因为会存有再现上的落差）。社会工作的语言运用应扎根于社工与服务对象共享的经验脉络之中，即社工可以通过有意识地自我反思进行语言展演，亦可将社会工作语言以理论、叙事、运动、歌曲、舞蹈和其他形式呈现给服务对象。使用解构作为探究的工具，质疑服务对象的一般表现，并实践成人教育的理念［弗雷勒（2013）的成人教育理念强调在成人教育的过程中再现和揭露学习者及其学习，实现意识启蒙］社会工作者在专业实践中以合作探究者的身份出场，并与服务对象一起开展探究的活动；社工和服务对象双方可以通过积极参与的过程来学习。因此，社会工作者要具备情感能力、民主的倾向和技能。社会工作者与服务对象是在应用知识中进一步学习到新的知识的，且只有通过经验的再验证，社工和服务对象才可知道知识在应用上的困难或需要修正的地方。在民主化对话中社工与服务对象共同创造社会工作的实践知识，以最终实现社会工作解放人类的目标。因此，发展出了社会工作的行动研究方法。行动研究的观点来自勒温，他认为行动研究是对具有共同点的私人困扰的合作研究，该研究由普通民众参与，目的是发展人的反思、对话、决策和行动的力量。行动研究的环节包括参与、反思、赋权和人的解放，旨在改善人们的社会处境。它是一种高度协作的，反思性、经验性的，参与式的研究模式，研究中的所有个体、研究者和被研究者，都是积极的行动者（Berg，2007）。

（五）小结：范式之间

对于社会工作知识范式的讨论，除了涉及对真实的不同假设、不同的价值立场以及研究关系外，也涉及不同的知识旨趣。哈贝马斯曾经根据知识旨趣区分出三种类型的科学：经验-分析的科学、历史-诠释的科学、批判社会科学（Argyris et al.，1985）。实证主义与后实证主义皆属于哈贝马斯所说的"经验-分析的科学"（Argyris et al.，1985），认为存在客观主义的世界并试图找出其运作的普遍法则。

实证范式的旨趣是"控制与预测世界"，所以其要努力找出世界现象背后共通的法则，并精确掌握此套共通的法则，进一步在环境中娴熟而有技巧地应用它。实证范式倾向维持稳定的世界，因为真实与真理只有一个，只是每个人研究的透彻度不同而已。其对应哈贝马斯所谓的"技术控制的旨趣"：认为这世界是外在于人的客观世界，要通过因果关系的假设验证，获得普遍的、简约的理论原则，最后用其来预测与控制世界（洪瑞斌，2007）。建构范式的旨趣在于理解研究对象及现象本身。对他们来说，真实是主观的，没有所谓单一、绝对的真实存在，所以知识或知识的作用就是了解个体在生活经验中如何建构其主观世界；其对应哈贝马斯所谓的"理解的旨趣"（洪瑞斌，2007）。批判范式的知识旨趣即哈贝马斯所谓的"解放的旨趣"（emancipative interest），是要将人类从权力支配中解放出来，避免其受到意识形态、科层制度的宰制，追求人的解放、自主与负责，鼓励人们对日常生活中的权力关系进行自我反思。

与上述三种范式相比，参与范式与实践范式具有相似性，都强调行动对于认识或理解的重要性，都强调知识应能为社会改变与社会正义的实现做出贡献；但仔细辨识，二者仍然有本质的不同。实践范式知识的旨趣更多地与社会工作的社会改变与社会实践的使命融为一体。它认为真实与真理是被建构的，而且知识通常为少数权威或既得利益者服务，所以他们会希望继续维持、巩固现存利益分配格局。知识的作用即在于批判与挑战既存的主流知识与真理，解构、松动不合理的社会结构，推动社会走向能动、改变与解放（洪瑞斌，2007）。

帕蒂·拉瑟（Patti Lather）针对实践哲学提出了"实践范式"。拉瑟定义的"实践"是指理论与操作之间来回修正二者的辩证张力（the dialectical tension）。如社会工作研究者的研究行动就是其社工实践，因为社会工作研究者的研究行动中有对特定现象的了解分析（理论）和探究（研究策略的实施），其中存在理论与操作的辩证张力，否则我们将不能称之为社会工作实践。如果我们同意任何社会工作研究也都是研究工作者在其特定的社会位置上，采取特定的立场所从事的一项社会活动，那么实践范式的社会工作研究便是指那些企图对抗宰制、发展自主组织以推动社会改变的研究活动，这也回应了"实践范式"所坚持的批判和充权的基本路线。因此,社会工作研究者和社会工作实务工作者如果满足了上述条件都会是好的社会工作实践者,研究者即实践者。实践范式完全打破了"研究与实践""实务与理论""知识与行动""研究者与实践者"的二元对立,进行了彻底的、颠覆性的通融,赋予社会实践以核心位置;这也是其与参与范式本质上的不同之处。

三 迈向实践范式的社会工作知识观

社会工作的范式选择,涉及社会工作知识旨趣的议题,这关乎社会工作的本质。长期以来,社会工作将其专业合法性建立在实用主义的基础之上,强调其作为一种专业性助人活动的有效性。进入专业化阶段之后,社会工作更是试图将其实践建立在科学研究的基础之上,并以不同的概念建构来表征科学知识与专业实践的结合。然而,随着社会工作理论抽象化程度的提高,社会工作理论研究范式似乎越来越远离社会工作实务。鉴于此,许多社会工作理论研究者主张,必须重新反思社会工作理论与其实务之间的关系,理论研究范式的形成应立足于社会工作的实务过程,社会工作理论的实践性特性在更一般的意义上对于社会工作理论范式的发展具有极大的促进作用(文军,2012)。同时,社工专业不可为了进行社会控制,而先发制人地成为取得社会合法知识的工具。所谓专业反省,必须建立在民主改革与社会变革的基础上(龚尤倩,2013)。社会工作的最新定义,强调社会工作以实践为专业基础,促进社会改变和发展以及社会整合、充权和人类解放,社会正义、人权、集体责任、多样性是社会工作的核心概念;其也强调特定脉络下的本土(在地)知识的重要性,并密切了人与结构的关系。与过往强调社会工作是一门科学、一门艺术的专业界定相比,更倾向于行动与社会实践。也有社会工作研究者提出变革范式,变革范式的价值论假设是要支持对社会正义和人权的追求。因此,一位秉承变革范式的社会工作研究人员,从研究的重点挑选到研究问题的框定、从数据的收集和分析到研究结果呈现,都要思考研究如何在此时、此地促进社会正义(Mertens & Ginsberg,2008;

484-503）。因此，不难看出，实践范式的知识旨趣最贴近社会工作在社会改变、社会正义和人类解放方面的专业使命。就实践范式而言，美国女性主义实践研究家帕蒂·拉瑟提出过明确的主张，她在 1986 年基于实践取向哲学提出"实践范式"，将行动研究方法与批判民族志方法纳为建立此研究范式的两股主要力量。她认为研究过程应是一个"探究的民主化过程"，而此民主化过程有三个特征：协商（negotiation）、互动（reciprocity）、赋能（empowerment）。该实践范式被夏林清发展为"社会改变取向的行动研究路径"或"反映实践取向的行动研究路径"，指涉的是一种行动者自我觉醒地对其自我、对自我之行动历程、对自己的行动在社会环境结构、社会位置处境与社会关系脉络中进行的觉察，以及对自己的行动对他人及外部环境产生的影响进行的自主探究。本章尝试使用帕蒂·拉瑟"实践范式"并参照夏林清"社会改变取向的行动研究路径"的实践经验，建构实践范式社会工作的本体论、认识论和方法论，呼唤社会工作的行动者归来。

（一）实践范式社会工作本体论

对实践范式来说，真实是多元而主观的，但可能在多重主观之间相互协商，以得到较符合共识的真实，当然它仍不是绝对的（洪瑞斌，2007）。社会工作的服务对象的本质是什么？社会工作关心什么，它的专业本质是什么？社会工作关心人与情境以及它们之间的关联性，社会工作的专业本质是改变人、人与人之间的关系，以及改变环境。事实上改变人、人与人之间的关系以及环境是一个相当复杂的工作。当社工进入一个服务对象所处的场域时，也同时对场域产生影响。因此，社会工作作为一种人在情境中的专业实践，具有极强的复杂性、变动性。社工必须在情境中行动，才可以理解和认识其服务对象。此外，真实的本质关乎权力和特权的问题，涉及那些历来权力较少的人，也承认他们对真实的看法的有效性（Mertens & Ginsberg，2008：484-503）。

因此，就实践范式社会工作本体论而言，社会工作的介入对象是特定处境中的行动者，这是社会工作介入的基础。首先，行动者是复杂社会脉络中的能动者。作为社会工作服务对象的行动者，是一个受到社会结构限制的能动的行动者，其行动还因为自身能动性的限制而受到更进一步的约束。换言之，社会工作服务对象的行动是在一个极为复杂、不确定的社会情境脉络下进行的，而其复杂性、不确定性超越服务对象个体能动性能够处理的程度，使得服务对象总是根据不足、不完全的信息，在变动的情境脉络和社会结构的制约下，做出辨识与选择，进而行动。其次，社会工作的服务对象是努力从结构性的限制中将自己解放出来的能动者。在持续行动的过程中，行动者累积了许多自己的行动经验，形成了属于自己的特殊行动理论即使用理论（非信奉理论，因此自己未必能清晰地将其辨识出来）。由于社会情境的变化性和复杂性，服务对象凭过去的经验经常难以应对当下的行动困境，但是作为行动者的服务对象可以有条件地或无条件对其行动理论进行反观、修正或发展出新的行动理论。总之，服务对象基于过去的社会经济、政治和文化条件而形成的行动理论经常面临挑战、需要修正。因此，社会工作可以协助服务对象修正和发展其行动理论，以使服务对象有机会和有条件辨识行动中的价值选择、路径选择以及对既有行动理论进行反身性思考。最后，所属社群对行动者行动有限制。服务对象的行动发生在特定处境中，其中服务对象所属社群固有的群体规范和文化势必对服务对象行动产生某种作用，或是促进或是抑制。其中必然会存在个体能动与社群规范的张力，必然要处理行动者与社群其他行动者之间的主体性、关联性问题，因此，服务对象的行动与其他行动者、与情境相互交织并相互作用，行动者们相互关联和限制。

（二）实践范式社会工作认识论

实证主义范式下的问题选择和研究方式决定是专业工作者在有用的工具中选择一个最能有效实现目标的手段的过程。但在真实世界里的实践工作中，问题并不以实践者假设的模样出现，它们是由令人困惑、苦恼以及未确定的问题情境中的各种因素所建构的。为了转变问题发生的不确定的情境，实践者必须将令人无法处理及不易理解的不确定情境，转化与描述成一个能被理解的情境。因此其会选择相应技术解决问题，但实践后发现诸多的不确定和意外并不同于最初的预想，使得专业技术在解决问题的同时也在制造问题。因此，专业工作者逐渐认识到这类不确定情境是实践的核心（Schön，2004）。人的认识是在行动中发生的，伴随着行动的发展，人逐步发展出新的认识。正如王阳明所言："知者行之始，行者知之成。"只有与所要理解的对象以及环境有互动，通过相互的主体性，才能在一定程度上掌握现实世界。知识的累积方式是嵌入实践社区的社群探究中的。衡量知识质量的标准是体验的一致性、知识的可实践性、知识是否能用于在服务人类中引导行动来改变世界。社会工作致力于探究关于人在特定处境中如何行动和改变的知识，包括关于人在家庭、社会组织以及社区中的日常生活的实践知识，因此社工在行动中方可获得知识。

首先，社会工作的知识必须考虑"全人"。必须考虑到作为人的服务对象，在复杂的社会脉络里以及作为能动者的能动性和能力的限制同时存在的特定情境下的行动局限，这包括人在获取和处理用于行动和改变的信息方面能力的不足，以及在极其复杂的政治、经济、文化、社会环境中做出行动选择和改变时受到的限制。此外，社会工作的知识必须考虑到人的价值议题。当服务对象采取行动时，价值观必然隐含其中，行动中，价值也必定与行动目标相互验证和修正，或改变行动目标或改变价值。

其次，实践中生成的知识才能为行动者所用。若没有体验到实践过程中自我与社会环境的关系，以及在行动中接近并碰触社会文化环境加诸行动与行动者的各种价值观和社会结构上的框架限制，社工就无从实现对自我、自我所处情境有意义的发现与理解。换言之，若不经由实践行动的搅动，社工对工作对象的了解就是表面的；当社工展开行动，特别是冲撞发生时，工作对象的真实才会逐步揭去层层叠叠的面纱，向社工彰显其内涵。社工需要在持续行动的同时研究（介入），只有这样社工才能对不断变化的工作对象及其所处情境保持必要的觉知，社工对工作对象的认识才会加深（陶蕃瀛，2004：33~48）。对人的行动的认识和理解是在行动中发生的，而且必须有持续的行动才能逐步获得更深入的理解和认识，这样的认识不可能发生在行动之前，而且行动中的认识也会有变化和修正，或许前后并非一致，因此这种行动中的认识是真实的、动态的过程，只有社工从这种持续行动中获得的知识才能真的发挥促进社会改变的作用。

再次，反映对话（reflective conversation）是社工获得知识的重要途径。社工对复杂情境下不确定的行动者以及行动的了解，需要在反映对话中实现。因此社工在与服务对象及其所处情境互动时需要在自己的介入行动中与服务对象展开反映对话，以提升自己对服务对象、情境以及自我的觉知度，以此来清楚地分辨自我以及服务对象的历史脉络、家庭经验、视框和行动逻辑，并尝试从政治、经济与历史框架入手进行差异辨识和行动理解，以获得关于改变的知识。社工对自己以及外在真实的理解和改变必须伴随着由反映对话带来的对自我实践行动的进一步了解而发生。"一路实践走来的体认，认识到实践知识的重要，也深觉对于殖民主义与资本主义与社会原有政经体系与历史文化机制巧妙结合运行方式的辨析，这是社会运动带给社会工作者最重要的资产与认识"（龚尤倩，2012），就是台湾地区社工通过反映对话获取知识的实例。

最后，实践知识生产过程即充权实践过程。在民主自发原则下获取信息时，信息提供者不会故意扭曲信息，这样的信息才有信度和效度可言。这样，行动研究者才有可能以热情与能力从自我的观念与自我的行动理论之束缚中解放出来，也才有可能进一步与协同研究者集体地改变不合理的社会结构规范，追寻更公义的社会（陶蕃瀛，2004：33~48）。这一过程中社工在协助服务群体时对自身行动开展于何种特定社会处境有清楚的理解，并可以对自身行动与社会环境、社会权力结构之间的交互影响进行批判性探究。社工以此实现对服务对象的充权，使其可以有效改善与社会权力结构互动的效能，其知识的生产过程就是行动者的自我充权以及提升社工为服务群体充权的能力的实践过程。

（三）实践范式社会工作方法论

实践范式方法论认为认知和行为是对主体有要求的，对自身加以质问或批判，才可能推动认知和行为在互动中进步。主体需要相互展开对话、直面现实，开展批判反思（沙莲香，2013）。如帕蒂·拉瑟提出实践范式方法论：研究即实践，研究过程即批判探究，研究者即"热情学术"的探究者。

首先，社会工作研究即社会工作实践，处理的是理论与实做间张力的问题。社会工作研究即社会工作实践，我们也可称之为社会工作行动研究。它要求持续探究社会变革取径的个人与群体实践方法之间的关联性，在每一个场域中，扮演一个真实负责的自己，区辨差异结构，"养成一个处处在场、时时进行行动研究的能耐"（龚尤倩，2013）。社会工作行动研究要去创造一个公平、正义的社会；社会工作行动研究者需要对服务对象和情境进行了解分析与探究，其中存在理论与实做之间的辩证张力。社会工作行动研究其实是研究者在其特定的社会位置上，采取了特定的立场所从事的一项致力于社会改变的活动。因此实践范式的社会工作研究即社会工作实践。

其次，社会工作行动研究过程是社会工作者的批判探究过程。知识具有特定的社会建构和历史意义，因此实践范式试图通过社会工作行动研究，促进服务对象对生活中隐含矛盾经验的觉察，识别社会既定现况怎样维持运作而不易改变，探索打造更公平的社会的可能路径。这个过程可以是社会工作研究者的行动研究过程，也可以是一线实务工作者的行动研究过程。同时，社会工作研究应该是一个探究的民主化过程，该过程具有协商、互动和充权的特性。

最后，社工是"热情学术"的探究者，是改变不公平社会现况的"学术"探究者。在我国台湾地区，社会工作者深入参与社会运动，积极为劳工等弱势群体争取权益，以改变不公平的社会环境和社会政策。在此意义上，一线社工的实践也成为学术探究，这将彻底改变实务与学术不平等的劳动分工，以呼唤社会工作行动者归来。

第二章　社会工作实践知识
生产的认识论[*]

　　工具理性的知识移植与抽离的知识实践窄化了社会工作实践者的行动空间，使得身处复杂社会现场的实践者难以"自觉觉他"，陷入社会工作实践的知识困境。社会工作的实践自觉成为摆脱知识困境的有效处方。社会工作实践自觉指向的是社会工作实践者与研究者在社会工作实践（行动研究）过程中对服务人群生命细致变化的辨识能力，以及探究实践场景的自觉性，体现在社会工作实践者与研究者具有主体能动性的社会探索过程，以及对实践的经验审视与实践知识生产的历程中。社会工作实践自觉承载了理论与实践之间来回修正的辩证关系，表现为一个循环往复、求真求实的辩证过程。新时代中国社会工作实践自觉应以中国本土经验为土壤，立足本土社会历史情境及实践者的主体性，遵循实践取向的知识发展路径，迈向中国社会工作本土实践知识的生产。

　　党的二十大报告提出："坚持学思用贯通、知信行统一，把新时代中国特色社会主义思想转化为坚定理想、锤炼党性和指导实践、推动工作的强大力量。"（习近平，2022）"学思用贯通、知信行统一"为新时代中国特色社会工作发展提供了根本遵循。早在 2020 年 8 月 24 日，习近平

---

　　*　本章内容曾以《社会工作的实践自觉：理论蕴涵与实现路径》（作者王海洋）为题发表于《学海》2023 年第 5 期，收入本书时内容有修改。

总书记就在经济社会领域专家座谈会上的讲话中对经济社会发展形势作出了重要阐释，他强调："从国情出发，从中国实践中来、到中国实践中去，把论文写在祖国大地上，使理论和政策创新符合中国实际、具有中国特色，不断发展中国特色社会主义政治经济学、社会学。"（习近平，2020）中国特色社会工作的发展进入历史机遇期，这就要求社会工作的专业化不再只是指向一种强调理论性、追求合法性的专业权威，而是逐渐转向并成为一种强调科学属性、具有实用主义倾向的专业实践（刘振、徐选国，2020；李鸿、张鹏飞，2022），注重"实践"是这一转向的显著特点。要发展中国特色社会工作，就要摆脱移植西方知识的路数，推动研究者与实践者扎根中国实践，生产社会工作本土知识，使中国社会工作知识"从中国实践中来、到中国实践中去"。

一　社会工作实践的知识困境：工具理性的知识移植与抽离的知识实践

中国社会工作发展的"教育先行"探索，奠定了社会工作专业人才队伍建设的基础，但长期以来也面临着专业实践滞后以及对实践规律概括的自觉性不足等问题。1987年"马甸会议"恢复了社会工作的学科地位（刘振、徐选国，2021），开启了中国社会工作发展的"教育先行"阶段，当时社会工作面临无专业实践场域的窘况。2006年，党的十六届六中全会提出"建设宏大的社会工作人才队伍"（《求是》，2006），中国社会工作职业化发展迈向建制化阶段。2008年前后，深圳、广州、东莞等南方城市制度化推行社会工作服务的"政府购买模式"，社会工作实质性地进入国家治理视野，专业实践场域得以拓展，并由此开启了社会工作制度化的专业实践之路。回顾这一历程，从"马甸会议"到社会工作服务的"政府购买模式"开始实施的约20年间，我国社会工作发展呈现"教育先行""实践落后"的特征，这一阶段学院式的社会工作教育发展较快，但社会工作专业实践相对滞后。学院式社会工作教育中的知识传授基本上是对西方知识的简单搬运，将西方社会工作知识转译成中国社会工作教育系统的专业知识，西方社会工作知识快速占据了早期中国社会工作的知识版图。因当时社会工作专业实践场域的缺失，这种翻版知识并无得到实践检验的机会，其对于实践的有效性难以评价。随着社会工作服务的"政府购买模式"推广，专业实践场域得以构建。在这一过程中，社会工作实务界与学术界深刻体验到理论与经验的匮乏，便急于从西方搬运社会工作知识，以补齐中国社会工作知识的短板，丰富社会工作理论体系。时至今日，移植的西方社会工作知识依然深深影响着社会工作学者以及高校社会工作专业教育培养的实务工作者。但与早期不同的是，随着中国社会工作专业实践场域的扩展、专业实践的深化，移植自西方的社会工作知识在中国本土专业实践中不断得到检验，知识的有效性受到挑战，社会工作实践的知识困境日益凸显。所谓社会工作实践的知识困境是指，既有的社会工作知识不仅无法有效解决实践中的问题，而且还反过来制造了实践者的行动困境。事实上，将从西方移植过来的社会工作知识应用到实践中（特别是珠三角地区的实践中），其实是快速地把西方社会工作理论、方法与技术等转化成"模式化""程序式"的操作。这些"模式化""程序式"的操作常以专业性之名获得合法性。这一过程是通过专业权力对社工的问题意识、分析工具和工作方法的界定而实现的，但这种界定在很大程度上成为对后来实践的"限制"。因为，对西方社会工作知识缺乏主体性的辨识，以及无视知识生产处境的简化使用，造成复杂实践现场的知识和灵活、多样的探究方法被简化为"问题-方法"的单一模式。社会工作实践者容易误以为掌握操作方法、技术和实务模式就足够了，甚至将其视为专业的象征，对其予以程序化的机械使用。这种简化的操作导致知识无法有效地解决实践中的问题。不仅如此，实践过程中社会工作实践者的灵活性被这种冠以专业之名的"模式""程序"抑制了，其后果是社会工作实践者在实践中的创造力、反思力被压抑，行动者常陷入行动困境之中。在研究过程中，研究者常体验到社工的专业实践多聚焦于技术性和操作性层面，而忽视作为工作对象的"他者"以及复杂多变的实践处境，这导致社会工作者对工作对象的认识单一化，对工作对象生活处境中的经验的探究浅尝辄止。从笔者的协同行动研究经验来看，似乎工作时间越久的社工，受到的"模式化""程序式"操作的限制越深，越难以抑制所谓"专业介入的冲动"。这种"专业介入的冲动"阻碍了社工在专业介入前或介入中对服务人群及其处境进行深入探索。其后果是众多身处复杂人类生活现场的工作者在追求知识和探究方法的过程中，陷入狭窄的胡同。久而久之，实践工作者失去了对生命细致变化的辨识能力，对场域脉络间交织牵动的力量视而不见（瓦茨拉维克等，2007：4）。当复杂实践现场的知识和灵活、多样的探究方法被简化为单一的模式时，社会工作实践者就丧失了"自觉""觉他"的敏锐与"社会学的想象力"。

上述社会工作实践知识困境的形成过程蕴含着工具理性的实践逻辑。工具理性的社会工作采取从日常生活世界中"抽离""悬置"的立场，通过对社会现象进行客观、普遍主义的技术分析，获得一种机械、形式理性至上的逻辑关系，使社会工作距离反思性、自主性与人的解放性等专业核心价值越来越远（岳天明，2009）。工具理性的实践逻辑形塑了社会工作实践的知识困境。在工具理性的左右下，社会工作实践者的主体性难以发展，对实践有用的知识也难以被生产出来。质言之，在工具理性的实践逻辑支配下，西方社会工作知识的特定模式未成为我国社会工作可借鉴的有效做法，反而是为了向外界彰显专业性而被错置、滥用，从而使得社会工作实践者画地自限。当实践者工具性地抓着所谓的专业知识，去脉络化地使用西方社会工作知识，却对中国具体的社会情境及工作对象视而不见时，社会工作实践者也就脱离了本土实践的土壤，难以进行深度的实践反思与主动的本土知识创造，具有实践者主体性的社会工作本土实践知识也就难以得到发展。新时代中国社会工作获得了前所未有的发展机会，但是上述工具理性的知识移植与抽离的知识实践阻滞了社会工作本土实践的在地深耕。

二　实践自觉：社会工作实践知识生产的认识论

中国特色社会工作发展必须坚持"从中国实践中来、到中国实践中去"，在推进本土实践在地深耕的同时，构建中国社会工作本土实践知识体系。要摆脱中国社会工作实践的知识困境，就要由工具理性的知识移植与抽离的知识实践转向社会工作的实践自觉。学界对社会工作理论自觉已有较多讨论。值得一提的是，学界讨论理论自觉重要性的同时，也开始反思社会工作理论自觉能否转化为社会工作实务领域的实践自觉（张晨，2020），这是对社会工作理论与实践、研究者与实践者关系的提问与反思。因此，要讨论社会工作实践自觉，就有必要重新审视理论与实践的关系本质，以厘清研究者与实践者在知识生产中的关系以及各自的作用位置。

（一）社会工作实践自觉的理论预设："回到实践"

社会工作实践自觉与西方社会工作知识搬运以及本土知识生产密切相关，是对理论与实践关系的再审视。理论与实践是什么关系？"理论指导实践"是一种广为接受的观点。早期面对中国社会工作知识匮乏的现实，学界搬用西方知识指导中国社会工作实践的努力，是对"理论指导实践论"的践行。不可否认，20 世纪 80 年代末以来，学界在翻译与传播西方社会工作知识以及西方社会工作知识的中国化探索方面做出了巨大的贡献。然而，上述工具理性的知识移植与抽离的知识实践所带来的社会工作实践的知识困境，揭示了理论有时不仅无法有效指导实践，还会制造实践者的困境，这对"理论指导实践论"提出了挑战。也就是说，理论对实践的直接指导常常陷入一种工具理性应用或技术理性（technical rationality）被过度使用的困境。其原因在于传统知识来源于高等院校或实验室之中，研究多脱离实践场域；传统研究与实践关系的表现即许多专业学派喜欢视自己的学说为"应用科学"，他们将最高地位给予发明理论的科学家，应用取向的专业成员则是应用专家们理论的实践者（舍恩，2007：29、245~246）。正如舍恩（Schön）描述的美国社会工作专业发展历程那样，实现专业化的过程亦是被工具理性左右的过程，专业知识成为以专家为本位、去在地经验的知识，甚至不是为了改善工作，而是为了巩固专业权力和利益。社会工作真正需要的"实践知识"的处境却是窘迫的，因为实践知识存在着，却不能被干净利落地纳入实证主义的知识类别中（舍恩，2007：29、245~246）。因此，对实践者有用的实践知识难以被认可为理论。对此，舍恩的学生夏林清更仔细地辨识了实践者对理论的看法，她指出在实务工作者使用"实务"或"实用"来描述自己的工作性质时，我们从中常可捕捉到一种他们将自己与"研究抽离于实践、对实践问题解决没有贡献的"学者区分开来的意味。第一，这反映了实务工作者对那些不断被生产出来却无法协助实务工作者更深入理解问题情境以及设计有效介入行动的学院式知识（理论）所采取的一种抗拒的姿态；第二，这种抗拒的姿态指涉了面对知识领域时，实务工作者所经验到的来自学者或学术研究者的优劣评价，也就是说，在实务工作者与学者互动的社会关系中，实务工作者常常觉得自己"没有理论"，而"没有理论"是一种社会评价，反映了在面对知识时，学者处于优越的位置（夏林清，1993：4）。这反映了长期以来"做"理论和"做"实践的人（研究者与实践者）之间彼此区隔的状态以及二者权力关系的不对等。这使得理论远离实践，也就导致理论对实践的指导常常面临无效的窘况。

近年来，回到"实践"的社会科学又被提倡与鼓励。新时代的社会科学要回到"实践"，要从中国实践中来，到中国实践中去。这是为了回应中国社会科学的根本性挑战——理论与实践之间的脱节（肖莉娜、何雪松，2021）。学界基于对学院派社会工作知识之于实践有效性的反思与批判，提出"以实践为核心"的观点，曾经处境窘迫、难以进入实证主义知识类别中的实践理论、实践知识、实践智慧等概念在社会工作领域逐步被强调（王海洋，2017a；侯利文、徐永祥，2018；安秋玲，2021；文军，2021）。这反映了学界为了应对因理论无法有效指导实践而产生的知识危机，试图通过建构社会工作理论知识和实务方法之间的互动关系，缩窄理论与实践之间的鸿沟（侯利文，2019）。这是研究者整合社会工作理论与实践的努力，也凸显了实践之于理论的重要性。要超越"理论指导实践论"，就要坚持"回到实践"的核心立场，迈向社会工作的实践自觉。

（二）社会工作实践自觉的探究脉络与理论内涵

理解实践自觉需要先认识什么是实践。马克思认为"自由的有意识的活动"即实践（陈新夏，2010），实践是主体的自觉实践。哲学的实践概念强调主体的能动性、自觉性、创造性、社会性和历史性等特点（符平，2006）。"自觉"指自己有所觉察、醒悟。因此，可以说人类实践本身具有自觉的意涵（杨勇，2022），实践与自觉是有机统一的一对概念。与实践自觉紧密相关的概念有理论自觉、文化自觉。实践自觉是理论自觉、文化自觉的基础，因为，实践锻造着文化自觉和理论自觉（王长纯，2005）。学界关于实践自觉主要有"理论到实践中去"与"理论从实践中来"两种观点。首先是"理论到实践中去"的观点。它代表了研究者将学院派知识融入实践的努力，反映出他们认为学院派知识理应对社会实践有所贡献。比如，洪大用认为"实践自觉"是一种理性认识和自觉行动，包括社会学者直面社会实践及其变化开展学术研究，同时在科学认识社会实践的基础上积极投身于社会实践之中，为人民福祉和社会进步而不懈努力（洪大用，2021）。简而言之，"理论到实践中去"的观点强调研究应服务社会实践。其次是"理论从实践中来"的观点。该观点从方法论的角度，提出基于实践而发展理论的主张。比如，侯利文等认为实践自觉是指学术工作者（包括研究者和行动者）对其所研究的社会以及处于其中的实践有"自知之明"，要注重中国实践，包括在历史性实践中主动、自觉为学术创新进行资源汲取和灵感获取，进行实践经验的理论开发与建构（侯利文等，2017）。"理论从实践中来"的观点强调研究应源于社会实践。总之，"理论到实践中去"与"理论从实践中来"两种关于实践自觉的观点都体现了理论工作者走进实践、与实践者对话的努力，反映了实践与实践者在理论世界中的地位。

社会工作实践自觉是对实践场域中经验的审视，是扎根于实践场域中对实践经验的深度考察（童敏，2017），是在实践场域之外对实践经验的理论考察，也是在实践场域之中对理论的实践检验。也就是说，社会工作实践自觉可以是对"理论从实践中来"与"理论到实践中去"的双向检视。西方社会工作界对实践自觉的讨论，使社会工作跳出了对具体实务技术的关注，让人们重新审视社会工作的初衷及现实意义，从而使社会工作更具道德与政治实践意涵（陈涛，2014）。同时，结构取向或批判取向的社会工作理论研究促进了社会工作实践自觉的增强与社会工作想象力的延展（高艺多，2020），推动了社会工作更多关注社会改变与人的解放，强调发展实践者的主体性、能动性，促进了"理论到实践中去"。中国社会工作在参与应对现实问题的实践时，应提升实践自觉，推动社会工作"理论从实践中来"与"理论到实践中去"，构建具有中国社会性和历史性的社会工作本土理论与实践模式（陈友华等，2018）。社会工作实践自觉应根植于中国社会的社会性与历史性之中。然而，当前社会工作实践自觉严重不足，阻滞了"理论从实践中来"与"理论到实践中去"，继而造成社会工作理论的"悬浮"（侯利文，2020）。同时，因社会工作者在服务中缺乏反思与建构本土社会工作理论知识的能力，若要培育社会工作实践自觉，就要整合研究者与实践者的力量，这样方可进行本土社会工作知识的建构（唐立、费梅苹，2021）。实践取向的研究方法因为对实践者及其实践的侧重，以及它擅长的对实践者及其所处独特情境的反思性探究（张燕婷、王海洋，2021），可被研究者与实践者同时掌握，亦是培育社会工作实践自觉与推进本土实践知识生产的有效方法。

综上所述，社会工作实践自觉是社会工作实践者与研究者在实践（行动研究）过程中对实践场域中社会结构与服务人群生命细致变化的辨识能力，以及介入行动的自觉性，是实践者与研究者对实践过程中的自觉与觉他的敏锐性，体现在社会工作实践者与研究者具有主体能动性的社会探索实践以及对实践的经验审视中。社会工作实践自觉具有能动个体与社会结构互动以及理论和实践统合的意涵。社会工作实践自觉对应着理论与实践之间相互修正、求真求实的辩证过程（王海洋等，2019）。总之，社会工作实践自觉立足本土社会历史情境及实践者的主体性，承载了理论与实践之间相互修正的辩证关系，遵循实践取向的知识路径，迈向中国社会工作本土实践知识的生产。要把握社会工作实践自觉的理论内涵就必须正确认识社会工作实践自觉的主体、维度及目标取向。

第一，社会工作实践自觉的主体是实践者与研究者。要理解社会工作实践自觉，就要厘清实践自觉的主体。首先，社会工作实践自觉的主体是协同关系中的实践者与研究者。一般而言，资深社会工作实践者在实践中具有较强的行动反思力，但这种反思力尚未达到实践自觉的层次，行动反思力主要作用于当下实践，与实践知识的形成尚有差距。实践者长期处于实践场域之中，对行动的关注成为其首要任务，这必然使得实践者对行动中所使用知识的关注力与辨别力不足。因此，实践者对知识的提炼、修正与表达均需要外部专业力量协同，而这个协同恰恰是研究者所擅长的。同时，社会工作研究者通过对实践者的协助，将更有机会和条件进入真实、复杂的实践经验之中，以实践者的经验增强研究者的现场实践感，丰富研究者的实践体验感。因此，社会工作实践自觉的主体指向实践者与研究者，且实践者与研究者之间需要构建一种持续、稳定、开放的协同关系。然而，在实践中，实践者与研究者的协同关系构建是一大挑战。其次，社会工作实践自觉的主体也可以是非协同关系中的实践者或研究者。实践者与研究者的协同关系构建受限于诸多主客观条件。因此，在不具备构建协同关系的条件时，作为社会工作实践自觉主体的实践者与研究者，并不一定要发展协同关系。也就是说实践者有自己实践场域中的实践自觉，研究者也有研究田野中的实践自觉，不少研究者通过研究（行动研究）介入社会实践之中，践行"理论到实践中去"，甚至也自称为实践者。

第二，社会工作实践自觉涉及主体能动性、社会性和历史性等维度。首先，社会工作实践自觉应具有主体能动性维度。因为实践本身就是一种主体自由的、有意识的活动，具有自觉的意涵。因此，作为实践类型之一的社会工作专业实践，更应具备主体能动性，由此形成了实践自觉的主体能动性维度。只有具备了主体能动性的社会工作者才有可能在工具理性的知识限制、行政权力的约束以及社工机构的拉扯中找到行动空间与机会，迈向实践自觉。其次，社会工作实践自觉应具有社会性维度。社会工作实践自觉不仅是一个内在的心理觉知历程，更应表现为一名特定处境中的行动者面对社会结构限制时所进行的具有主体能动性的社会改变探究实验，这是作为实践者的个体与社会结构之间的互动过程。实践自觉需要敏锐个体与社会结构发生碰撞，区辨实践场域中的不同结构，并从细致之处逐步辨识和改变个人、群体与社会结构。这里的社会改变不是宏观的批判论述，也不是通过影响政府而推动的政策改变，而是需要返回到实践者自身处境中，使实践者认清社会结构的影响机制，逐步找到"从微观处见宏观，从宏观处见微观"的上下整合处（张燕婷、赵洪萍，2021），具体从每一位行动者的处境和条件出发推动社会改变。社会工作实践自觉需要让实践者体认到当处境中行动者的感知方式与行动逻辑发生改变时，个人、群体及社会可以因此得到变化的机会，即实践自觉可以改变人们在社会结构处境中的行动逻辑，以达到通过日常细微处的身体实践松动、改变社会结构的目的，这就要求社会工作实践自觉具有社会性维度。最后，社会工作实践自觉应具有历史性维度。要摆脱抽离的知识实践所带来的行动无效性困境，就需要对特定社会处境与工作对象有深刻的认识，而社会处境及工作对象具有鲜明的历史性。因此，社会工作实践自觉是对特定社会历史场域中实践的自觉，实践自觉不能忽视实践处境的历史性。这正是社会工作实践可以接近本土经验的原因。也就是说，社会工作实践自觉应充分考量实践者与实践场域生成的历史性。

第三，社会工作实践自觉的目标取向是本土实践知识的生产。首先，实践自觉是在理论与实践的结合、对话和相互磨砺中展开的（冯仕政，2022）。社会工作实践自觉是对"理论指导实践论"的超越，反映了理论工作者走进实践、与实践者对话的努力，体现在实践者对其实践过程进行能动认识，对其实践后果进行觉察与反思，以及检验、修正与生产知识的过程中。比如，实践自觉需要实践者对服务对象和情境进行了解分析与探究，其中蕴含着理论与实践的辩证张力，这表现在生产本土实践知识的过程中。其次，社会工作实践自觉能改变社会对实践者"没有理论"的评价，相信实践者与研究者都可以是知识的生产者，能推动实现研究者与实践者权力关系的对等，提升实践和实践者在理论世界中的认可度，促进"研究与实践""理论与实践""研究者与实践者"的互动，为实践者与研究者生产社会工作本土实践知识创造条件。总之，社会工作实践自觉促进了社会工作"理论从实践中来"与"理论到实践中去"的循环往复，构建了理论与实践相互修正的辩证关系，在促进中国社会工作本土实践知识生产的基础上，走向社会工作理论与实践的整合。

三　社会工作实践自觉的实现路径

社会工作实践自觉是摆脱社会工作实践知识困境的有效处方，是深耕本土社会工作实践的内在要求，也是构建中国本土社会工作实践知识体系的根本路径。然而，社会工作实践自觉不是必然存在的。要实现社会工作实践自觉，就要发展社会工作实践者的主体性，立基于中国社会情景与历史脉络，遵循实践范式的方法论，迈向社会工作实践知识的主动寻求之路。

（一）赋能实践者，发展社会工作实践自觉的主体性

社会工作实践自觉是从关注实践的"事"到关注实践者的"人"的转向。这不是工具理性支配下的技术运用，而是一种实践的惯习，是对实践者在社会工作实践中核心地位的肯定。因此，赋能实践者成为实现社会工作实践自觉的关键一环，而发展实践者的主体性是赋能实践者的核心。当前，在政府强力推动以及学界助力之下，社会工作被工具性地期待回应基层社会治理中的问题，加之学界对专业地位、学术地位的追求，使得社会工作实践不断地向建制化的方向发展。然而，社会工作的主体性在其建制化发展过程中受到侵蚀。比如，社会工作制度化并嵌入街区后，被行政权力吸纳，导致社会工作在街区权力体系中失去了专业主体性（朱健刚、陈安娜，2013）。同时，受新管理主义的影响，社会工作在实践过程中越来越受到绩效、责信等思维的左右，而且相应的品质控制的技术手段和绩效测量工具极大地窄化了社会工作实践的专业方向（葛忠明，2015），限制了社会工作实践者的主体性发展。总之，因受新

管理主义的影响、工具理性知识的限制、行政权力的约束以及社工机构利益的左右，社会工作实践者的主体性受到侵蚀。在培育社会工作实践者的主体性方面已有相关理论，比如基变社会工作（radical social work）强调通过冲突进行社会改变，在这一过程中培育实践者的主体性；社会工作充权实践也注重在权力互动中发展主体性。但这些理论因为具有鲜明的西方文化、政治烙印，难以在中国社会工作实践中得到应用。值得一提的是，近年来，国内兴起的社会工作循证实践试图在实践者主体性的培育上做出贡献。社会工作的循证实践试图把实证研究结论、案主的个体情况以及地方实践情境结合起来（郭伟和，2019），提升专业服务效能，从而拓展专业实践空间，增强社会工作实践者的主体性。然而，现实中尽管社会工作希望通过循证实践增强实践者主体性，但行政的干预、机构的限制等因素导致社会工作实践者的主体性难以发展（郑广怀、朱苗，2021）。当然，或许更主要的原因是其所依循的实证主义范式。要实现社会工作实践自觉就要发展实践者的主体性，发挥好研究者与实践者或实践者之间的协同作用，摆脱社会工作实践的知识困境。然而，既有理论和本土经验在发展实践者主体性上的贡献相对有限。返回主体性概念的本源，对思考主体性发展应有所启示。

那么，何为主体性（主体）？马克思主义开创了"劳动-社会"的实践理论，赋予劳动阶级以一种普遍的实践主体性，使实践不再是一种"精英"主义的贵族活动（丁立群，2020）。主体是能动的行动者，而这个行动者又是历史的行动者，其行动不是对社会处境被动的"反应"，而是包含了"创造改变"和"检验理论"的双重目的，主体具有创造性和试验能力。社会行动者才是带动社会转型与变迁的主体（图海纳，2008：18~44）。借助主体性的概念，人们能够将自身所处的社会位置以及与周围他人的关联纳入日常实践的视野，发掘日常实践中存在的不同层面、不同主体之间关系改变的多种可能性（童敏、刘芳，2019）。这为作为普通实践者的社会工作者的主体性发展提供了参照。因此，只有社会工作实践者的主体性得到发展，方可以助力其在多层次社会系统内的实践中辨识多元主体的利益结构与差异，并找到主体间协同（包括实践者与研究者协同、实践者之间协同）与自身以及社会结构改变的机会和空间，才可能在被工具理性形塑的社会工作实践的知识困境中找到突围的方法。只有具有主体性的社会工作实践者才有机会在各种社会关系的特定构形里成为有反思性的行动者，并开放性地理解他者，"自觉觉他"，与他者建立并发展协作关系（龚尤倩、夏林清，2017）。唯有赋能社会工作实践者，才有可能构建实践者与研究者互为主体的协同关系，才能真正培育出实践者与研究者在社会工作实践自觉中的主体性。

（二）立足于中国历史与本土社会情境，彰显社会工作实践自觉的历史性与社会性

"社会工作是一个以实践为本的职业及学科，它推动社会变迁与发展，增强社会凝聚力，赋权并促进人的解放；社会正义、人权、集体责任和尊重多样性等是社会工作的核心准则；基于有关社会工作、社会科学、人文科学和本土知识的理论，社会工作使个人和组织去应对人生挑战并增进福祉。"① 这一定义不仅指出了社会工作的实践属性，也指出了社会工作实践应立基于本土历史文化与社会结构。要实现社会工作实践自觉，就必须关注实践的历史性和社会性。社会工作实践自觉以中国社会处境与历史经验为土壤，但这并不意味着排斥西方经验。然而，长期以来，在西方社会工作知识搬运到中国的进程中，对"以西方为中心"的社会工作知识的崇尚，使得我们自觉或不自觉地贬抑或排斥了中国在地性的历史经验，导致了从西方移植的社会工作知识与中国社会历史经验的断裂与区隔。社会工作实践自觉要求立基于中国历史经验与本土社会情境，对西方社会工作知识加以甄别与借鉴，从而发展出具备在地性的中国社会工作理论与实践知识。因此，在甄别与借鉴社会工作发展的西方经验的同时，更应注重挖掘、整理中国本土与社会工作相关的历史经验。比如，在我国早期的社会服务的实践探索中，公共卫生运动、乡

---

① International Federation of Social Workers, "Global Definition of Social Work", http://www.ifsw.org/what-is-social-work/global-definition-of-social-work/.

村建设运动以及针对工人群体兴办宿舍的"廉租房"行动等慈善救济与社会改良活动都蕴含丰富的中国本土社会工作相关历史经验（孟亚男等，2016）。再比如，我国通过民政部门、妇联、共青团等单位与组织积极开展群众工作，践行马克思主义路线，践行从群众中来、到群众中去的群众工作路线，其中也积累了丰富的与社会工作相关的历史经验。正如鲍曼所说，"在传统之外，在'地方性'之外，不存在衡量特殊性实践的标准"（李友梅、耿敬，2020）。因此，应该重新审视、整理与萃取社会工作相关历史经验，特别是基层群众工作中所蕴含的与社会工作相关的历史经验。唯有如此，才能确保社会工作实践自觉是立基于中国历史与本土社会情境的。总之，在正视西方社会工作发展成果的同时，还需要对中国本土经验与西方引进的社会工作知识发展的交互性影响进行考察，迈向具有中国历史性和社会性的社会工作实践自觉。

（三）遵循实践范式的方法论，迈向社会工作本土实践知识生产

正如在推进中国特色社会主义建设中倡导的理念，实践自觉绝非局限于在理论的领域"解释世界"，而是要以马克思主义实践观为指引，将"改变世界"的实践活动进行到底（康渝生，2018），社会工作的实践自觉亦应如此。社会工作实践自觉本质上应体现为"改变社会"的实践活动。回溯社会工作的起源不难发现，西方社会工作是在回应工业化、城市化以及现代化过程中的贫困议题的实践中发展起来的，可以说实践是西方社会工作的本源。因此，培养中国社会工作实践自觉，就是要推动社会工作"改变社会"的实践活动，以促进人与环境改变的发生。当社会工作的实践介入带来人与环境的改变时，也就生产了社会工作的实践知识。这种知识的生产路径不同于实证主义知识生产路径，而是实践取向的知识生产路径。实践取向的知识生产路径是伴随着行动介入而创造知识的路径，是一种"由行致知"的知识生产路径。从知识范式看，实践知识属于实践范式的范畴，它强调社会工作知识应促进实践。实践取向的知识生产路径有其历史传统，在社会工作理论尚未充分发展时期，西方早期社会工作的知识生产路径多为实践取向的知识生产路径。比如，

亚当斯（Jane Addams）在芝加哥创立霍尔馆的经验体现出实践是生产知识的主要方法，知识是在解决问题与促发行动的过程中产生的，脱离了实践，知识也就失去了存在的基础（张英阵、郑怡世，2012）。可见，实践取向的知识强调的是知识所具有的实践性。因此，要实现社会工作实践自觉就要坚持实践取向的知识生产路径。实践取向的社会工作知识生产路径超越了"学术-实务""知-行"二分的格局，打破了"研究与实践""实务与理论""知识与行动""研究者与实践者"的区隔，强调研究即实践。实践取向的知识是为实践服务的知识，实践取向的知识生产路径是培养实践者成为一名特定处境中的行动者即研究者的路径。实践取向的知识生产路径主张社会工作实践是验证与生产社会工作知识的主要方法，认为社会工作知识是在解决社会工作实务问题与促发案主行动的过程中产生的。社会工作者应有意识和有方法地累积其在实践过程中形成的关于认识社会以及改变社会的知识。唯有如此，才能真正走向社会工作实践自觉。否则，社会工作实践自觉将仅仅是对"理论指导实践论"的修修补补，依然停留在"解释世界"的层面，依然维持原有的研究者强势主导的知识生产范式，从而导致在知识生产中实践与实践者依然处于边缘位置，社会工作研究者与实践者的实践自觉都无法真正形成。

应该如何坚持实践取向的知识生产路径？坚持实践取向的知识生产路径就是要坚持实践范式的方法论。帕蒂·拉瑟提出了实践范式的方法论，她认为研究即实践，研究过程即批判探究，研究者即"热情学术"的探究者（Lather，1986）。夏林清指出"在地实践"一定要在"群己关系""群际关系"相互激荡的社会生活现场中进行实作，如此实践知识方可得到发展（夏林清，2018）。实践知识有别于静态的理性教条，是实践活动的动态本质。例如，王阳明的"致良知"与"知行合一"说彰显了理论的实践性（李春青，2020）。因此，坚持实践取向的知识生产路径就需要有与之相匹配的实践范式方法论。实践范式的方法论注重学以致用、知行合一，遵循"实践—认识—再实践—再认识"的一般规律（洪大用，2021）。事实上，在中国历史经验中，马克思主义理论下的中国实践思想具有丰富的实践范式方法论内涵，从群众中来到群众中去的群众路线便是一例（周鹏，2022）。中国共产党坚持以群众的观点审视分析问题，用群众路线解决问题（曹典顺，2021）。理论联系实际、专家与群众密切结合，原本就是我们党在革命与建设中一贯强调的方针和工作方法（陈立，1984），体现了实践范式的方法论。毛泽东的"实践论"、"矛盾论"与"社会调查传统"更是实践范式方法论的典范。上述方法论与西方发展的行动科学对实践范式方法论的界定是相通的，都可以作为我们构建社会工作实践范式方法论体系的线索。坚持实践取向的知识生产路径就要坚持实践范式的方法论，以突破"理论指导实践论"的局限，解构社会工作研究者与实践者的二元对立关系，发展研究者与实践者的协同关系，迈向社会工作实践知识生产，实现社会工作实践自觉。事实上，经验丰富的实践者会累积许多实践"案例"，基于此构建一个庞大的、内置于自身的"案例库"，其中每一个案例都具有独特性，但案例与案例之间也一定有关联性，背后也蕴含着实践知识。当实践者开展新的行动时，他会调动自己案例库的信息，并将其在重新组织后运用到新的行动案例中。这种重新组织后的经验对其新的行动具有指导性。当"资料库"中的内容足够丰富的时候，实践者就可以萃取、提炼出实践知识。然而，实践知识生产并非易事。因为，当实践者对实践经验进行梳理时，会发现能整理出实践经验中蕴含的方法、逻辑、方法论已非常不易。若要求实践者提炼出具有普遍性的理论，就需要研究者的协同以及长期的实践自觉训练。因此，社会工作实践知识的生产是一个漫长的过程。

第三章　社会工作实践知识
生产的方法论[*]

对社会工作实践知识的认识要从"实践"一词开始，"实践"有"praxis"与"practice"两种截然不同的传统。当前社会工作领域的"实践"多取用 practice 一词。通过对 praxis 与 practice 的比较，发现与社会工作本质相对应的应为 praxis，而非 practice。返回 praxis 传统，可以进一步明确社会工作实践知识的本质，即实践知识是具有历史性和主体性的实践者在探究社会改变的过程中，以及对其自身的实践经验进行反映的历程中生成的知识；实践知识具有社会正义与社会改变的价值取向，并遵循反映理性的方法论。反映实践取向行动研究是推动社会工作实践者及实践知识发展的可行路径。

一　对社会工作"实践"的再认识：
从实务到实践

近年来讨论社会工作"实践"的文章很多，但多数文章在使用"实践"一词时概念模糊，很少有对实践的清楚界定，这也造成了不同研究

---

[*]　本章内容曾以《社会工作实践知识的意涵与发展路径——兼论反映实践取向行动研究路数》（作者王海洋、王芳萍、夏林清）为题发表于《华东理工大学学报》（社会科学版）2019 年第 3 期，收入本书时已征得王芳萍、夏林清同意，且内容有修改。

在各自对实践的诠释中自说自话，泛化了实践概念。形成对社会工作"实践"的清晰认识需要对"实践"一词的源头进行研究。"实践"一词在《辞海》中的定义是实在去做与彻底履行。从西方哲学的实践谱系考察，可以发现存在着 practice 与 praxis 两种传统。其中 practice 对应的是培根等提出的"技术实践观"，它将科学理论工具化并将实践视为科学理论的现实应用。这使得实践从早期亚里士多德强调的具有人类关怀的道德实践观下的 praxis 转化为技术实践观下的 practice。技术实践观消解了实践概念中人类关怀的道德内涵，模糊了实践活动与其他人类活动的界限，导致实践概念的不断泛化（刘晶，2014）。在社会工作领域，无论是口语表达还是文本表达中对实践的泛化使用都随处可见，似乎所有社工的日常工作或活动都可称为实践，这是对社会工作实践概念的误读。那究竟怎样的社会工作活动可称为实践？

（一）作为价值取向的社会工作实践

亚里士多德为 praxis 赋予反思、指引人类追求善与德行的哲学意义。在他看来，praxis 具有人的存在论上的意义，其本身即为目的。Praxis 是追求伦理德性与政治公正的行为，涉及人与人的关系，通过掌握"实践智慧"可以达到"正确行为"的境界（鲍永玲，2007）。在马克思主义的理论中实践（praxis）一词等同于社会实践（social praxis），指人们改造客观世界的社会活动，具有能动性、客观性和社会历史性等特点，包括生产斗争、阶级斗争和科学实验三种基本形式（夏林清，1993：17~18）。马克思相信真理更多地属于实践范畴，他重新回到了古希腊的亚里士多德传统，认为实践（praxis）是人的存在方式，是追求自由自觉的活动（鲍永玲，2007）。马克思主义哲学家卡莱尔·科西克（Karel Kosík）也对实践进行过清楚的区分，认为不同的实践将形成不同的主体及世界。个人的功利主义实践是异化的实践，它客观地建构出物性的"伪世界"，是维持既有的社会结构不变的实践。而本真的历史性实践才是走向真正的社会改变的道路。"人必须自己引导自己的生活而不要别人代理"，实践是人们自己构造出来的，革命的实践才能改造伪物性的世界（张一兵、夏凡，2011；何燕堂，2017）。本真的历史性实践与亚里士多德的传统道德实践观相呼应，体现出 praxis 是一种具有反思与批判意义的创造行动。所有的 praxis 都是活动，但并非所有的活动都是 praxis（刘晶，2014）。属于 praxis 的活动理应回归马克思主义的社会实践传统，是行动者具有主体能动性的对外在社会与内在自身进行双重改造的行动实验；这与指向工具理性、技术理性、价值中立的技术实践观下的 practice 有本质的区别。

目前中国发展中的社会工作在很大程度上依然以"形式化的活动"①为主。社会工作行动者主体力量不足，多处于被动应对外在（购买方、评估方、社工机构等）任务、指标和考核要求的状态，缺乏与在地情境互动的条件与能力（朱健刚、陈安娜，2013；黄晓星、熊慧玲，2018）。一些社会工作者的行动沦为形式性、例行性、缺乏主体反思性的技术性实践活动，这与 practice 内涵相对应。在这种实务工作中主体能动性、社会历史性、批判性、辩证反思性、反身性以及与情境的交互力等多难以发展。这样的例行实务工作或许短期看能回应群众当前的具体困扰，但其实质是"修补式"服务，缺乏对问题根源之结构性难题的洞察，甚至是对既有结构的维持，反而会使结构性难题更难解决。这远离了 praxis（实践）所包含的"彻底（或根基）"的改变之意义。然而，社会工作

---

① 本章中的"形式化的活动"是相对于"社会活动"和"关系中的活动"而言的。活动一词在社会工作领域有时被赋予贬义，似乎所谓的"项目"比活动更系统，个案比活动更专业。然而活动特别是社会活动本身具有更深刻、积极的意涵，只有在沦为形式化的存在后才成为问题。形式化即把活动整体机械切割成更细的阶段，注重外在于人的时间、地点、人数、外观效果以及人为预设流程等形式，而忽视了参与其中的人与人之关系的发展。由苏联心理学家维果茨基（Vygotsky）奠基，并由后人创设的文化历史活动理论（cultural historical activity theory）坚信人类有意识的活动在独特的情境中发生，是一种联系个体和社会层面人类实践活动的心理学及多学科分析框架。活动涉及主体和结构之间的互动，个体的行动嵌入特定的情境中，活动是一个集体的系统，通过一系列的行动实现目标。活动具有文化性、社会性和历史性。活动的主体存在不同的利益诉求，这导致了主体彼此之间关系中的张力，这也是变革的内在动力。参见〔苏〕列·谢·维果茨基《高级心理机能的社会起源理论》，龚浩然等译，安徽教育出版社，2016；《维果茨基教育论著选》，余震球译，人民教育出版社，2004。因此，"社会活动"和"关系中的活动"是在活动中使用关系以达到发展人的目的，是在活动中使用人作为人发展的条件，让人返回作为活动主体的位置。

实践是具有历史主体性的行动者的社会改变实践。社会工作专业从一开始出现就承载着道德的重量，社会工作实践者不是所谓价值中立的技术官僚，其介入行动蕴含实践者的道德和政治上的选择与实践（古学斌，2017）。社会工作中的技术是服务于人的工具，而主体是作为技术生产者的社会工作者。社会工作者是作为实践主体的完整的人，具有能动性和行动力，是特定社会、历史条件下的行动者，是通过行动来追求解放的实践者。故社会工作应由实务（practice）回归实践（praxis），迈向社会工作的实践范式（王海洋，2017a）。在现实的结构限制中仍有不少社会工作者是务实取向或实用取向的工作者，他们在日常工作中需要解决具体的问题，也会主动寻求不限于社会工作的其他人文社会学科（心理、护理、教育等）知识；他们常用是否"实用"来辨识知识的有效性，以此将自己区别于对现实问题解决没有贡献以及从现实中抽离的学者（夏林清，1993：3）。尽管他们常常以实务工作者（practitioner）自称，或对个人问题之结构性根源的认识还不足，但此类社会工作者已开始返身走上从实务（practice）到实践（praxis）的专业实践发展之途。

（二）作为方法论的社会工作实践

从方法论的角度，怎样的社会工作活动可称为实践？实践哲学家帕蒂·拉瑟（Patti Lather）也使用 praxis 一词作出了回答。她指出，实践（praxis）是在理论与操作之间来回修正二者的辩证张力（the dialectical tension）（夏林清，1993：3）。一位社会工作研究者的研究行动就是他的实践，因为在他的研究行动中可以看到他对特定现象既有的理解或认识（理论假设）与探究（研究中的实际操作）之间存在来回修正二者的辩证张力。一位社工的团体工作或社区工作是他的实践，因为在其中这位社工对工作对象在特定处境中所面对的难题的假设（理论），与能动的专业介入方法或策略的实施（实际操作）之间有来回修正二者的辩证张力。但是在现实场景中，也经常看到社工因各种原因而被动地工作或应付指标的情况。这样的社工虽然工作多年，但其专业介入的工作方法并未因面对工作对象群体的差异性状况而有所调整变化或创新

（特别是在团体和社区活动中更少见到社工基于团体或社区的差异而改变或创新介入方式），其已习惯于例行性的操作，这种例行性的介入行动就不是拉瑟所谓的实践，因为这种工作方法并没有面对实践现场诸多情境充满"不确定性、复杂性、不稳定性、独特性和价值冲突性"的核心特质（舍恩，2007：33）。如要应对上述情境，必须遵循实践（praxis）的原则，即理论（目标）与操作（方法）间需存在在行动过程中让二者相互影响、来回修正二者的辩证张力。拉瑟对实践（praxis）一词的定义，有别于技术实践观下的 practice；practice 是指向工具理性、技术理性的，是惯例式、重复性和可复制的活动。同时，praxis 传统也与辩证唯物主义实践观相通，符合辩证唯物主义观点：实践是认识的根源，是认识发展的动力，是检验认识真理性的标准，是认识的目的；认识的发生、发展和归宿，归根到底离不开实践。所以，从上述意义上讲，实践的观点是辩证唯物论的基本观点（王元璋，1987；夏林清，1993：319）。因此，作为一种方法论的社会工作实践（praxis）是一种循环往复的、求真求实的辩证过程。

二　实践知识的源头、脉络与意涵

（一）社会工作实践发展的无解难题呼唤实践知识

在作为实践的 praxis 转为技术实践观下的 practice 的同时，人文社会科学中实证主义盛行，而科技理性（科技理性是指认为专业知识存在于工具性的问题解决活动之中，科技知识则是现代社会专业与专家的支撑）是实证主义的遗产。在 20 世纪后半期及之后的现代大学教育中，实证主义认识论发展下的科技理性对人们的心智发展发生了宰制性作用（舍恩，2007：27~40）。从科技理性的观点看，实务问题存在着"通用"的解决之道，这种解决之道由学者、专家负责通过研究来探寻，以供实务工作者在实务中应用（杨静，2018：7~8），这与技术实践论中 practice（实务）指理论的实际应用相一致。通常是学者、专家预先界定知识形成的理论规范或标准作业程序，提供给实务工作者应用，并根据应用过程和结果评估实务工作者的专业能力。一方面，这样的社会分工使得实务工作者常感觉自己"没有学问"，而没有学问是一种社会评价，它体现出在知识所象征的权力关系中，学者享有较优越的位置；另一方面，这种分工也常造成学者所生产的知识在现实中并不能协助实务工作者更深入理解问题情境及设计有效的介入行动，加剧了理论与实务的割裂（夏林清，1993：4）。以上科技理性的专业实践逻辑使社工陷入应用技术操作控制情境的困局之中，专业工作者陷于纯粹技巧性的操作中，反而忽略现实情境的不确定性和每个个案的独特情境，阻碍了进入问题的根源性的探究。这种科技理性下学术研究者与实践者不平等的劳动分工，导致众多身处复杂人类社会现场的工作者，在追求知识和探究方法的过程中，陷入狭窄的胡同，久而久之，实践工作者失去了辨识生命细致变化的能力，对场域脉络间交织牵动的力量视而不见（瓦茨拉维克等，2007：4）。最常见的现象是社工在"理论应用于实际"思维影响下，过于依赖理论而远离具体的情境。在面向工作对象人群开展工作的过程中，社工面对情境的不确定性时，会对于问题如何解决充满焦虑和不安全感；因此社工常抓着所谓专业的概念架构、技术框架，在工作对象面前"展演"，换取专业信心。但事实上，这样的专家知识落实到实务现场时，经常结合着行政化指标带来的结构压力，并以僵化的模板化程序被操作执行，其结果是社工当下对于动态现场存在的复杂现象的真实感触反而被阻隔，因此这些社工难以使自身与现场建立情感联系并积极调度其能动性细致审视其中问题，导致个别不同问题发生根源的差异和特殊性未能被清楚正确地辨认和界定，问题缘起亦未能被实践者自身正确地辨识、界定和分析。若是错误地界定了问题，其提出的解决方案以及后继的行动往往也就无效，甚至可能发生社工服务脱离群众、失去生命力的危险。采用这种专业实践逻辑的后果就是社会工作实务被质疑，社会工作实践智慧被忽视（彭华民，2017；侯利文、徐永祥，2018）。这反映了传统中"专业"所强调的特殊知识根植于高等学术机构通过科学研究发展出来的理论和技术之中，研究者与实践者越来越像生活在不同世界、追求不同事业目标的人。专业知识成为以专家为本位、去在地经验的知识；甚至知识的生产不是为了改善社会工作，而是为了巩固专业权力和利益（舍恩，2007：231~245；王海洋，2017b）。社会工作在 practice 所代表的技术实践观左右下试图将专家发明的理论提供给实务工作者，让他们在实际中应用，这一企图的起点假设就注定了其无法实现。返回 praxis 重新审视实践知识的意涵或许是回应社会工作实践发展无解难题的方法。

（二）返回 praxis 认识实践知识脉络与意涵

社会科学范式转向的重新思考，为整个社会科学带来了更多对世界形成元认识的角度，比如诠释范式、批判范式、实践范式等。这为社会工作实践范式的发展提供了空间和条件（王海洋，2017a），让社会工作知识得以回归实践、贴近实践、服务实践。同时社会工作作为一种实践性专业，亦需要对实践概念与实践知识进行研究（古学斌，2017；郭伟和，2018；何国良，2018，2019）。根据《辞海》的定义，实践一词本身意为"实在去做与彻底履行，强调根本性、从根部的转变"，具有理论和实践统合的意涵，内含了整合研究者与实务工作者的意蕴，而不是指技术实践论中的 practice（实务）即理论的实际应用。从这种意义上讲，实践知识本质上与 praxis 传统相一致。然而目前流行的干预研究多是结果导向的实证研究，即 practice research；学界相对忽视更为复杂的实践过程研究。为了展现更为复杂多变的实践过程，社会工作研究应该探究实践知识（郭伟和，2017）。华人行动科学家夏林清返回实践的 praxis 传统，遵循并发展了帕蒂·拉瑟在 1986 年针对实践取向哲学提出的"实践范式"（praxis oriented research paradigm）（Lather，1986：257-277），成为华人社会助人领域实践知识探究的集大成者。其有关行动研究、实践研究、实践知识、实践理论的论述中的"实践"一词多写为 praxis。她长期探究社会心理学、社会工作、教育学等社会人文学科助人工作领域的实践知识生产，对实践发展的无解难题有独到的行动探究，其相关成果值得参照与借鉴。

夏林清 20 世纪 80 年代在美国哈佛大学师从克里斯·阿吉里斯

（Chris Argyris，1923~2013 年，美国著名心理学家，组织心理学与行为科学的先驱）研习行动科学（阿吉里斯等，2012），同时跟随麻省理工学院舍恩（Schön，美国教育家、哲学家，反映实践理论的创立者）学习反映实践方法（舍恩，2007）。当时美国学术界已开始反思批判专业知识的"理解滞后"，认为专业知识遭遇了无法回应高度复杂及不稳定的社会现实问题的实践困境。因此，阿吉里斯与舍恩等人批判了学院知识是实证主义的"科技理性"或"工具理性"的方法论主导下生产的专业知识，认为这样的知识无法回应助人专业实践领域所处的具有"不确定性、复杂性、不稳定性、独特性和价值冲突性"的动态处境。然而"不确定性、复杂性、不稳定性、独特性和价值冲突性"往往被视为专业实践领域的核心特质（舍恩，2007：11~15），这些特质甚至与科技理性的方法在逻辑上彼此矛盾，因而他们针对科技理性提出了"反映理性"（reflective rationality）的概念（舍恩，2007：40~56），并将"反映理性"与"行动研究"（action research）结合，以生产"实践知识"，认为这种知识是解决专业实践困境的处方。具体而言，实践知识是实践者在实践过程中生成的知识，实践知识与一般学院里生产的知识不同，它是实践者在一线工作中累积在身上的"能耐或技艺"。实践者也许知道如何操作，却不一定说得清楚。更重要的是，在真实的实践场域中，问题经常不按实践者预先设定的样貌出现，问题总是出现在难以理解并充满了不确定性的情境中，其难以被实践者界定为一个可理解的情况并掌握。在这种令实践者困惑的模糊情境中，关键的问题是究竟如何界定问题。这其实不是一个可以在与情境互动之前就得到答案的"技术问题"。舍恩认为"问题设定"是一个过程，是问题如何定性命名（name the things）和事件发生脉络如何框定（frame the context）两者之间的交互作用过程（舍恩，2007：34）。在实践过程中或实践之后，针对自己正在进行的实践工作或已完成的实践工作进行反思（童敏、史天琪，2019），进而检视自己如何设定问题、采取了何种问题解决方法，就是"在行动探究过程中，同步经由对话活动对其自身的实践经验进行反映的历程"，这是发展实践知识的过程。社会工作者需要对自己的实践工作进行反思，检视自己是如何再认识工作对象的、基于这样的认识采取了怎样的行动，以及工作对象是真正改变了，还是在社会工作者做了很多之后依然维持现状。这种反思的内容就是实践知识的内涵（何燕堂，2017），这也正回应了 praxis 统合理论和实践的意蕴。

三　社会工作实践知识的价值取向与方法论基础

（一）社会工作实践知识的价值取向：社会改变

实践知识中渗入了"应当做什么"的价值关切（杨国荣，2012）。由实践（praxis）具有伦理之维和人类终极关怀的属性可推论实践并非价值中立的行动，而是具有价值承诺（value commitment）的活动，这也是社会工作实践的立场。因此，返回 praxis 的源头对社会工作实践中蕴含的知识做出的界定应是对在追求伦理德性过程中处理人与人的关系以做出"正确行为"的经验的总结。那么，究竟具有什么样价值取向的知识才可被称为社会工作的实践知识？

从社会工作作为政治和道德实践（praxis）的本质看（陈涛、王小兰，2017；黄锐，2018），其专业实践应具有能动性、解放性和社会历史性等特点。也因此社会工作实践中所蕴含的是行动与解放的知识，是致力于社会改变的知识（knowledge for social change），它追求一种社会生活方式向善的改变。具体而言，社会工作是在实验中探寻如何经由专业的组织工作，在专业工作者与工作对象的协同行动的过程中，通过行动者的参与逐步在社会生活中改变人们应对不公正社会环境时的行动方式，即改变处境中行动者的感知方式与行动逻辑，由此才会带来制度变化的可能性，个人、群体及社会才能谋取到变化的机会（夏林清、丁乃非，2015），上述社会工作实践过程蕴含的实践知识，是社会工作者致力于社会改变而形成的行动知识。

社会工作者的行动中蕴含着实践知识，同时实践知识的生产过程也应是在实践中实践者自身发展的历程。实践知识关切的核心是作为实践者的社会工作者的发展，其聚焦于实践者主体性的发展。实践者有主体性地运用实践知识能根本性地改变传统的理论与实践分化与社会分工、改变"学院"专家通过生产专业知识来"指导"实务工作者的窘况，改变当前社会工作理论对实践无效的处境。因此，实践者的主体性成为实践知识发展的关键。究竟何为实践者的主体性？这样的主体性又与社会工作的价值取向有何关联性？

图海纳（2008）的行动社会学为回答上面的问题提供了思考的线索。行动社会学将作为实践者的个体放置于社会结构中，从主体、行动与"历史质"相互关联的基本逻辑入手可呈现实践者及实践知识价值取向。首先，图海纳认为主体是能动的行动者，而非被动的存在物，主体具有创造性和试验能力；同时，行动即劳动，也就是改造世界。通过劳动，在改造世界的实践中行动者进一步认识到行动者是历史的行动者，是历史改变中的一分子。其次，"行动"要返回到行动者的主体上。行动不是对社会处境的被动"反应"，而是研究的过程，包含着"创造改变"和"检验理论"的双重目的，实践者的行动（劳动）过程就是其进行研究的历程。最后，主体行动形成"历史质"。一个社会是通过物质生产、服务或信息来实现其自身的生产的"历史质"。"历史质"之形成发生在人们意识到自己并非被放置于历史之中，而是要自己创造自己的历史时（图海纳，2008：18～44；景天魁，2014；洪鎌德，1995）。行动社会学认为社会行动者才是带动社会转型与变迁的主体。它把古典马克思主义实践性带出来，主张在认识社会现实的同时，还要介入社会改变的过程（洪鎌德，1995）。因此，具有行动社会学意义上的主体性的实践者的行动中所蕴含的实践知识也便具有了介入社会改变过程的价值取向。

（二）社会工作实践知识的方法论基础：反映理性

实践知识也包含对"应当如何做"的理性判断（杨国荣，2012），实证主义范式不适合探究社会工作实践知识（古学斌，2017）。科技理性认为专业实践是问题"解决"的过程，其后果是学界以"通则"为最高层次，而"具体的问题解决方法"则位居低的专业知识层次，执行自上而下的要求，致使"实践"的处境更加困窘（舍恩，2007：21）。舍恩针对科技理性发展出了遵循相反假设的反映理性。从反映理性观点看，复杂的实务问题需要特定的解决之道，而非寻找"通则"；专业工作依赖于实践者隐含的行动中认识（knowing-in-action），实践者间"关系的动态网络"协助实践者在面对复杂而不确定的局面时采取负责的行动，其中的协同关系表现为群体中平行对等的交流而非权力阶级间的交易。反映理性支持实践者的自发性成长，而不是由外界推动其成长或要求实践者做什么改变（Altrichter et al.，1997：259-270；舍恩，2010：6）。反映理性的根源可以追溯到20世纪80年代实证主义所主导的美国社会里发展出来的实践认识论和反映实践的方法论。这是一支在美国社会科学专业社群内部发展出来的针对实证科学和科技理性的解构力量。在这场范式转向的风潮中舍恩独领风骚，他的论述广泛影响了教育、心理、社会工作等人文社会科学的专业领域，这也是舍恩曾提出的培养"反映理性"来长期对抗"科技理性"的用意（舍恩，2007；夏林清，2010）。由上可见，在范式转向的过程和反映理性抵制科技理性的历程中，实践知识的生产进程同步开启。

在中国社会工作过去30余年的发展中，实证主义知识范式是其主导范式；近年来才开始出现了诠释范式、批判解放范式与实践范式并存的多元空间。这个小的多元知识范式空间的出现，特别是其中对实践范式（行动研究）及其方法的探究，促使一小群社会工作者开始警醒，并批判性地理解与辨识知识权力和行政权威对社会工作专业实践者经验的挤压与扁平化曲解。这些社会工作实践者开始开展进一步在实践中发展、表达与沟通实践知识的行动，尝试争取本该属于实践者的知识生产和实践的自主权。这赋予了一小群社会工作实践者（教育者）走上反映实践与叙说探究的行动研究方法学习之路，以增强属于自身的实践知识的动能。比如，2013~2018年，笔者持续协同珠三角地区的一些社工通过反映实践取向的行动研究工作坊发展实践知识。① 再比如中华女子学院的杨静，她是社会工作恢复和重建后的第一代专业社会工作老师（20世纪80年代末从事社会工作教育工作），后来赴香港理工大学攻读社会工作硕士、博士学位，致力将自身发展成为知行合一的社会工作教育行动者（杨静，2014）。夏林清、杨静协同实践者出版了行动研究系列书籍《在地人形——本土农村社区组织工作探索》（杨静、陆德泉，2013）、《行动研究与社会工作》（杨静、夏林清，2013）、《行动研究经典读书札记》（杨静等，2015）等，并于2016~2017年在《中国社会工作》杂志连续发表基于行动研究的系列文章，尽管这些文章不是"高大上"的学术论文，但这些文本可视为社会工作教育者协同一批多年来扎根社区的社会工作者整理自身实践知识并将其公开化的尝试。

实践知识不是实证主义范式下的学院研究者发明的"通则或通用模式"，实践知识也不会是社会工作的实务问题的通用解决之道。学院派专家生产的统一或标准化知识的确提供了专业实践可参考的概念和框架，但对于在复杂且多变的现实处境中实践者应如何做的问题，其无法提供进一步回应，因而无法适应大多数社会情境。而实践知识必须是以实践者为主体发展的特定知识，内含于实践者内部。实践者是特定处境中的一名行动实验者，依其对问题的设定，有意识地设计与实验他的做法和想法。行动中自身、他者与系统体制的交互作用和实践者自身所具有的库存经验一定是同时或隐性或显性、或主动使用或被动牵引地发生着变化，此变化过程中使用或发展的知识为实践知识。这种实践知识具有深、细与缓的内涵，是行动者自身使用的知识。这种实践知识不是西学中用或中西合璧的产物，它只是表现为一名不中不西、又中又西的实践者在

---

① 2013~2018年协同开展"顺德首届MPS班行动研究工作坊"（2016年）、"顺德首届MPS班行动研究工作坊之反映回观练习群"（2018年）、"资深行动者'实践智慧'协同发展实作工作坊（顺德）"（2018年）、"行动研究工作坊（广州）"（2018年）、"社工组织之行动研究工作坊（东莞）"（2016年）、"东莞社工骨干人才培训班之行动研究工作坊"（2013~2014年）等活动，笔者正着手对其进行反映回观，并形成可公开的文本资料。

他的地方处境中，七手八脚、摸爬滚打地干着他自己也不甚明白的活。①
实践知识是处理不确定和模糊情境的知识，因此它不会是一套标准化操作方法或流程。标准化操作方法或流程是科技理性的产物，是工具理性的，恰恰与实践知识的反映理性方法论相悖。

四　社会工作实践知识生产的方法论：迈向反映 实践取向的行动研究

（一）反映实践取向行动研究的起源与发展

"行动研究"一词最早由库尔特·勒温（Kurt Lewin，1890~1947 年）提出，这位被称为"团体动力学之父"的知名社会心理学家由德国来到美国，在 20 世纪 40 年代，提倡生产为社会变革服务的知识（knowledge for social change）（陈立，1984）。他在美国麻省理工学院成立团体动力研究中心，研究团体动力及社会冲突，发明了训练团体（又被称为"小团体"），之后不久，勒温突然过世。而后阿吉里斯用行动科学、舍恩用反映性实践的概念和方法，针对实证主义范式的"科技理性""工具理性"衍生的问题，发展"反映实践"的方法论，提倡实践认识论（夏林清，2006）。80 年代阿吉里斯和舍恩就对他们所属专业的工具理性有所批判。他们认为要真正做到从实践者身上找实践者的理论，所以他们在哈佛大学"夏日学校"里对来自四面八方的实务工作者进行训练，他们自己首先挪到实务工作者的位置上，去看这些资深的实务工作者身上带着的经验是什么，并基于此社会实验发展出了行动科学和行动理论。夏林清在《反映的实践者：专业工作者如何在行动中思考》一书的译者序中指出，有关反映实践者的理论主要由两组核心概念构成。第一组是"行动理论"与"行动中认识"的相关概念，包括"行动中的内隐认识"、"行动中反

---

① 根据台湾辅仁大学夏林清教授 2015 年秋季"行动研究"课程幻灯片、课堂对话录音整理。

映"与"对行动的反映"。这一组概念是舍恩在运用"行动理论"确立"实践中的知识"的立场的基础上提出的，是"实践者"的实践行动发生与实践知识产生的立论基础。第二组概念则为与"与情境反映对话"、"再框定"和"框架实验"相关的概念，包括"探索实验"、"行动探测实践"和"假设检验实验"等。在这一组概念的支持下，实践者成为反映性社会科学阵营中的一员，并同时使实践者的科学精神处于"实验"的旗帜之下。因而，舍恩说："实践者探究的立场即他'对待真实世界的态度'。"（夏林清，2018）。

夏林清及其实践团队所创立和发展的"反映实践取向的行动研究"整合了团体动力学、行动科学与反映理性的方法论。正如夏林清所言：欧美团体动力学知识使她懂得要看到"过程"（process）的动态演变，行动科学让她懂得在应对人际行为世界的变与不变时应该从何处入手，反映对话带领她在制度夹缝里觅得了空间（夏林清、丁乃非，2015）。具体而言，这一派反映实践取向的行动研究可追溯到 20 世纪 80 年代后期夏林清在美国学习行动研究后，回到正值急速变化的中国台湾社会，面对当时人文社会科学的学院知识生产和社会实践脱节的状况，援用舍恩的"反映实践"作为助力，将其整合于心理、教育与社会工作等专业实践者的培育工作中。经过 30 多年与实践者的协同发展，其取得了实质性进展：第一，以学院为平台培养出具有反映实践能力的心理、社会工作、教育专业的实践者，他们在助人工作领域逐渐开枝散叶；第二，夏林清连接上西方实践知识、行动研究理论的理脉，又能落回在地社会现实脉络，协助行动者从自身实践工作经验中探究、提炼并生产出有特色的在地知识，也展示出实践知识具体发展的生成路径。总之，反映实践取向的行动研究需要返回到行动研究者主体进行返身拆解，在社会位置处境与社会关系脉络中进行觉察；同时需要行动者能清楚辨识自己的行动对他人及外部环境产生的影响，使行动者发展出觉察、辨识置身于其中的真实的社会结构，以及在行动中了解自己行动与结构改变之关联性的能力，达到通过自身的行动带动结构改变的目的。反映实践取向的行动研究打破微观与宏观的二元对立，即立足微观审视宏观，既有宏观视角也不失微观层面的细致，使得个人改变与社会改变同步推进。这是真正使实践者及实践知识获得发展的源头活水，体现了社会工作实践（praxis）的根本。

（二）反映实践取向行动研究的价值立场

反映实践取向的行动研究注重承接历史和前人的资源，从中寻找改变的方向和行动的动能，也强调他山之石只有立基于自己的历史才能发挥作用（杨静，2013）。社工是行走在复杂的、立体的社会历史中的行动者。中国改革开放 40 多年来的快速发展，形塑了置身其中的人的"快"，导致年轻一代的社工在"听和说"的对话过程中，对言语表达的理解和掌握显著简要化，以至于自然忽略过程信息，对内容断章取义，让人与人之间的深刻、真正的理解变得越来越不容易。个体、群体和社会之间的关系是非常细致而又很容易被化约的，很简单地就能把它切断。很多成年人身上带着的是三代压扁的经验，助人工作者要有读进别人的处境和历史性的能耐。反映实践取向的行动研究希望持一种把人当作行动者及实验者的立场，通过行动研究将社会的复杂性、生命历程中两三代人带在身上的经验（社会的变化太快速，使得我们把生命历程中两三代人带在身上的经验切断开来）在细处连起来，这是行动研究的立场。要描绘这种复杂的立体面貌，让人活在里面、存在于里面，所以行动研究的工作就像裁缝师做很细的针线活，把一些细的经验编织进去，从而形成自己独特的能力和做法，即实践知识；这也体现出行动研究把人当做实验者的对生命的基本态度。因此，它强调行动者的行动研究应该根植于自己的历史和情境脉络，将行动者自己的价值立场、行动视框公开呈现并检验，以厘清自己的研究目标如何形成以及在检查后是否要改变。它强调知识的建构不应脱离实践行动，因为任何实践者对于行动脉络的选择背后必有其认识或理论；研究者应通过对话，检验这种隐讳的个人知识并修改它以帮助行动者积极地改变行动，这是行动研究的核心关怀。因此行动研究被认为是为实践者培力的一种研究方式，它以生产"为行动服务的知识"为明确的价值立场（杨静，2013；李忆微，2011）。

（三）反映实践取向行动研究的视框

在反映实践取向的行动研究中，行动者对其自身介入变革历程的考察有一基本的视角，即不割裂地对待个人、群体、组织与社会体制的多层次社会关系共存场域，关注社会系统与经验层次交相作用的力道，并基于此原则持续探究反映实践取向的个人与群体实践方法之间的关联性（夏林清、丁乃非，2015）。比如，笔者设计的行动研究工作坊（顺德）中社工很容易使用关于自我的语言表达，如"自我察觉"、"自我链条顺不顺"和"我的能量够不够"等。可事实上，其中所指的"我"这样一名行动者是带着人固有的有限性的，人都有有限性，人要尊重自己的有限性。选择走社会工作这条路的人，其实都是主动抓机会、创造社会条件，进入社会某个地方，想要在个人、群体、组织甚至整体社会结构的层面上改进社会的，这是许多社工的企图。可是这么做的时候人就会碰到，也必须面对社会制度性结构的限制，这是社工活动中既存的现实。而且这种限制并不是用社工一己之力就能改变的，很多时候社工是在结构限制中寻找缝隙、创造条件、试图改变。反映实践取向的行动研究是训练行动者在其个体"起起伏伏"的时候，能识别出其面对的是具体客观事实和既存的制度性环境的结构限制与条件。所以虽然社工经常使用指向"自我"的语言，但事实上个体实践过程处于一个结构性的、制度性的环境。做助人工作的社工，要学会认识这个社会，认识像软钢索一般把人锁住了的微小细节。现实中有时候想帮一个人，发现越帮锁得越紧。这很可能是某一种制度性的环节运作导致的。如果我们不能更明白分辨这种制度性环节的运作机制，那么我们对我们的行动什么时候停、什么时候做，什么时候做哪些行动、什么时候不能做哪些行动的判断和决断力就会不够。这都反映了个体与制度性结构的摩擦。社工如何认识它，看到既存状态的有限性和束缚？助人工作者身处结构中开展个人、群体和家庭工作时，如何让个体与制度性结构相互之间的正面作用真正发挥出来？必须积累很多力量，还要有一些大家的共同认识，走到某个历史的点上，在某些条件下，结构性的束缚才会改变。在社会工作中，制度环境结构性的限制和"我"这个有限性的个体之间会相互碰撞和冲刷；对这种碰撞和冲刷的认识，对社工而言是重要的，只有辨认出和看见"小小的我"、"有限的我"以及"我"在行动历程中所不断遭遇到的结构性的限制，只有同步增加对社会的认识，社工才能更好掌握自身与社会结构的相互作用，个人改变与社会改变才可能同步发生。社工开展的行动研究不允许一个"个体化"的自己脱离社会条件和环境或脉络去谈"人"，这会让社工越走越抽象、虚无。

（四）反映实践取向的行动研究进路

反映实践取向的行动研究与工具理性的行动研究不同，这种不同其实反映在 practice 与 praxis 的差异上。工具理性的行动研究指向"practice"背后的技术实践论，因而强调模式化的研究流程，如设计行动方案，而后付诸实践，再评估行动方案的实施结果（Kemmis & McTaggart，1988；Berg，2007），我们可将其归类为科学技术的行动研究。其采用工具理性的操作方法。然而，反映实践取向的行动研究路线更接近批判解放的行动研究，它强调行动研究者自身作为一个行动实验者，其本身具有实践知识，而这种实践知识来自行动者过去的实践经验。每个实践者身上都有因过去的实践而形成的实践知识，但实践知识要被有意识地提炼才能更好地被行动者主体有目的地运用。

此外，反映实践取向的行动研究强调行动者应对行动后果负责。人若要对行动后果负责任，就必须明白自己为什么生成该行动，为什么采取了这种行动，当时的情感状态、推理假设是什么。行动研究方法是要让人对变化的过程敏感，而且更好地察觉自己带在身上的经验、情感推理。同时，行动者在与外部情境以及他人互动时，要能对影响他人的利害作用明察秋毫；这些观察结果要能够被自己记录，也能被别人观看，并得到开放讨论。正如一位教育工作者在进行反映实践取向的行动研究多年后，对实践知识的认识："我所认识的实践知识都生成于行动主体的自我觉识之中。知识的主要来源不是读万卷书或做论述分析，而是人们从自身实作经验的推敲与处境的回观中，凝练而出的体悟。"（廉兮，

2012）。经由反映实践取向的行动研究，实践者可以逐步对自身经验和对情境的行动介入以及他人形成更强的分辨能力，更细致地辨别与对待这些存在。这可以支撑行动者针对不同的人与情境细分出不同的对待方式与方法，以及发展出进行更复杂、有层次的行动的能耐、策略。这种细致且复杂的行动策略即实践知识。

因此，反映实践取向的行动研究没有一套标准化操作方法或流程，其关注作为行动者即研究者的人的发展，是致力于让实践者累积实践知识的方法。行动研究并没有一成不变的模式，它具备灵活性和适应性，需要根据具体情况进行调整和优化。它会因不同行动研究者主体的差异而更具丰富性、灵活性与实践的魅力。其实阿吉里斯等人在《行动科学》一书中也表示，行动科学的学术根源来自杜威（John Dewey）与勒温，尽管他们两人当年并未系统性地提出行动科学的整套理论，但仍明确地提出了行动研究的基本概念：行动研究是为协助人解决特定问题而发展出的在社会系统中进行改变的实验（阿吉里斯等，2012）。从这种意义上说，社会工作者的每一个介入行动都是在社会系统中进行改变的实验，如果社会工作者是一位行动研究者，他/她势必对这种社会性实验的团体过程更加敏感，对介入过程中人与社会结构的相互缠绕也能清楚地辨识，对于介入行动的社会实验后果也更能认真对待和为其负责。

总之，对中国而言，几亿农村人口被改革开放的浪潮冲到了城市，原有的生活、生存方式短时间转化为以移动性劳动为主的生存形态，这样的移动影响了中国至今三代人的生活，这样的社会背景完全不同于西方社会。中国历史发展的独特性决定了西方社会工作理论难以被搬运套用，成为实践中拿来"应用"的方法。然而，高等教育培养的社工接受了片段化的欧美社会工作知识后，进入特定社区内时，却要面对个人与群体的具体难题，这使社会工作者常常陷入无法动弹的困境。这反映了当前社会工作者对西方社会工作理论十分依赖，而忽略了自身所处的在地实践中蕴含的实践知识。因此，从实践者的经验的土壤中，发掘和生产对在地实践者有用并能促进社会改变的社会工作实践知识是社会工作实践者的历史责任，而反映实践取向的行动研究是完成这一任务的一条可行路径。社会工作研究者与实践者一起运用行动研究方法，开展协同探究，逐步培养实践者分辨与取舍"知识"的能力，并让他们有意识地追寻与自身实践相呼应的认识与理解，逐步掌握自己在实践路径中所确认与创造的实践知识（夏林清，2016），这是实践者的社工之路走得长久的基础。

第四章 自我叙事、经验转化与社会工作实践知识生产[*]

社会工作研究长期以来注重理性，经验常被忽略，特别是书写"我"的经验更不受重视，这导致了以经验为本的叙事研究方法的式微。本章在梳理自我叙事研究核心议题的基础上，阐述了经验、叙事与自我叙事的概念及其关联性，重新审视了自我叙事研究的"自我返身"基点与"三度叙说空间"向度，并从范式转移的视角对自我叙事的发展演变进行了回顾，指出自我叙事中行动的引入将推动叙事更贴近主体经验，这也是自我叙事发展的新趋向。从社会工作教育者的角度来看，朝向行动的自我叙事是社会工作教育者经验转化与实践知识积累的有效方法。

一 社会工作研究中经验的地位和意义

长期以来，社会工作研究更加注重理性，而经验常被忽略。对经验的忽略和贬低与学术界由来已久的对知识来源的认同有关。一般认为，专业知识发源于高等学术机构和实验室之中，是专家知识，高于实践活

---

* 本章内容曾以《社会工作研究中的自我叙事与经验转化》（作者张燕婷、王海洋）为题发表于《福建论坛》（人文社会科学版）2021年第7期，收入本书时已征得张燕婷同意，且内容有修改。

动中产生的经验知识（舍恩，2007：232～246）。西方社会工作在专业化发展过程中已对社会工作知识生产中的专业权威与科技理性至上等问题有了洞察与省思（郭伟和，2014）。一般而言，理性越被推崇，经验就越被贬低。因为经验是人们在特定的不断变化的生活环境中所做的事情和遭遇的事情，所以行动也就在哲学意义上受到了蔑视（杜威，2014：275）。早期社会工作研究中人们就不推崇对经验的使用和研究。20世纪90年代以来，社会工作学界围绕专业服务的科学性进行讨论，其中一股重要的力量是以北美地区为代表的西方发达国家提出的证据为本的专业实践模式（evidence-based practice model），这是实证主义范式下的产物，其主张建立可客观测量的指标体系，并用实验研究方法来验证专业干预有效性（郭伟和，2019），社会工作实践中的感性经验或实践智慧被排斥在科学知识之外。正是因为对经验的刻意贬低，社会工作领域使用量化方法与工具来处理研究问题的取向越来越受到推崇，其后果是社会工作研究者的洞察力逐渐显得不重要，社会工作实践者丰富的实践经验无法在研究中呈现，其实践经验也就更无法在实践中得到转化、共享，更难实现对实践经验的知识提炼。近年来，有学者已指出证据是社会工作专业实践的薄弱环节，认为社会工作应有基于批判反思的实践创新，从而彰显实践智慧（王君健，2019）。

那么究竟该如何正确看待经验在社会工作研究中的意义与地位呢？杜威（2014：146）曾指出，"一两经验胜过一吨理论"。可见，杜威对"经验"给予了很大的肯定。在他看来，研究"经验"具有非常重要的意义。"任何经验，不管第一眼看起来是多么不起眼，通过拓展其被觉察到的各种联系的范围，都能估计出它无限丰富的意义。而与他人的正常交往恰是有效实现这种发展的捷径，因为它会把群体甚至种族经验的最后结果与个人的直接经验联系起来。"（杜威，2014：220）人总是存在于社会关系和社会情境中。因此，在杜威看来，经验是个人的，同时也是社会的，经验在个人与社会的层面总是同时存在。不仅如此，经验还极具生命力和连续性。社会工作中一切行动和改变都发生于社会工作者以及案主所处的社会关系和社会情境之中，社会工作实践经验总是同时存于个人与社会两个层面。因此，社会工作研究更应建立在具体经验的基础上，经验应该是社会工作研究的起点与关键词。

二　自我叙事研究：一种经验探究与知识生产的新方法

在正确对待经验之意义与地位的基础上，社会工作研究可以尝试建构一种经验探究的新方法，这种方法建立在具体的社会工作实践经验基础上，以"自我返身"为基点，以"三度叙说空间"为向度。

（一）经验探究中的叙事与自我叙事

经验或实践经验是社会工作专业发展的源泉和根基，实践经验需用适当的方式去研究与呈现，而叙事恰是较为合适的方式（权福军，2017），因为叙事是一种能够深入了解个体经验的方法，可以细致呈现社会工作的实践经验（何芸、卫小将，2014）。具体而言，一方面，叙事是研究人的经验的重要方法。叙事是对人的经验（experience）与生命故事（life story）的再现与反思，注重脉络的连贯和意义的生成。另一方面，经验也是自我叙事等叙事形式的根本观照对象。叙事是为了获得经验、再现经验，并重构经验。韦伯斯特（L. Webster）和梅托瓦（P. Mertova）指出，叙事研究以人类的经验故事（human stories of experience）为背景，相较于量化研究对问题的简约化处理而言，叙事显得更加具有特别的价值，因为它非常适合于探讨研究中的复杂性、文化性和人类中心性议题。因此，叙事对于研究的贡献在于它构成了基于人类经验进行研究的方法（Webster & Mertova，2007：1-11）。

经验相较于理论常处于被忽略的地位，在很长一段时间内，对经验的忽略也导致了以经验为载体的研究方法（比如叙事）处于弱势地位。早在1986年，杰罗姆·布鲁纳（Jerome S. Bruner）就提出人们思考这个世界和自身有两种不同方式：第一种被称为范式性思维（paradigmatic mode of thought），有这种思维的人尝试以客观数据验证自身的断言，从而树立所谓的真理；第二种被称为叙事性思维（narrative mode of thought），指人们通过故事来筛选和理解自身的经验，不寻求范式性意义上的真理，而是要更好地接近现实生活，开放地去接受新的可能（Bruner，1986：12-13）。但后者在很长一段时间内并不受重视。直到 20 世纪 80 年代，叙事研究才逐渐在社会科学研究中占据一席之地，随后它在各领域中的实际应用也渐渐显示出其重要的一面。

但实际上，即便是在叙事等研究经验的方法在社会科学中流行起来之后，学术研究中也一直不鼓励第一人称写作，不鼓励研究自己的经验。这突出表现在学术界的论文规范使那些个体的叙事、自传性的故事成了学术表达的禁区上。20 世纪 70 年代，亚瑟·P. 博克纳（Arthur P. Bochner）肯定了自我叙事以及用第一人称书写自己故事的方法，他指出："为什么作者们不被鼓励用第一人称来写学术文章？我们何以视作者自己的情感和思想在其文章中被压制为理所当然呢？别忘了，究竟是谁在收集证据，谁在具体论证，又是谁给出结论。"（艾利丝、博克纳，2007：777~778）博克纳的一连串反问正是在肯定第一人称写作的正当性和重要性，这是对研究者主体性的看见，亦是对自我叙事的肯定。

事实上，自我叙事作为叙事的一种，是主体对自身生命经验的探究，有助于我们从经验中发展出意义，是一个主动建构和行动的过程。也就是说，自我叙事在探究的过程中建构自我生命意义，并基于文本呈现与读者沟通，产出对话以及后续的改变行动。但是，在博克纳的肯定过去约 50 年之后的今天，学界虽亦有不少此类自我叙事文章，但遗憾的是这些文章多为简单的、感人的或成功的故事脚本。对于研究而言，并没有产生实质的可以对话和沟通的空间，这不仅让自我叙事研究"自我"的方法流于俗套的、自说自话式的讲故事，还掩盖了这种研究方法的价值，贬低了经验在研究中的地位和作用。

（二）自我叙事研究的基点与向度

自我叙事究竟该如何进行呢？如何通过自我叙事更好地对经验加以研究？下面我们通过梳理自我叙事研究的基点与向度，来确定自我叙事朝向"社会性视框"与"三度叙说空间"的自我反身拆解之道。

1. "自我返身"：自我叙事研究的基点

自我叙事对"自我"生命经验予以观照，它的首要任务就是对自我经验的返身拆解。自我经验的发现、呈现及建构，在根本上是一种"自我"返身性研究，要求研究者返回自身即其研究基点。20 世纪六七十年代以来，返身性（同"反身性"）研究在西方学界引起了热烈的讨论并产生了广泛的影响。在学术界，返身性与反身性两个词都被使用。崔雪梅针对"返身"和"反身"在汉语中混用的现象进行了分析，并提出建议：虽然二者都有相同的理据性、系统性，但是因为"返身"的通用性更强，且没有歧义，所以选择"返身"会更好（崔雪梅，2009）。

精神分析家徐均有一篇关于"返身四见"的文章，他认为返身要经历四个层次，即返身见众生、见自己、见历史、见生命；他认为个人要能在开放视野中去返身回顾自己的人生以及历史与时代对人生的刻磨熏染，从多元杂性系统的交错中去理解其生命过程，这是人返身回看的最高境界（徐均，2014）。这与布莱福德·齐尼（Bradford Keeney）提出的"母子盒"（Chinese boxes）概念不谋而合。"将这些层次看成一盒包一盒的母子盒——系统内的系统再包含系统。盒子全部包起来的时候，我们可以视其为一个整体；全部拉开的时候，就能看出不同的节点、阶级或层次。"（齐尼，2008：82）自我叙事的"自我"返身拆解即是从"我"开始逐步揭开包裹着"我"的多层次社会系统，这亦是自我叙事研究的基点，由此基点开始，逐步开展对行动者个体与多层次社会系统互动经验的辨识与理解。

2. 三度叙说空间：自我叙事研究的向度

自我返身是主体进行自我叙事的基点，也是首要观照对象。那么，在叙事过程中究竟该从哪些维度组织自我的多层次社会系统经验呢？简·克兰迪宁（Jean Clandinin）和迈克尔·康奈利（Michael Connelly）根据杜威的观点提出的"三度叙说空间"，一直被叙事研究者奉为圭臬。"三度叙说空间"以时间性为第一向度，人和社会为第二个向度，地点则是第三个向度。同时，研究的焦点被分为四个方向，即内、外、前、后。

就内而言，指的是内在状态，如情感、希望、审美反应以及道德倾向；外指的是存在的情况，也就是环境；而前、后指的是时间性，即过去、现在和未来。去经历一种经验，就是研究一个经验，也就是同时从四个方向去体验这个经验（Clandinin & Connelly，2003：72），这是叙事研究中非常经典的论述。"三度叙说空间"的优点在于界定了叙事的经验组织方式，提供了叙事研究最基本的参照维度。但是在现实的研究中，人们往往忽略这些基本要素，转而建构一个"精彩"但抽离了时间、地点和社会历史性的单纯叙事。在学术层面上，任何忽略上述基本维度的研究，都将失去其意义。杜威也曾指出："扼杀历史的生命活力的隔离现象，就是把历史与当前的社会生活的种种模式及相关事实割裂开来。过去的事实已经过去，不再与我们相关。可是事实上过去的事实是了解现在的关键。历史应对的是过去，这个过去却是现在的由来。过去的事件不能与活生生的现在隔离，否则将失去其意义。历史的真正起点总是某种现存情境及其问题。"（杜威，2014：216~217）

鉴于自我叙事研究中对社会政治历史和时空的忽略，需将自我叙事研究理解为把自身生命经验、社会政治历史和生活时空相联结，致力于改变行动与结构、个体与社会之间的二元对立关系，重新建构自我与社会政治历史的关系脉络的返身性研究。叙事不应该只是人的喃喃自语，而应更多的是一种主体化的建构过程，应以"社会性视框"去辨识过程经验在什么特定处境下产生，与当时的历史、文化、政治、经济等社会性脉络的关系如何；应看到过程中多元主体的行动选择及其后果，并将其公共化地呈现。这不同于一般的喃喃自语、表达个人化心智的个人叙说，而是一种关系介入的社会行动。因此，无论决定对谁说、为何说、如何说，关系的方向性都随时决定着叙说的内容与形式，叙说也服务于社会关系的改变（王醒之，2017）。在上述意义上，"三度叙说空间"与"自我返身"中认为"自我"置身于多层次社会系统中的观点不谋而合，都主张对社会脉络、情境脉络进行观照与辨识。

三　社会工作叙事研究的转型与实践知识生产

社会工作教育者是社会工作专业知识生产的重要主体，每一位社会工作教育者都可以是经验的研究者。要做"知行合一"的社会工作教育者，就要探究社会工作教育者的自身经验与专业知识生产的关联性，而自我叙事研究正是增强这种关联性的重要方法。社会工作教育者经由自我叙事研究中的经验探究，可实现经验转化，整合自我经验、专业实践（教学实践）与学术研究，促进社会工作本土理论生产与实践创新。

（一）朝向行动的自我叙事：叙事研究的新趋向

叙事研究作为一种方法，本身受到其背后哲学范式（paradigm）的影响，也会发展出不同做法。特别是20世纪90年代以来，随着各种范式的发展，自我叙事亦面临新的范式转移，我们有必要从范式转移（paradigm shift）的视角切入，重新审视自我叙事的缘起与知识旨趣，以更好地促进自我叙事的发展。

1. 范式转移与自我叙事研究的演变

从研究范式看，叙事研究显然不同于实证/量化范式的质性研究传统。以邓津（Norman K. Denzin）等人所划分的质性研究百余年来的演变阶段来考察自我叙事的演进历程，可以发现，在第一期即传统期（1900~1949年），研究方法处于实证主义范式独行期。但这一局面在20世纪30年代芝加哥学派兴起后开始有了转变，一种以叙述的生命史为取径的诠释方法论发展出来，并以文学叙写方式述说社会学故事，这为后来叙事方法的发展奠定了基础。到第二期即现代主义时期（1950~1970年），后实证主义成为重要范式（潘慧玲，2003）。从范式视角来看，自我叙事伴随着后实证主义范式的兴起而兴起，随后自我叙事又经历了诠释现象学取向自我叙事、批判俗民志自我叙事和反映性自我叙事等阶段。"事实上，后实证范式错把'文本'当作'资料'，忽略视框存在的分析程序并不适切，甚至这样操作的本质就不能算是叙事研究。"（林香君，2015a）诠释现象学取向的自我叙事认为叙说就是说故事，但"'叙说就是说故事'并不能完整表达自我叙事研究的社会建构内涵，事实上说故事只是最初一步，缺少了社会脉络的考察，自我叙事容易陷入自溺的陷阱，而去政治性的诠释现象学学说研究容易落入无意识地巩固压迫意识的盲目。批判俗民志的自我叙事尽显批判的热情而无置身处境的实践，未能对具体的社会现场有所承诺，也就无法长出对现场有用的实践知识"（林香君，2015a）。林香君基于对前三种类型的自我叙事的批判性分析，转而选择了基于实践取向来使用自我叙事。她用"感动、振动、转动"作为衡量自我叙事研究，也即她所说的反映性自我叙事研究品质的三个标准（林香君，2015a）。

20世纪90年代以来，质性研究进入邓津等人所言的后现代时期，其中明显的变化是研究者角色从旁观者转为行动参与者，社会工作研究更是如此（王海洋，2017a）；不少社会工作研究者通过行动研究回应当地社区民众的需求，为当地民众培力，使他们成为自己发展的主体（古学斌，2013）。林香君所言的"基于实践取向的反映性自我叙事"，或本章所言的"朝向行动的自我叙事"正是在此影响下出现的。卡洛琳·艾利丝和亚瑟·P.博克纳指出，"叙事转向"令人激动的地方是从记叙到沟通的变革。人类协商和通过行动来表达意义的沟通实践应该成为我们讲述经验世界的楷模，其目的是鼓励同情、加强对话，而单纯的叙事或自我民族志的呈现是不够的，要想指向改变，势必要有行动的卷入（艾利丝、博克纳，2007：796~797）。

2. 朝向行动的自我叙事研究

前文将自我叙事置于四种不同的范式下考量，对前三种自我叙事（后实证主义范式自我叙事、诠释现象学取向自我叙事、批判俗民志自我叙事）已多有论述，在此仅对作为自我叙事研究发展新趋向的反映性自我叙事（本章称之为"朝向行动的自我叙事"）做一些梳理与探讨，以期进一步弄清楚自我叙事前进的方向。从本质上看，朝向行动的自我叙事主要是反对叙事变成一种"装饰"和"工具"。叙事是一个动态的行动过程，而不是武断给出一个本质结论或描述一段经历。朝向行动的自我叙事旨在挖掘人的实践智慧和转化自我的经验，但是加入行动之后的自我叙事又该如何进行呢？舍恩的行动科学中"对行动反映"（reflection-on-action）的方法对于回答这一问题深具启发意义。

当一个人在讲自己的故事时，是"主体我"以"客体我"为主人公来构造故事，也是"主体我"在对"客体我"进行审视和反思。在组织、叙说和倾听自己的故事时，我们就把原本零碎地散落于头脑中的记忆断片缝接起来，并赋予了其秩序和意义（施铁如，2005）。但是仅有反思是不够的，舍恩所说的"对行动反映"所指涉的不是单纯的"思考"，而是涵括了思想、情感与行为表现的对话活动（自己与自己以及自己与他人的对话活动）（舍恩，2007：译者序第6页）。夏林清认为，人的自我叙事文本与言说行动本身即因其承载的隐含知识（tacit knowledge）而具照见的特定作用。言说者回观审视自己的叙事文本与行动时，朝向行动的自我叙事的探究就在舍恩称之为"对行动反映"的回视行动中启动了（夏林清，2004）。比如，当开始尝试用自我叙事的方式去完成一篇论文时，不少人会有同样的疑惑："我要写我自己的故事，但是我没有留下记录。我将如何研究？"舍恩的"对行动反映"的方法提醒我们在自我叙事的研究中，虽然在过去没有刻意留下记录，但一样可以通过"对行动反映"的追溯，回观过去，并立体化和多面向看待过去的人、事、物，将其重组、解构或建构，而并不是必须要完整"找回"过去的经历。研究要尽可能检视过去事件发生的细节，比如家庭故事、受教育历程等的细节。回到细节才能忠于当时事件发展的脉络，看到事物变化的细致的序列因素，才不会曲解过程。这个叙事过程就是舍恩称之为"对行动反映"的历程，亦呼应朝向行动的自我叙事的旨趣。反映就是如镜子、如清澈湖水般照见影像，它是一种在实践"场外"进行的"对（过去、现在、将来以及自身内外）行动的反映"。以自我叙事方式完成论文的这一训练使参与其中的社会工作者得以提高自己在行动当下的反映敏感度。

那么，如果故事不够精彩，是否就不能进行自我叙事研究？朝向行动的自我叙事研究并不关心一个教授的经历与打工者（赵洪萍，2020）

的经历哪个更值得书写。它所关心的是如果能让二者的经验彼此对话，便能为不同世代、不同阶级的人搭建一个沟通的平台，这是该范式视角下的自我叙事背后暗含的实践逻辑。朝向行动的自我叙事研究之所以精彩，就在于其能够通过探究重新认识和反映行动，将叙事自身的社会性、政治性、历史性带出来，并能赋予个体一个与其他人进行经验沟通和对话的行动位置，这是其核心立场。只有这样，一个人的叙事才具有立体性和多面性；也只有这样，不同叙事之间才得以更加立体、多面向和深入地沟通与对话。例如，在更大的公共领域呈现自我的生命故事，实际上是一种参与社会的方式，而这又会对自我的知与行产生影响。借由某种行动（如写作或叙事）来了解动态的"自我-社会"系统联结，便可看到自己的生命实践在社会生活中的作用力及影响，察知自身和社会的关系，以及自身在社会位置上与社会其他部分的连接线。这样的实践让叙述者一步一步把自我推放到更宏观的社会图像与结构之中，看到自己在其中的作用，从而感受到"人我共体"的生命历史美感，产生意向性自我转化动力（赖诚斌、丁兴祥，2005），进而发展出新的行动。如此一来，叙事本身就是行动，自我经验就在叙事行动中不断地进行转化，孕育与催化着基于对过往经验的反映的新的后续行动的发生。朝向行动的自我叙事研究好似绣花针一般将人的方方面面绣在一起成为整体，使"个体"（individual）变成社会政治历史中的"人"（person），使得个体行动发展成为朝向社会改变之行动，真正促成行动者的归来。

（二）经验转化与实践知识生产：社会工作教育者的自我叙事研究

传统的社会工作研究在实证主义范式支配下，在追求"科学化"和"普适性"的过程中，往往忽视和排斥了研究者与研究参与者的个体生活体验。社会工作教育者承担着生产专业知识的使命，亦是自身经验的研究者。然而现实中社会工作教育者关于自身经验的研究成果常常难以在重要期刊发表，因而众多学者转向科学客观研究（古学斌，2017），此类研究在本质上是一种"见物不见人"的研究，这也导致社会工作教育者的生活经验、教学实践与学术研究的分离，加深了理论与实践之间的鸿沟。实际上，综观社会工作研究领域，自我叙事研究一直处在持续发展中，其中多见的是具有实务参与位置的社会工作教育者的自我叙事研究，比如杨静从一名社会工作教育者的位置出发，通过研究自身的历史和情境脉络，承接历史和前人的资源，从中寻找专业实践方向和动力（杨静，2013）。从朝向行动的自我叙事研究的角度来看，社会工作教育者的返身性研究的根本作用在于转化自我经验，并累积自身的实践知识，进而改善社会工作教育，生产社会工作本土知识。当一名社会工作教育者用自我叙事的方式返身回观经验时，其既是行动者亦是研究者。高等教育中社会工作系的教师，既是教育者也是学术研究领域的研究者，他们可以通过自我叙事来进行经验的研究和转化。当他们用自我叙事的方式返身回观自己的经验时，便走上了成为一名社会工作教育者即研究者的"知行合一"之路。也因此，研究者和被研究者发展成为统一体，他们的研究即实践，实践即研究。此外，当社会工作教育者有更多的自我叙事的经验文本产出时，他们就能通过自我叙事看见彼此的经验，触发社会工作实践者与社会工作研究者之间的实质沟通。因此，叙事研究不仅是知识生产过程，还是一种对自身及所处情境的反思性探究过程，是社会工作教育者理论自觉与实践自觉的体现，是促进社会工作本土理论发展与实践创新的重要路径。这也是社会工作研究中朝向行动的自我叙事研究发展的意义所在。社会工作教育者应在反思自己生命历程的同时，让自己的生命经验成为他者学习的参照。因为自我叙事并非关起门来说自己的故事，而是敞开门欢迎大家一起来讲"他的故事"中"我的故事"，要时刻保持包容差异和积极对话的状态。换言之，我们每个人都处在政治历史褶皱中，每个人在其中都不是单独的自己，"我"的故事也正是"我们"的故事。这正是前文所说的自我叙事返身的多层次社会系统以及朝向行动自我叙事的要义所在，它透过自我呈现一些"我们"共同的经历和背后的社会结构困扰。在自我叙事研究中不能单打独斗，需要有伙伴或社群支持，自我叙事研究是在彼此互为主体的协同探究中朝向社会结构与个体能动互动性的行动实践。

　　总之，自我叙事为经验呈现提供了好的方法和途径，行动取向的自我叙事更是为社会工作教育者的自我生命和生活经验探究开辟了崭新的路径。自我叙事向经验的转化任重道远，也因此我们更希望通过故事和经验的公共呈现，说故事的人、读者或听者能彼此建立社会联结。

第五章 充权实践、专业关系变革
与社会工作实践知识生产[*]

> "社会工作是一个充权的专业"早已成为社工界的基本共识。大多人认为社会工作越专业,越能实现对服务对象的充权。但事实上因服务对象与社会工作者间不平等权力关系的存在,社会工作专业中蕴藏着去权的危机。行动研究的核心是反映对话,通过反映对话可以有效地变革专业工作中不平等的权力关系。因此,可以经由社会工作者的行动研究实践,在社会工作者与服务对象展开的反映对话过程中改变不平等的专业权力关系,从而构建基于反映性实践的专业关系,回归社会工作充权实践的专业本质。

社会工作是一个充权的专业(an empowering profession)早已成为社工界的基本共识。在社会工作专业化的过程中其充权功能不断被强调,充权功能已成为社会工作理论和实务界描述社会工作功能的主流话语。人们普遍认为社会工作越专业,越能实现对服务对象的充权。但是,也有不少学者指出社会工作专业其实蕴藏着去权的本质,因为服务对象与专业人士的关系实质是不平等的权力关系,所以社会工作专业介入产生的去权多于充权(Hugman,1991;甘炳光,2014)。充权的社会工作专业

---

* 本章内容曾以《社会工作充权实践与专业关系变革——以行动研究为实践路径》(作者王海洋)为题发表于《贵州师范大学学报》(社会科学版)2017年第4期,且内容有修改。

愈加背离初衷走向去权，这一问题值得我们反思和讨论。本章以行动研究为方法论，对社会工作充权实践进行研究。本章首先对社会工作充权理论进行回顾，试图对社会工作领域争议性日益增强的充权理论进行梳理与省思，以探究社会工作充权的实质意涵；其次对社会工作专业蕴藏的去权实质进行理论分析，以探究社会工作实践中的去权是如何发生和运作的；最后以行动研究为实践路径，从专业权力关系变革的视角，探究社会工作充权实践之道。

一 社会工作充权理论回顾与省思

（一）社会工作充权理论起源及辨识

empowerment 一词在被引入中国社工领域后被翻译成赋权、增权、赋能、增能、增强权能、激发权能、充权、授权等词，近年来受台湾社工界影响开始译成培力。考量它的意涵，本章将采用充权的译法。empowerment 一词在 18 世纪最先出现在西方医学领域，当时主要是针对医生和病人间权力不对等的医患关系问题提出的，相关学者认为医生掌控着病人的病情和医疗信息，病人却无权知晓，这很不平等，因而他们倡导赋予病人在医疗过程中的知情权和参与权（Walters et al.，2001），后来充权这一概念逐渐被教育学、社会学、社会工作等专业引入并在此基础上发展出各自的专业理论。比如，充权一词于 20 世纪 70 年代便进入教育论述的主流，弗雷勒在巴西扫盲成人教育中发展出来的促进意识觉醒的方法即为一例（胡幼慧，2008：90）。在社会工作领域充权一词最早出现在 1976 年所罗门（Barbara Solomon）所著的《黑人充权：受压迫社区中的社会工作》（*Black Empowerment: Social Work in Oppressed Communities*）一书中，书中描述了美国社会中的黑人因为长期遭受有权团体与社会环境的负面评价而产生全面无力感的社会问题（Payne，2014：294-318）。当时所罗门是一位工作在美国黑人社区的社会工作者，体验到有色人种所遭受的社会歧视与排斥，而这些歧视与排斥直接导致了黑人强烈的无力感，并进一步导致黑人无力为自己及其所属群体争取合理的权益。根据她的定义，充权是指一个过程，这个过程中社会工作者与案主从事一系列活动以减轻案主因作为被标签群体的一个成员所遭受的负面评价而产生的无力感。它包含确认导致问题产生的权力障碍（power blocks）、制定与执行特定的策略以减少间接权力障碍（indirect power blocks）所带来的影响及阻止直接权力障碍（direct power blocks）的运作（陶兆铭，2011）。时至今日不论是在社会工作理论界还是在实务界，充权一词都已成为社工专业的高频词汇，但不同的学者或实务工作者对其理解也不尽相同。因此充权也可以说是社工领域最有争议的术语之一。古铁雷斯发现，学者们对充权概念的定义常常是模糊的。侧重宏观分析的学者通常把充权视为增强集体政治权力的过程；而侧重微观分析的学者常把充权界定为个人权力的增强，而不涉及社会结构上的实质改变；第三类学者则试图把这两种取向调和起来，认为充权包括以个人增权为群体增权作出贡献、以群体权力的增强来增强个别成员的功能（陈树强，2003）。因此，在微观视角下充权很容易被曲解为"自力更生"和"不要依赖政府"等说法（Kabeer，1999）；或以个体为焦点，强调个人能力提升与心理充权，或是增强对自己工作绩效的控制感。也因此，充权实践会被人认为更重视个人能力提升而不是社会结构改变。事实上，充权观点认为社会结构是个人问题的根源；它重视社会变革，并认为行动可以促进解放和变革；因此，它注重如何做以及对影响行动的因素的讨论，而不太强调一定要实现某种预期改变（Payne，2014：294-318）。

（二）权力是社会工作充权理论的核心概念

充权与"权力"及"无权"密切相关。1995年，古铁雷斯与迪洛伊斯等人在《了解充权实务：以实践者的知识为基础》一文中指出：资源获得的机会不平等会阻碍社区中受压迫的个人、家庭和组织获得其所需要的社会物品。这种不平等会造成无权感并使社区或家庭系统不能很好地发挥功能，反过来加固长期存在的更大的社会制度。这个循环只有通过改变权力分配才能够得到扭转。也就是说，由于种种原因社会中存在着无权现象，要想改变这种状况只能对权力进行重新分配，而要达到这一目的只能通过充权的途径（陈树强，2003）。因此，充权是一个增强服务对象系统自身的社会、经济和政治能力与权力的过程，也是一个提升服务对象系统相对于其他社会系统的经济、社会和政治能力与权力的过程。此一过程促使个人、家庭、组织或社区的能力增长，使其更有信心、勇气与机会采取行动改善自身的处境（陶蕃瀛，2004）。由此可以看出，权力是充权的核心概念。与传统社会学的权力观不同，充权对权力的阐释采用后现代的论述。后现代的权力观提供给弱势者一个在压迫结构中进行协商和争取的空间（黄彦宜，2014）。

从后现代角度诠释，与传统社会学认为权力意味着一方有权一方无权的"零和关系"，或是一方处于优势一方处于劣势的"宰制关系"不同，充权认为权力是多重面向的，也是一种复杂的力量，可以从不同来源取得，也可以在互动过程中加以创造，所有参与社会交换的人都能形塑权力，因此权力的运作没有好或坏，也不一定有方向性（林万亿，2011：150~171）。如福柯指出，权力是一种复杂而又部分开放的关系，它并不真正属于任何人，它在运用中产生，也在运用中越来越多；不会因为某些人使用了某种权力，别人就失去了这种权力。权力不仅可以被理解为掌权者对无权者的支配和控制，还应该被理解为一种潜在的解放，即人们可以通过相互支持、知识共享与社会行动，挑战不合理的权力结构，从而获得更强的安全感以及政治与社会方面的平等（许怡，2014）。

（三）社会工作充权实践的属性：在关系中增强权力

社会工作的充权实践并非为了"赋予"某种权力。事实上，协助服务对象充权本身就是一个误导，因为权力不是实体，不能拥有，也不能给予；社工可以通过协助服务对象发声、与服务对象共进退等服务策略协助服务对象完成充权。权力也无法由一个人提供给另外一个人，但社工可以协助服务对象发展能力，以增强其对生活环境的控制力。权力具有转化能力，权力也可以被正面地运用。处于弱势位置的人为自己争取权益时就改变了互动双方的权力关系。因此，权力是从互动关系中发展出来的，社会工作的充权实践也要在人我关系中发展。当社会工作者要检验服务对象是否达到充权的目标时，必须检验他们所处的权力关系是如何影响他们的行动的，对于有权者制定的规范与游戏规则，他们是将之合理化还是能做出反省和挑战（梁丽清、陈锦华，2006：23～34）。社会工作的充权过程中社工扮演同行者和协同探究者的角色，协同服务对象成为解决社会问题的实践者。因此，无权群体不仅需要社工服务方案，还需要社工与众多无权者一起来想方法、找出路，并在此过程中培育出服务对象自己的能力。让服务对象发展自身能力，是社会工作充权实践的核心。但能力的发展必定要面对挑战，即社工不会完全回应案主的需要，甚至会挑战、质疑服务对象的观点，要求服务对象停止弱化自身、对内自责（怨怪、无力、自苦于做不到），同时改变其对向外求助的期待。社工应协助服务对象意识到要承认自己的力量、承认自己不那么需要别人帮助，尽管这样做要付出很大的代价。很多时候那些被社会挤压在弱势位置的人，其实是力量无穷的人，他们的一举一动、一滴眼泪、一刻的沉默，都是在关系中增强权力的行动策略。

二 社会工作"去权"实践的根源：不平等的专业权力关系

（一）社会工作专业关系是不平等的权力关系

在主流传统中"专业"所强调的特殊知识根植于高等教育机构通过科学研究发展出来的理论和技术之中。专家们的地位、社会授权（social mandate）、专业自主及证书制度的要求和主张等，也都是基于科技理性的强大概念之上的。传统专业关系中最典型的是医生和病人或者律师和当事人之间的关系。在这类关系里，专业工作者的地位、权威及自主性都是非常稳固的。在这种传统的专业关系里，专业工作者与当事人的关系是一种契约关系，在一组共享的规范下，约束着彼此互动的模式。依据这些规范，专业工作者与当事人都知道他们能从对方身上得到什么。专业工作者尊重当事人的信任，不滥用专业所赋予的特殊权力，为当事人提供服务；当事人服从专业工作者、不挑战专业工作者、不要求过多的专业解释（舍恩，2007：231～243）。一些次级专业关系如教师与学生、社工与服务对象等的专业关系没有这么安全稳定，但也通常会以医生与病人或律师与当事人的关系为典范，极力仿效这两者，现今社会工作学者与实务工作者极力争取形成此种稳固的专业关系。因此，社会工作者在公众和服务对象面前试图努力表现出善于解决问题的专家的样貌，以"社会医生"自诩，并以此建立安全稳定的专业关系。实践中，社工在远离服务对象以及生活场域的职业空间（办公室）里运用专业理论进行所谓的专业诊断，随后再在服务对象象征性参与的论述中，进行专业介入；最后由远方的督导或评估专家套用学术理论对社工的专业文书表述（而非实务现场）进行评估，以此作为社工是否专业和服务是否有效的判定标准。这种科技理性支配下的社工实践实际上是对丰富、多元和脉络化实践现场的践踏，同时也产生了专家与实务工作者权力关系不对等的后果，社会工作知识成为以专家为本位、去本土经验的知识；甚至知识的生产不是为了改善工作，而是为了巩固专业权力和利益。实务工作者生搬硬套社工理论，实践的结果是不仅理论无效，还产生了社工与参与者被去权的事实。经由此过程专家（督导）、实务工作者以及服务对象间不平等的权力关系被结构化。于是，行使权力成为专业人士日常工作的重要部分，因为专业与权力关系是不可分割的，相对于服务对象，专业人士处于高高在上的位置，会要求服务对象相信他们的专业判断、遵从他们的专业介入方法，以及服从他们的专业权威（甘炳光，2014）。因此，社会工作者的专业身份本身制造了其与服务对象间权力关系的不平等。在这种不平等的权力关系中开展社会工作的充权实践，何以可能？

（二）社会工作不平等专业权力关系带来的"去权"后果

社会工作专业实质上具有去权的行动逻辑。社会工作在实现专业化的过程中，深受科技理性的影响，强调科学化、标准化，以此建立专业地位，同时也生产和再生产着专业工作者与服务对象间不平等的专业权力关系。社工因具有特有的被社会认可的助人者身份和专享的植根于研究机构的特殊知识，在助人关系中，与服务对象相比常处于权力高位。处于权力高位的社工为了维护社会工作专业的社会地位、社会授权、专业自主以及专业利益，又会反过来在对服务对象的介入中坚持科学、客观性和标准化，以此发展和巩固稳定、安全、不平等的专业关系。这使得社会工作实践更多成为工具性实践（instrumental practice）。这样的社会工作强调怎么做而少关注"为什么会有这样的一个问题"，无视个人问题的社会根源，以致无力回应权力议题，把政治关怀排挤到社会工作理论和实务的边缘位置（何国良、王思斌，2000：89~94）。因此，社会工作越专业，就越远离其在权力议题上的承诺和追求。在这种不平等的专业权力关系中，社工一方面缓解了服务对象的困难，另一方面也削弱了服务对象对于社会体制结构不公义的觉察力。实践中，社工因忽视助人者与服务对象关系上的不平等，急于化解服务对象的困难，也常压抑服务对象主体性，使服务对象的主体性难以得到发展，服务对象的能力难以增强，甚至可能导致服务对象自己面对困境时所培养出的能力也因专业服务的介入而弱化（陶蕃瀛，2004）。在上述社会工作实践逻辑下，社工越是要巩固专业身份和地位，越强调走向专业化，服务对象就会越依赖社工的专业介入，越觉得社工是最能帮助他们解决问题的专业人士，越服从社工的指导。这样会进一步强化服务对象地位低微及无能力的形象，令他们变得更被动，更加依赖社工（陶蕃瀛，2004）。

同时，在不平等的专业权力关系中，社工对社会控制的关切更甚于助人。社工也常将服务对象视为弱者而急于替其做决定，或在实践中不自觉使用主流社会价值标准来诊断服务对象的问题并对其进行修正。甚至由于社工现实中需获得政府的资源和认可，很多社工组织会积极向政府靠拢，期待有机会帮助政府执行社会政策，社会工作沦为控制资源分配与进行社会控制的工具。也因此社会工作被视为一种专业的商品或者国家机器的延伸（甘炳光，2014），甚至有社工会故意利用不平等的专业权力关系，去权服务对象，维护既有不平等的权力关系；或为了谋得专业或个人利益，无视个人问题的社会性根源，照搬西方治疗模式套路，进行"商业炒作",使社会工作实践离社会工作的充权属性和社会正义的初衷越来越远(许怡,2014)。

三 行动研究本质是充权实践

1986年,帕蒂·拉瑟提出"实践取向研究范式",该范式来自行动研究方法与批判民族志方法,其中批判民族志方法来自新马克思主义、批判民俗学、弗雷勒(P. Freire)对充权的参与研究和女性主义研究。夏林清在台湾基于自身30多年的社会实践经验将实践取向研究范式发展成为"社会改变取向的行动研究",即本章所指的行动研究。行动研究强调通过对行动者的充权实践反转不公的社会结构或权力关系,通过社会介入实现社会正义。与批判民族志相比,社会改变取向的行动研究最大的特色是其对行动理论与协调探究方法的运用。因此,社会改变取向的行动研究以反映对话(reflective conversation)为核心技术。反映对话是通过文本或言说行动,组织起自己对具有特定脉络之现实的描述,并开展对话梳理、视框分析(frame analyzing)①、再框定(re-framing)、行动设计等一系列行动实验,这针对的是人们往往过度简化复杂的行动世界,甚至是情绪先行或层次混淆。若我们不能重视脉络的现实描述,就会经常做出错误的回应。当然,反映对话建立在支持人发展的善念之上,开放、包容与朝向共同发展的善念,是反映对话重要的基石(甘炳光,2011)。因此,对话双方权力关系的平等自然是反映对话的前提条件。社会工作强调助人关系中工作者和当事人不是"为了"(for)和"给"(to)的关系,而是"一起"(with)的关系,社会工作的目标是增强当事人掌握自己命运的能力和权力。如果社会工作者成为协同当事人进行反映对话的协同探究者,那么协同探究者的身份就会不断促进当事人思考自己的问

---

① 视框分析是指行动者(研究者与实践者)框定当事人和当事人在系统环境中的角色、与系统环境之间的作用和问题的方式。不论是反观自己还是协助他人增加觉识以提高其介入能力,能辨识个人言行中的视框并将之揭露和反映出来都是进行反映对话的基本要件。

题，充分挖掘当事人的主体性，站在当事人的情境和脉络中找到其做出改变的方法，并使社会工作者和当事人在彼此的协同行动中不断来回检验是否将充权理论、平等关系在工作过程中的细节处体现出来（龚尤倩，2016）。由此不难看出，行动研究的本质是通过反映对话的技术，与服务对象一起，在复杂和不确定的实践现场，在平等的、善意的和负责任的人我关系中发展彼此的实践能力和主体性，以此实现关系中的、人性化的人我相处，进而实现人与社会的改变。

（一）行动研究即反转权力关系的实践

行动研究是一种另类的范式，它同时包含研究、自主教育和推动实现社会正义的社会行动（杨静，2016）。拉瑟所认定的实践取向的研究（行动研究）建立在下面的假设之上：解放的社会科学不仅能协助我们了解社会权力与资源是如何分配的，还能协助人们为了创造一个更为公平的世界而去改变那些不公正的分配。实践取向一词厘清了此研究范式下批判及充权的基本路线，它对现况进行批判审视的目的是推动社会朝更公正的方向变革（Hall，1992）。根据拉瑟的观点，研究即实践，研究者即实践者。行动研究是社会情境下的研究，是从改善社会情境中行动质量的角度来进行研究的研究取向。行动研究是行动者的研究，在日常生活里每一个人都是行动者，每一个人也都能做研究。但行动研究指涉的是一种行动者自我觉醒地对其自我，对自己的行动历程，对自己的行动处于怎样的社会环境结构、社会位置处境与社会关系脉络中进行的觉察，以及对自己的行动对他人及外部环境产生的影响的自主探究。① 行动研究兼具技术和政治实践的意涵，指向变革社会权力关系的社会行动。行动研究关注权力关系，通过研究工作对象的权力感和力量感，承接了弗雷勒充权研究的教育行动取向。因此从事助人工作的社会工作者可以经由行动研究改进其助人实践或增强自己与服务对象的权能。行动研究可以

① 来自 2015 年辅仁大学夏林清教授的秋季博士班课程"叙说与实践：行动研究导论"的授课讲义。

是社会工作者基于服务对象的需要或困境而开展的专业实践，并不必然要产出一般意义上的研究报告，但其中要有对社工自身行动以及对服务对象和外部环境产生的可能影响的觉察与自主探究，要对社会工作专业实践改善有贡献。其中社会工作者与服务对象都是行动研究者，二者的关系是协同探究的关系，由社工和服务对象一起参与的专业工作过程即行动研究过程。行动研究从社工日常实际工作中所产生的去权事实出发展开，作为社会工作充权实践的行动研究可由关心不平等权力关系的社工和遭受不平等权力关系影响的服务对象协同开展。因此，行动研究是一种持续不断地改善实践和充权服务对象状况的行动，它协助社工"反映"（reflection）①地行动以便发展属于实践者个体的行动知识，这种知识是否有效也将在充权行动中被检验。总之，行动研究是"一切参与行动的人的研究"，打破了以往研究者与行动者的两分格局以及学者进行研究的传统，强调研究中的协同关系而不是替代关系，凸显了行动者在研究中的主体性、改变了研究中的权力关系（Lather，1986）。因此，社会工作行动研究即发展行动者的主体性、反转不平等权力关系的社会实践。

（二）行动研究过程即关系中发展权力的过程

帕蒂·拉瑟提出研究过程即批判探究，是探究的民主化历程，其特征包括协商、互动、充权。行动研究者通过研究发现或建立的知识能促进人们对生活中隐含矛盾的经验的觉察，有助于人们认识社会既定的现况是怎样在维持着它的运作机制而不易改变，从而启发人们去发现将当下的社会转化为一个更公正的社会的可能性，以及这一社会转化过程如何发生。拉瑟称这种由实践研究所建立的知识为解放的知识，而解放探究与批判探究则是一对可互相换用的、用来指称实践取向研究过程的概念。拉瑟用其强调研究者与被研究者关系中互动来往的需要，阿吉里斯则以协同探究来指称双方共同投入其中的研究关系与过程概念。对社会

---

① 夏林清将 reflection 翻译成"反映"，意思是实践者像照镜子一样，通过它能看到自己在行动中的行为是如何影响行动或研究结果的。

工作者与服务对象而言，他们之间并不是资料收集者与资料被收集者的关系，而是一种"诠释对话"的关系，在社工与服务对象对话的过程中，服务对象对自我的了解因社工的提问与反馈而增加（胡幼慧，2008：90-917）。一个好的社会工作者，要在工作过程中与服务对象进入人我影响的关系中，通过对话细致辨识彼此的社会差异，达成共识。故而，在行动研究中，社工作为行动研究者在改善实践的同时也发展着关于与"去权"的服务对象一起工作的实践知识。服务对象作为行动研究者在与社工一同开展行动研究的过程中也发展了主体性和实践能力。在这种情况下，社会工作者作为协同研究者，企图化解的困境是服务对象的。因此，在社工与服务对象的工作过程中，服务对象需要自己有机会和权力决定处理什么问题、设定目标并且主动参与资料的收集工作与资料的解释，参与讨论，推导出研究结论，以及决定行动策略。而社会工作者从旁协助服务对象面对困境、选择要解决的问题，并且和服务对象共同合作承担研究中的资料收集和诠释等任务。服务对象是主要研究者，社会工作者是协同研究者（陶蕃瀛，2004）。上述过程就是在社工与服务对象的关系中发展彼此的主体性和权力的过程。总之，在行动研究过程中，应运用反映对话的方法，通过社会工作者与服务对象间的社会关系的变化与发展，增强服务对象在关系中的主体性和权力感，实现在关系中发展服务对象权力的目的。

（三）行动研究者即充权实践者

帕蒂·拉瑟提出研究者即"热情学术的探究者"。拉瑟所谓的"热情学术"领域体现出五个特点：批判探究是对被压迫者的经验及状态进行的研究；批判探究促使及引导文化转化发生，这也是研究者与研究对象之间具有辩证与对话性质的相互教育的过程；批判探究注重那些存在于受压迫人民日常活动与言行中的根本性的矛盾，因为矛盾可以帮助人们看清他们所接受的意识形态并不符合他们生存条件的利益基础；对批判探究结果效度的检验有一部分要依靠研究对象的参与；批判分析与觉醒行动是不断延续的过程。因此，研究行动形式上的结束并不等于双方相互教育的过程或自我反映过程的结束（杨静，2013）。在社会实践现场中，社会工作者通过行动研究的路径，面对真实不逃不躲，卯力投身不怕狼狈。当走了数年这样的践行之路后，社会工作者会形成分辨与取舍"知识"的能力，追寻与自身实践相呼应的认识与理解，从而亦能逐步掌握自己在实践路径中所确认与创造的实践智能（夏林清，2016）。经由上述路径社会工作者方可成为真正的充权的实践者。具体实践中，社工要勇于放弃专业权威、放弃与服务对象互动中的主导权；这也意味着社工要放弃专业权威带来的酬赏、舒适感和满足感，真正开放自己，开展新的探索。当社工同样也是实践的探究者时，社工专业实践本身成了更新知识的重要来源。社工不再需要一味地自我防卫，社工的实践探究中的新发现会让社工找到满足感，进而真正解放自己，真正成为充权实践者。

四　行动研究充权实践中的社会工作专业关系变革与知识生产

作为充权实践的社会工作行动研究中的反映对话，自然会引发社会工作者与服务对象的不平等的专业权力关系的变革，其中包括社会工作者专业位置、服务对象的专业位置以及二者间关系性质的深刻变革。

（一）社会工作者与服务对象的专业权力关系变革

在社会工作者行动研究中的反映对话中，对社会工作者专业能力的认可建基于社工在与服务对象互动时所展现出的能力上。服务对象从对社工不了解、不接纳开始，以愿意接受服务但保持怀疑的态度与社工一起探究，才能让社会工作者在展现出专业能力的同时建立起专业权威。在社工与服务对象一起工作的过程中，社会工作者要理解服务对象并非马上就能接受社会工作者的专业权威，而只是愿意去质疑、观察，并愿意与社工一起探究，同时会对社工的服务当面提出疑问和要求检验社工的服务效能。在上述实践中，社工应努力开放自己的专业知识、放下专业"身段"，与服务对象一起进行公开探究。由此工作过程方可摆脱传统的社会工作者与服务对象间不平等的权力关系，社工才能直接对服务对象负责。此外，社会工作者应通过行动研究过程促进服务对象对其生活中隐含的不平等的权力关系的觉察，伴随着行动研究的开展，社工陪伴服务对象在不平等的权力关系下的互动中转化权力关系。因此，在行动研究的反映对话过程中，社工与服务对象在一种共同投入的研究关系与过程中，也培养和丰富了服务对象反转不平等权力关系的实践技能和实践知识，并经由行动研究在关系中增强了服务对象的权力，实质变革了社会工作者与服务对象的权力关系。

（二）专业权力关系中服务对象专业位置变革

在反映对话的过程中，社工与服务对象之间是一种反映性实践①关系。"行动/实践中认识"是一种隐含在人们日常行动中或专业实践中的知识，人们可以通过"行动/实践中反映"来揭露与理解这种隐性知识，并对其进行批判与修正，从而形成新的行动策略，这个不断循环的行动/实践过程就叫反映性实践（杨静，2016）。其中服务对象应在许多方面和社工一样，被推动发展出一种与社工对话的能力，促使社会工作者反映其拥有的实践中的知识。在行动研究中，社会工作者会拒绝让服务对象被动地接受服务，也不会完全认同对方"受害者"的位置，当然同样不会马上期待服务对象信任社工。相反，社工会为服务对象充权，促使服务对象与社工一起了解和认识其面临的问题，并在此基础上通过反映对

---

① 舍恩在《反映的实践者：专业工作者如何在行动中思考》中指出，反映性实践模式、科技理性模式、激进批判主义是三种对专业的不同理解。科技理性模式认为专业所强调的特殊知识植根于高等学校或研究机构所发展出来的理论与技术中，强调专家地位、社会授权、专业自主及证书制度。激进批判主义指出专业所强调的特别知识被视为"神秘化"的知识。神秘性的专业知识被视为一种社会精英对社会中弱势人群进行社会控制的工具，是为了进行社会控制而先发制人取得社会合法性的工具。根据此观点，当前高校和实务界对社会工作专业性社会授权（social mandate）、专业自主及证书制度的诉求，实质上是为自己争夺社会福利资源，制造更大的社会不平等。而反映性实践模式不同于科技理性模式、激进批判主义，它强调批判性的自我反映（critical self-reflection）。尽管激进批判主义具有批判性、反思性，但激进批判并不能代替专业工作者的批判性自我反映。因为不具反映性的实践者，不论他们站在拥护专业还是反对专业的立场上，都同样有其限制性和破坏性。

话发展社工与服务对象的协调探究关系，以推动双方协作解决问题。工作过程中，社工不应太急于解决服务对象的问题，需避免服务对象马上到达一个听从社工指示的被动接受服务的位置。同时，社工也不会让服务对象产生"只要听从社工的安排自己的一切就会好起来"的认知，而是会促进服务对象发展成为认为"我对我所面对的情境有些自主权，我不会完全依赖社工，社工也依赖于我提供信息以开展工作"的人。社工同样不会太期待服务对象对服务给出满意评价，而是希望服务对象认为"我很满意的是，在我与社工接触的过程中，我能经验到自己对社工能力是有独立判断的。我乐于发现社工的知识、社工工作过程的情况及有关我自己的认识"。因此，在社会工作的行动研究中，服务对象积极参与到共同探究过程中，服务对象在专业关系中位置的移动，促进服务对象与社工的权力关系在反映对话过程中发生转化，在这一社会互动过程中服务对象的权力得到发展，从而获得与社工平等的专业位置。

（三）专业权力关系中社会工作者专业位置变革

在行动研究中的反映对话中，行动研究者是充权的实践者。其中值得深究之处在于，助人需要看懂什么是问题的本质、如何解决问题以及如何建立助人关系。社会工作者必须愿意开放性地在关系中探究，抱持多元观点，而不是执着于自己的认识视框，这样才能够真正与对方拥有平等的关系。而且社会工作者更需要为受助者创造机会和条件，让受助者从既存的、不断复制强化的社会对待中解放出来。只有在这样的基础上，不断地在与服务对象的切磋中，挪动到新的位置，并且把对于"弱势""助人"的想象，慢慢从"慈善"的视框中解放出来，社会工作者才能建立与服务对象的平等关系（龚尤倩，2016）。社工作为充权的行动研究者必须发生一系列转变（舍恩，2007：231~243）。首先，社工不能再继续坚持"不管服务对象问题如何复杂与不确定，我都必须假定我都知道，而且也必须对外宣称我都知道"，而是转向"我假定我知道一些，但在特定的情境中，我并不是唯一能提供相关重要知识的人。我的不确定也将是自己和服务对象学习的材料"。其次，社工必须放弃与当事人保持距离并保持专家的角色的期望，也要停止仅将温暖和同理心作为促进专业关系发展的"润滑剂"，以使服务对象知觉到其专业性；其应转向寻求与服务对象建立想法和情感上的联结，并形成"服务对象对我专业知识的尊敬来自他在情境中的真实发现"的认识。最后，社工应停止寻求服务对象对社工专业角色的顺从及地位认同，转向寻求自由感及与服务对象间的真实联结，因此不再需要去维持社工专业面具的假象。

总之，行动研究中的反映对话，可以推动社会工作专业权力关系变革，使服务对象对其在不平等权力关系中的经验及状态进行反思。由此社工与服务对象具有辩证与对话性质的相互教育的过程才可发生，觉醒行动才能不断延续，对服务对象的实质性充权方可真正实现。

第六章　反映的实践者培养与社会
工作实践知识生产[*]

受科技理性影响，社会工作教育日益朝工具化与技术化方向发展，使社会工作专业在人才培育方面所遭遇的理论与实践相脱节的问题日益凸显，进而形塑了社会工作实务工作者在复杂、不确定处境中开展助人工作的实践性难题。为回应技术理性下社会工作教育培养实践者的困境，社会工作界日益重视知识来源的反映实践性，以弥合长期以来社会工作专业教育中理论与实践之间的裂痕。本章在此基础上，提出了以反映实践作为培养实务工作者的社会工作教育取向，并借鉴舍恩的交互反映理论，建构师-生协同式交互反映的社会工作教育路径，以培养具有反映实践能力的社会工作者。

一　社会工作教育日益工具化与技术化

社会工作起源于慈善救助活动，早期的社会工作服务主要依赖于个人经验的积累。当慈善救助活动进入志愿服务阶段时，慈善救助成为一项集体活动，在集体相互交流过程中，个人经验的积累和传递成为提高

---

[*]　本章内容曾以《培养反映的实践者：社会工作教育的取径转向》（作者李青、王海洋）为题发表于《华东理工大学学报》（社会科学版）2022 年第 4 期，收入本书时已征得李青同意，且内容有修改。

志愿者个体服务能力以及将个人经验逐渐转化为集体智慧的重要方式。随着志愿服务向组织化方向发展，针对志愿者开展培训以提升其工作效能成为实现组织目标的一个重要且有效的途径。慈善服务机构开始组织各种形式的培训，社会工作教育也相随而生，并逐渐发展成为正式教育制度的一部分（孙立亚，2006：256~264）。欧美的社会工作教育在19世纪末20世纪初多采用"学徒式"专业教育模式，注重社会工作者的教育训练过程，并将其看作类似艺术工匠培养的实务人才培育过程（张和清，2006）。

20世纪初期，受当时现代主义哲学思潮的影响，学界认为人类知识应该放弃主要以西方基督教为哲学理论基础的传统，强调以客观实证科学作为学科建立的基础（古学斌，2017）。实证主义所推崇的科技理性强调应用科学和技术成果来增进人类的福祉，并倡导科学和技术的绝对胜利（郭伟和、郭丽强，2013）。在实证主义的影响下，欧美的社会工作专业教育从20世纪20年代开始逐渐朝强调现代科学中客观的科技理性的制式化方向发展（张和清，2006）。科技理性取向的社会工作教育强调科学教育、理性教育，偏好和依赖于专业化的知识，遵循先理论学习、后实践运用的原则（贾维周，2007），隐含着需要先通过学习具备一定的理论基础才能开展实践服务的逻辑。在教育内容上，重视抽象的普遍理论而忽视具体的实践智慧。在教育方法上，以单向的教师讲述为主，忽视师生之间的平等对话和共同探究（陈涛，2006）。至今大多数社会工作教育仍主要在这一基础上展开，社会工作的科学知识则主要是关于"手段-目标"之关系的知识（郭伟和、郭丽强，2013），具有强烈的技术化倾向。

同时，随着西方现代社会福利制度的建立与发展，社会工作作为现代社会福利体系中一项基本制度的地位被确立下来，社会工作成为政府提供社会福利服务的主要专业力量，社会工作学院以及研究中心也不断建立与增加（郭伟和，2014）。20世纪80年代以来，我国传统的大学日益转向市场化的经营管理模式。随着高等教育的转型，一些学校的专业设置并非完全基于社会需要，而是由于看重特定专业在名称上的"实用"价值和就业率，采用的是投入产出的思维模式。在专业师资、专业教学条件、专业品质等办学条件并不充分的情况下，学校中社会工作专业的开设规模迅速扩大（向荣、陆德泉，2013：85~102）。在这一形势下，社会工作专业教育课程也进一步被鼓励变得更"实用"，专业教育从让学生深入理解"为什么"的知识教育转向强调让学生知道"如何"的以就业为导向的技能教育（Patricia，2018）。在这一过程中，社会工作教育日益向工具化与市场化的方向发展。教育的基本原则应是培养那些知道如何将有效的知识和经验结合在一起的人，学习不仅是知识的积累，而且是理解的增进（Farber & Reitmeier，2018）。对于社会工作专业学生来说，学习必须是针对特定目标的，包括提供更好保障、在社会化发展中更好地将自己与他人和群体联系起来，以及在更大社会空间内确定社会工作目标等各方面能力的增强与整合。然而，正如 Hamilton 所指出的，社会工作教育实践已经屈服于"熟练技术"，社会工作专业教育指针已经指向技术，这种对技术和职业的突出与强调，使社会工作的核心能力变得薄弱而肤浅（Farber & Reitmeier，2018）。Powell（2001：13-22）在《社会工作政治学》一书中也曾指出，受福利国家、市场化、新管理主义和以技能为本的专业训练影响，当代社会工作的技术化和个人主义导向已不再符合传统意义上的社会工作的要求了。

社会工作教育在本质上是一个道德实践和政治实践过程，道德实践和政治实践的核心在于增强社会工作者的批判反思精神以及践行这种精神的行动能力，社会工作教育应将培养具有道德和政治实践能力的实践者作为教育目标（杨静，2014）。但是，社会工作教育日益工具化、技术化的倾向，容易让社会工作者认为服务对象问题的解决取决于社会工作的技术能力，而忽视政治、经济、文化、历史、制度等多层次社会系统的作用力，同时也使社会工作服务更加远离社会生活，漠视社会正义与社会发展。Specht 和 Courtney（1994：102-107）曾指出，社会工作在技术理性的影响下，逐渐沉溺于个体化的治疗模式与技术之中，而逐渐背叛了其原初的社会使命。技术理性取向的社会工作教育从根本上限制了社会工作专业的发展，使得社会工作难以满足社会的要求，并引发了人们对社会工作教育所培养的专业能力的信任危机。

二 技术理性下社会工作教育培养实践者的困境

社会工作是一个为受训人员提供特殊专长的专业，其专业执照和证书的颁发是以拥有独一无二的社会工作服务技巧和知识为条件的（郭伟和，2014）。然而，根据 Garrett、Cleary、Higgins 等的有关研究，在英国社会工作界经常争论拥有社会工作学历是否代表社会工作者具备专业实践能力的议题，这是因为社会工作实务的现实复杂性与学生在学校里所接受的以问题、学术或技能为导向的社会工作教育是非常不同的，社会工作者的教育养成与社会工作实务之间是有差距的（Garrett，2016；Cleary，2018；Higgins et al.，2016）。Higgins 等进一步指出，社会工作教育并未为学生提供充足的社会工作实务知识与能力，社会工作教育中所传授的专业术语、理论、技能与方法等内容，在实践中并不容易被推广与使用（Higgins et al.，2016）。社会工作者在实务过程中，不仅无法理解其干预目的，而且无法解释为何如此开展干预，社会工作实务所面对的现实挑战在过去的社会工作教育中并未受到重视，进入实务场域后，相较于学习理论或反思性的知识，社会工作实习生和实务督导工作者更在乎直接性的技巧训练（Higgins et al.，2016；林洁，2018；李青，2018）。

从社会工作专业的发展及其专业教育的历史来看，社会工作专业从最初的起源开始就与实践密不可分，社会工作专业人员的培养亦是在实践过程中实现的。社会工作专业的实践性决定了社会工作专业教育不能仅仅停留在理论知识的传授上，而是要进入具体的服务实践场景中探索社会工作专业知识与技能的运用，在实践过程中促进社会工作者专业素养的提升。这也说明了社会工作教育中理论与实践的一体性（王海洋，2017a）。

受技术理性强调应用科学技术的成就来增进人类福祉并倡导科学技术绝对胜利的影响，理论知识通常被视为经由科学性研究证明的事实、理论原则和规律，具有普遍的适用性。实践则被视为将理论知识具体应用于解决所面临问题时的实务操作过程。在此影响下，当前的社会工作专业教育通常按照"先理论学习，后实践运用"的思路设计。学校中理论学习课程大多按照先学习社会学、心理学等基础社会科学，再学习社会心理学、社会福利等应用社会科学，最后才到具体的个案、小组、社区和心理咨询等专业课的顺序安排。社会工作者的实践能力则主要通过社会工作专业的实习教育培养，社会工作实践被视为社会工作理论直接应用的过程。因为在技术理性看来，社会工作者只是运用一般的社会工作理论并使用具体的技术方法的问题解决者（童敏，2006：14~22）。

在技术理性的影响下，在课堂教育中，由于专业工作人员在实践中所遇到的问题都可能在现存学科理论和技术体系中找到答案或能提供指导性意见的假设，教师通常侧重于将一般的原则、知识和规律教给学生。至于解决实际问题，则需要学生将所学的知识具体运用于实际的实务场景中（童敏，2006：14~22）。在以实证主义为逻辑基础的技术理性下，基于先理论后实践的培养模式，社会工作实践被看作运用社会工作客观理论、知识、方法和技巧的过程。当前社会工作者实务能力的养成主要通过社会工作实习课程来实现，社会工作实习教育是达成社会工作教育目标的重要机制，也是帮助学生将课堂上所学的社会工作专业理论和知识应用到具体社会工作实务场景中，促进理论和实务相结合的重要学习方式。然而，由于社会工作实务现场的复杂性与多变性，社会工作学生进入真实的实践场景中时，通常会遭遇不知道如何将在学校里所学习的理论知识运用于实践之中，或是在课堂上所学的社会工作理论知识、方法与技能并不能有效回应现实情境问题的困境，这反映出社会工作者的理论教育与社会工作实务之间的差距。有关研究也指出，社会工作教育中经常出现理论学习与实践运用不一致的分裂现象，使得社会工作专业在教育养成方面面临着所培育人才素质不稳定、学校教育未能让学生充分了解如何应对实务中的复杂情况与多元处境等问题，造成学生难以将理论知识与实务情境相结合，并且在生命经验有限的情况下，往往缺乏问题解决与反思的能力（秦燕、张允闳，2013；林洁，2018）。正如 Higgins、Popple 和 Crichton（2016）在研究中指出的，具备社会工作专业学位并不等同于具有相应的专业认同或反映实践的能力，社会工作教育对理论或技巧的重视并不足以应对当前日益复杂多变的社会现象与社会问题。由于所学社会工作理论难以与实践情境有机结合，或在具体实务操作中难以认识到所学理论知识对具体实践的指导意义，一些社会工作者在理论学习与具体实践中对艰涩难懂的理论产生反感，并有选择性地放弃专业理论与实践的结合（文军、何威，2014）。那些大量存在于社会工作实务情境中可以用于解决实际问题的实践知识，也因不能被纳入所谓科学实证主义的理论知识与方法技能的类别中，而被排斥在工具技术理性下以"目标-手段"为导向的科学社会工作知识体系之外（安秋玲，2013）。

在技术理性下社会工作专业教育与专业实践的有效性和合理性受到怀疑。在当今全球化社会不断快速发展与变迁以及社会问题日益复杂多元的背景下，为有效回应社会现实处境需求，探索将社会工作理论教学与社会实务情境相结合的教育方式，以培养能反思社会现实情况、有效回应社会问题需求的社会工作人才，仍是社会工作教育发展的重要方向与任务。

三　反映实践：培养实践者的社会工作教育取向

自20世纪80年代以来，随着人们对社会工作教育中理论与实践能力培养分裂和脱节问题担忧的日益严重，不断有人发出希望改变以往以技术理性为主导的社会工作教育范式的呼吁。Mezirow曾指出，视角转换是一个批判性地意识到我们的假设如何以及为什么限制我们对世界的感知、理解和感受的过程，需要重新确定这些假设以允许更具包容性、多元性、渗透性和综合性的观点生成，以及做出决定或以其他方式基于这些新的理解采取行动。人们需要选择更具包容性、多元性、渗透性和综合性的观点，因为我们有动力更好地理解我们的经验的意义，而这种经验不应被作为一个技术理性下需要解决的谜题（Mclntosh，2010：45）。

在此背景下，一些社会工作者和社会工作教育者在回应技术理性的教育理念所带来的困境时，逐渐转向对能力以及经验取向教育理论的重视，特别是受到美国行动研究家舍恩所提出的"反映①实践"的影响，在教育界形成反映性教学与实践的思潮，重新审视和理解理论与实践的关系，并更加强调知识来源的反映实践性，这也为社会工作教育整合理论与实践提供了新的方向。

从历史的发展来看，反映实践的思想最早可以追溯到教育哲学家杜威所提出的人们只有在有问题需要解决时才会开始反思的观点。杜威认为，反思是对经验或资料中个人信念、假设和想法的再审视，以及对人们对这些经验或资料的认识或解释的重建（宋陈宝莲，2001）。这一观点后来在舍恩针对反映的实践者的研究以及 Steven Brookfield 关于批判性思考与学习的研究中得到进一步认识与发展（Knott & Scragg，2010：5；宋陈宝莲，2001）。

根据舍恩的研究，1963~1982 年，专业工作者在实证主义范式下面对科技理性的规范性知识与解决社会问题的无力感之间的冲突，逐渐觉察到由于实务现象本身蕴含的复杂性、不确定性、独特性和价值冲突性等特性，并没有一套现成的知识可以直接用于解决其中的问题。实际上，呈现在他们面前的是经济、社会、政治、文化等方方面面的因素所形塑的复杂而混乱的情境，他们需要从杜威所说的"茫然未知"的情境材料中重新建构与设定问题。而对于问题的设定也受到从学科背景、组织角色、过去的历史、兴趣、政治和经济等不同视角对问题情境的框定的影响。在这些情况下，实践者所面对的情境中的不确定性、独特性和价值观念的冲突性，都不在技术理性的范畴之内，在此情境中，实践者仅靠他/她的专业理论储备和方法是无法解决问题的。因此，在真实的社会工作实务处境中，科技理性下的理论知识与方法在面对实务的多样复杂情境时是难以解决问题的。舍恩认为，实践中的这些模糊区域恰恰是专业

①　当前文献多使用"反思"一词，本书采用"反映"的翻译。具体区别参见（舍恩，2007：6）。

实践的核心，实务工作能力的核心是实务工作者在遇到工作困惑或困难时进行反映和探究的能力，他将这种在实务工作中进行反映思考的能力称为核心知识。在舍恩看来，实务工作者在工作过程中不只要对与实务有关的规则、现象、理论和工作方法进行机械性的操作和运用，还需要"透过对与所面临情境有关的理论、解释问题的方法和已经拥有的行动策略进行重组，将所获得的新的了解在实务工作中进行实践，并且对先前所经验的困惑或困难情境做出适当的反应"。也就是说，复杂的实务问题需要特定的解决之道，由于问题是在特定的脉络中发生与形成的，因此这些解决之道也只能在特定的脉络中发展出来，并不能任意挪用到其他脉络之中，但是它们可以被其他实务工作者视为工作假设而运用到他们自己的实务场域中进行检验（宋陈宝莲，2001；舍恩，2007：1~56；舍恩，2008：4~34）。

舍恩认为，当我们学会做某件事时，我们就能顺利地完成一系列的活动、辨认、认定和调整，而不必去"思考"。但是有时我们会遇到例外，对于意外我们可能置之不理、有选择地忽略，或者对其进行反映。我们对行动进行反映，探究行动何以造成意外结果，因此需要回想自己的行动。我们可以在事后安静地进行反映，也可以在行动过程中暂停下来进行思考。舍恩有关反映实践的研究便是对几个不同专业所做的实践分析。他系统地陈述了专业知识与专业行动之间的不同关系，并区分了内隐式行动中认识、行动中反映和对行动反映三种反映实践的行动类型。总体而言，内隐式行动中认识指的是在简易或例行环境中累积实际操作知识。行动中反映则发生在较复杂的环境中，特别是当例行性做法不足以应对时，实务工作者便在他们的行动中进行反映以回应复杂的情境。这一类型的反映在行动当中就进行了，它并不少见，在问题解决过程中，也不一定需要将反映口语化。对行动反映通常是指我们需要明白地用口语来建构或形成知识时，我们便会在某些时刻将自己抽离出行动并且对行动进行反映。我们的专业行动建基于行动中反映，要有效率地完成日常实务工作，就得依靠理性行动中的内隐式行动中认识，而要应对困难与复杂的问题，掌握我们的实践，以便能如愿地改变它们，进而履行我们对社会的责任，就必须开展对行动反映（Altrichter et al., 1997：263-269）。

在舍恩看来，实务工作者只有通过反映，才能洞察隐藏在问题情境中的结构，使问题具有可理解的形式，进而面对问题的结构进行实验，组成以行动和反映为中心的类似于科学的研究过程（童敏，2006：14～22）。在此"反映思考"与"行动中反映"所指涉的不是单纯的"思考"，而是涵括了思想、情感与行为表现的对话活动（自己与自己的对话以及自己与他人的对话），其通过"反映实践"进入实践者的实践行动与其介入现象场中的作用和后果的建构过程，经由对话活动推进实践者的社会探究（舍恩，2007：1～56）。

社会工作者是在一个又一个、一处又一处独特的社会处境中，在试错的探索行动中，在半知半觉的探测性行动中，在带着清晰理解向前求变的行动实验中，与他人共谋出路的（夏林清，2013：3～9）。受舍恩所提出的反映实践的影响，在社会工作教育界，反映、反映实践和反映的实践者也日益成为重要术语，并且已经被纳入一些学校的社会工作专业课程学习之中，以促进社会工作教育理论与实务的整合。Thompson 在舍恩提出的行动中反映和对行动反映的基础上，建议在社会工作的服务中增加行动前的反映的概念。行动前的反映涉及社会工作者聚集在一起，对社会工作者服务开始时以及与服务对象接触中所获得的信息进行不断审视和评估。他认为，反映性实践是一个动态的概念，良好的社会工作中社会工作者必须不断参与到反映活动的过程中，这一过程包括行动前的反映、行动中的反映和对行动的反映（Knott and Scragg，2010：5-10）。Knott 和 Scragg（2010：5-10）曾指出，社会工作者是以自我为工具的助人的专业工作者，唯有通过反映与自我联结，社会工作知识才能被有效传递与运用。固定的知识是不真实的，无法直接套用在复杂、多变的实务情境之中，知识学习需要通过不断的行动反映来进行。行动中反映与反映性实践可以帮助社会工作者将理论知识整合起来并运用到实务当中（Knott and Scragg，2010：5-10）。Parker 和 Bradley 也曾提出培养反映能力的重要性，并且认为这有益于提升社会工作者未来的专业实践能力。Horner 在探索什么是社会工作这一问题时进一步指出，反映是良好的社会工作实践的核心，只有当行动产生于反映实践时，这种反映才能被称为反映实践。他认为，在社会工作教育初期就需要培养行动中反映、对行动反映的能力，这是专业持续发展的关键。他甚至认为，拥有反映实践的能力是成为合格社会工作者的先决条件，因为它需要一种质疑我们思想的方法、经验和行动，这使我们能够从经验中学习并丰富与提升我们的知识和技能，重要的是，社会工作者通过反映，可以改变其思考、感受和行为方式，以更好地满足服务对象的需求（Knott and Scragg，2010：5-10）。

四　培养反映的实践者的社工教育路径："师-生"协同式交互反映教学与知识生产

受科技理性的影响，传统的社会工作教育模式如巴西著名教育学家弗雷勒（Paulo Freire）所言是一种自上而下的"储存式的教育"模式，社会工作教育者在课程传授的过程中比较强调专家知识系统，教师被视为技术性专家，在建构的系统中将学校制度所认可的知识传递给学生，学生则成了科学知识的接收者。在这一过程中，师生关系被型构成符合社会主流的"专业-非专业""教师-学生""专家-新手"等二元关系（古学斌，2013：67~84），社会工作教育往往也就成了单向传递知识的过程。

教育教学本质上是基于教师和学生之间的交互作用来实现其教育目标的，它并不是一个单向传递知识的过程，教学本身具有交互性，是师生之间互为主体的共同参与、合作探究的过程。自 20 世纪 40 年代以来，Lewin 所提倡和实验的以协同式行动研究解决社会问题的介入方法也被应用到对专业工作者的教育上，以训练专业工作者开展协同式行动研究，使这些专业工作者协助他们的服务对象学习和利用行动研究改变自己所处的情境。自 20 世纪 70 年代以来，Chris Argris 和舍恩延续了 Lewin 的做法，以协同式行动研究探讨专业教育取向的工作。舍恩认为，协同式行动研究是协助专业社会工作者得到实践性知识的主要教育方法。80 年代中期，舍恩提出的教育者和学习者之间的交互反映理论，为我们理解学习者如何学习新的实务方法提供了新的视角，并进一步丰富了协同式行动研究的教育方式，为培养具有反映实践能力的专业工作者提供了重要的理论方法和实践路径（宋陈宝莲，2001）。

舍恩的交互反映理论认为，教育者与学习者中任何一方的单向努力，都无法推动实现有效学习，只有教育者和学习者之间的交互作用才有助于教育和学习，两者针对教与学的交互反映过程也是一种协同式行动研究的过程。教育者与学习者之间进行的交互反映的品质，是教育过程中影响学习效果的主要因素（宋陈宝莲，2001）。社会工作专业教育的重要目的之一在于培养具有反映实践能力的专业工作者，将社会工作理论运用到具体的实务场域之中，增强专业工作者的实务能力，使他们不仅能进入复杂多变的实务工作场域中解决令人困扰的问题，并且能够在解决这些问题的过程中，整合与生产出有用的实践性知识。协同式行动研究已逐渐成为社会工作教育和实务界培养具有反映实践能力的社会工作实务人才的重要方式。在此笔者借鉴宋陈宝莲在社会工作教学中运用舍恩的交互反映理论的实践经验，并根据舍恩提出的反映层次，提出师-生协同式交互反映教学的方法，作为培养具有反映实践能力社会工作者的路径（宋陈宝莲，2001）。

（一）教导与学习新实务知识的师生协同反映

在社会工作教育过程中，社会工作专业教师一方面需要教导学生学习新的具体理论与实务知识，另一方面也需要在实务教学或督导过程中，协助学生将所学的理论与实务知识运用于具体的社会工作实践场域之中。社会工作专业学生作为社会实践者，在具体的实践过程中，正如夏林清所言，"作为一名特定处境中的行动实验者，有意识地设计与实行他的想法和做法。这么做时，一个自身、他者与系统体制交相作用的变化历程和实践者自身所具有的库存经验一定是同时或隐或现，或主动使用，或被动牵引地也发生着一个变化过程"（夏林清，2006）。反映思考正是对这一变化历程的觉察（何燕堂，2017）。因此，在进行第一层次的师-生交互反映的过程中，教师需要注意如下两个方面。一方面，"鼓励每个学生说出有关自己实践经验的故事"，通过故事的书写或讲述，描述自己在具体实务过程中的行动。故事在此可以被视为一种叙事、反映对话与反映回观的方式（舍恩，2007：1~56），此外也提供了教育者与学习者对实践性学习内容进行交互反映所需要的基本内容，可以从中发现并缩小学习具体知识时教导者和学习者之间的差距。另一方面，社会工作教师也需要检验阻碍师生进行协同反映的无效人际关系理论与知识、无效的学习方法，甚至需要对自己无效的教学方法进行反思，并实验新的教学方法（宋陈宝莲，2001）。

学生在此过程中要把握好如下两点：一方面，学生要觉察了解自己在学习过程中的学习方法，通过对自身无效学习方法的认识、与教师的叙事和反映对话，改变自身无效的学习方法，形成新的学习方法，从而更有效地学习并掌握新的知识和方法；另一方面，学生在实践新实务工作方法的过程中，也需要学习判断自己对新实务知识和方法的掌握程度，并检验自己在实务工作过程中所依循的理论、价值观和基本假设等内容（宋陈宝莲，2001）。

教师和学生都需要在交互反映过程中检验自身以往教与学的方式，甚至需要修正以往的惯习，并实践和学习新的教与学方法，这也是一个需要不断调整修正的充满压力和挑战的过程。因此，在此过程中教师或学生也容易在压力下回到以往熟悉却难以取得成效的教与学方式之中（宋陈宝莲，2001）。

（二）对实践新实务方法的交互反映

第二个层次的交互反映建立在第一个层次的基础上，即在上一阶段社会工作专业师生以故事叙说的方式对关于所实践新实务理论和方法的经验进行反映的基础上，教师可以与学生共同重看这些故事，并在对话式的探究过程中，协助学生考虑在具体的实务处境中，如何对情境进行理解和认识，如何对问题进行定性命名，如何对事件发生的脉络进行框定，在实践过程中以及实践之后，如何对自己正在进行的实践或已经完成的实践进行反思，并协助学生明确在实践过程中所信奉的理论和实际使用的理论分别为何，以及行动活动中所隐含的价值观、基本假设、行动策略与相关理论，辨认在行动过程中隐含的行动逻辑、在建构故事的过程中被置入故事的意义与叙说描述的策略（舍恩，2007：1~56；杨静，2017；王海洋等，2019）。教师可以协助学生通过这一反映过程来辨识自身的视框，并通过学生的自我经验与思考，以及师生之间的对话性学习，进一步引导学生思考对话对他们的意义以及与其生命经验之间的关联性，并在此基础上思考未来如何进行进一步的探究与发展（龚尤倩，2017）。

在这一层次进行交互反映的重点在于，社会工作专业教师需要协助学生分辨其在实践过程中所信奉的与实际所使用的理论、方法分别是什么，以及二者是否一致（宋陈宝莲，2001）。针对学生所信奉的理论和方法与实践中的理论和方法之间存在的不一致，由于实践的默会知识具有难以言说的特性，要缩小教师的描述与学生的理解之间存在的差异，最好的办法就是行动。社会工作专业教师通过示范，在行动中实践他们的描述，向学生呈现与反映隐含在实务行动之中的实践知识，以促进学生对实践知识的理解与运用。同样，学生只有努力在行动中检验其所见所闻，才能向教师展示他们带到具体实践中的固有知识，才能展示自己是否正确理解并实践了教师教习的内容，并实现所信奉理论、方法与实际使用理论、方法的统一（舍恩，2008：147~149）。

在此过程中，学生们除了通过教师的示范进行学习，亦需要重看自己的实践过程，通过对自己的实践过程与教师的示范教学进行交互反映，重新理解与运用自己所学的社会工作理论与方法。同时，社会工作专业教师在与学生进行交互反映的过程中，也需要对学生进行反映，协助他们克服以往在理解与实践某些新理论和方法时所存在的困难，发现他们已经知道但未能说清楚的部分，协助他们将在学校所学知识与在自发实践行动中形成的认识协同起来往前发展（宋陈宝莲，2001；舍恩，2007：1~56；舍恩，2008：147~149）。

通过师生之间的交互反映与理解，师生也在此基础上共同研发新的教学方案，弥补教学过程中的不足，并针对所学的新实践理论与方法及相关具体经验开展新一轮的交互反映教学（宋陈宝莲，2001）。

（三）对实践交互反映的内容进行交互反映

通常师生之间的交互反映开展顺利的话，交互反映只要进行到对实践新实务方法的交互反映这一层次后便会进入新一轮的交互反映教学之中。但当交互反映无法达到预期的教学目标时，就需要进行第三个层次的交互反映，即对实践交互反映的内容进行交互反映（宋陈宝莲，2001）。在行动科学中，反映涉及两种不同的思考类型，分别为"单路径学习"和"双路径学习"。简单地说，"单路径学习"是指不去检视隐然存在的前提假设，只在前提框架之下检视行动的细节、步骤，或者策略、做法可以如何调整或更换。而"双路径学习"则涉及对隐藏的前提假设本身提出疑问、进行检视，将不同的前提假设开放地纳入思考，如此可能进一步带来教学过程中原有假设和认识视框的改变，从而带动师生的教与学以及对所探究的社会实践历程的认识的改变（林香君，2015b）。

"单路径学习"与"双路径学习"这两种学习存在于一个连续的状态之中，这个过程中嵌套了价值观和策略。在教学过程中，若社会工作专业教师与学生仍将目光局限在自己以往习惯了的教与学的行动策略中，而难以发现自己惯常使用且熟悉的方式对教导或学习新实务方法的阻碍，那此时其就处于"单路径学习"的状态之中。若师生作为行动者因为自身或别人感到困窘或受威胁，而表示某件事"不容讨论"或"不可告人"，抑或一再尝试各种解决办法，但问题依然存在，就表示可能需要进行双路径的学习（阿吉里斯等，2012：63）。对此，在第三层次的交互反映过程中，需要社会工作专业师生跳出以往"单路径学习"的方式，对实践交互反映的内容进行再反映，通过相互协作，共同找出可以促进师生双方反映性教导和学习的方法（宋陈宝莲，2001），实现"双路径学习"，从而在教学过程中更好地促进社会工作理论教学与实践的整合。

下篇

行动研究：以 D 市为例

第七章 社会工作行动研究的场域：D市社会工作的实践场景与专业服务[*]

新时代社会工作要融入党和国家治理体系，充分发挥其社会治理效能。在实践中，社会工作已成为基层社会治理场景的有机组成部分。"主体性-协同性"的理论框架将主体性与协同性视为基层社会治理场景中社会工作专业化发展的两个各有侧重又相互关联的维度。从"主体性-协同性"的理论框架出发来检视，珠三角D市社会工作通过专业服务与协同行动，在风险防范、矛盾化解与社会动员等方面发挥了治理效能。但从社会工作深度融入党和国家治理体系的要求看，仍然面临着主体性与协同性"双重弱化"的实践困境。要提升基层社会治理场景中社会工作的专业化水平，就必须走出"双重弱化"的困境，积极提升社会工作的主体性和协同性，实现二者的同步发展。这既是基层社会治理中社会工作专业化发展的目标取向，也是社会工作深度融入党和国家治理体系的必然要求，同时也为"大社会工作"格局下专业社会工作的开展提供了启示。

一 基层社会治理：社会工作本土实践的场景

党的二十大报告提出要"健全共建共治共享的社会治理制度，提升

---

* 本章内容曾以《基层社会治理场景中社会工作的专业化发展——基于"主体性-协同性"的分析框架》（作者王海洋、尚静）为题发表于《广西师范大学学报》（哲学社会科学版）2024年第5期，收入本书时已征得尚静同意，且内容有修改。

社会治理效能"（习近平，2022）。党的二十届二中全会后，中共中央、国务院印发《党和国家机构改革方案》，决定组建中央社会工作部，并在省、市、县级党委组建社会工作部门（王思斌，2024）。这意味着党进一步加强对社会工作的领导，社会工作要融入党和国家治理体系，充分展现其在制度优势下的社会治理效能（黄晨熹，2023）。20 余年来，中国社会治理结构由传统的体制内单中心治理结构向党建引领下的多元治理结构转变，其中政府向包括社会工作机构在内的社会组织购买服务是一项引人注目的制度创新举措（李友梅，2017）。政府购买社会工作服务是在特定场景中开展的专业实践，场景实践是中国社会工作实践的策略（童敏，2023：237）。一旦政府购买社会工作服务脱离特定场景，专业服务将无法推进。在中国社会工作本土化发展历程中，社会工作以嵌入的方式进入基层社会治理场景，与政府或其他主体一起，通过互动合作的方式参与社会治理（向德平、罗珍珍，2020）。时至今日，社会工作已成为我国基层社会治理的一支重要专业力量（童敏、周晓彤，2022），同时基层社会治理也已成为社会工作实践的主要场景。在基层社会治理场景中，首先，社会工作通过提供服务参与社会治理（王思斌，2014），实现预防并解决社会问题的目标，而主体性是提供高品质服务的前提条件，因为缺乏主体性的专业实践难以摆脱"行政化"和"依附性"境遇；其次，多元协同是基层社会治理的内生语义与实践逻辑（张振波，2015），社会工作需要制度化提升自身在多元主体系统中的协同性，促进治理方式的完善（王思斌，2015）。由此不难看出，在基层社会治理场景中，社会工作的主体性与协同性成为影响其治理效能发挥的两个重要维度。

目前，国内聚焦社会治理与社会工作实践的研究大致可以分为两大类，一类是从理论层面对社会工作与社会治理的融合性（王思斌，2020）、社会工作参与社会治理的价值（王思斌，2016）、社会工作在社会治理中的协同作用（方舒，2020）、社会工作参与基层社会治理的机制路径（杨文才，2019）等进行学理上的阐述；一类是从"三社联动"（徐选国、徐永祥，2016）、乡镇（街道）社会工作发展以及基层社会治理实践（徐东涛、汪真诚，2023）出发，对社会工作机构与政府等治理主体的互动、其中存在的问题及其解决之道等进行分析与讨论。这些研究为今后深入探讨相关议题奠定了基础，但是既有研究对社会工作发展的"嵌入逻辑"存在着一定的路径依赖，忽视了当前社会工作已不同于其发展之初的事实。社会工作在发展之初呈现"嵌入逻辑"，即需要依附于其他组织或系统推进专业实践。然而，当前的社会工作已从嵌入性发展迈向融合性发展，社会工作已融入社会生活的方方面面，成为基层社会治理场景的内在要素。因此，亟须通过发展整体性的理论框架对这一变化予以回应。此外，既有研究对社会工作的"主体性"及"协同性"与其治理效能之间的关联重视不足。因此，将社会工作视为基层社会治理场景的组成部分，立足主体性与协同性双重维度，探讨基层社会治理场景中社会工作专业化发展状况，仍是一个有待深入探究的学术场域。在基层社会治理场景中，社会工作通过专业服务来解决基层社会治理中的问题，这主要依赖于社会工作主体性构建及相关功能的发挥；社会工作同时通过协同行动促进基层社会治理方式和治理机制的完善，这更多依赖于社会工作协同性构建及相关功能的发挥。那么，基层社会治理场景中社会工作的主体性与协同性究竟呈现怎样的实践图景，面临怎样的实践困境？如何提升社会工作的主体性？如何增强社会工作的协同性？本章试图以珠三角 D 市政府购买社会工作服务为个案，对上述问题予以回应。

二 "主体性-协同性"：基层社会治理场景中社会工作专业化发展的理论框架

（一）何为社会工作的主体性与协同性

社会工作的主体性是指，社会工作在实践中自主地运用专业知识，充分发挥专业作用，实现专业目标（张和清、廖其能，2020）的特性或能力。有研究指出，国家对专业自主性的干预体现在专业技术与政治两个层面（郑广怀等，2021），由此启发我们从专业性与政治性两个维度来理解社会工作主体性。首先，社会工作主体性与其专业性有关。社会工作的专业性是社会工作的灵魂，专业性围绕社会工作目标得到呈现（付钊，2020）。社会工作的主体性与专业性之间是一种相互促进的关系。有学者指出，"三社联动"中社会工作的主体性得到了充分发挥，社会工作的专业价值和专业技巧制度性地嵌入日常社区工作中（杨芳勇，2016）。本章称这种主体性为专业面向的主体性，它强调专业实践既能回应基层社会治理需求，又能获得专业共同体的认同。其次，社会工作主体性与其政治性有关。社会工作主体性的确立过程是一个权力互动的政治过程，受作为购买方的政府及社区场域的约束（李倍倍，2019），场域的结构是"一种参与斗争的行动者之间的权力关系的状态"。现实中，社会工作的主体性受制于其所处的被支配地位（文军、方淑敏，2022）。比如，复杂的街区权力关系限制了专业社工深度嵌入社区治理，社会工作被行政权力吸纳，导致社会工作在街区权力体系中失去了主体性（朱健刚、陈安娜，2013）。这体现了社会工作主体性构建的"政治性"，反映了主体性构建也是一个权力互动过程，本章将其称为政治面向的主体性。总之，从基层社会治理场景看，社会工作的主体性是指社会工作推进基层社会治理的自主性、独立性与能动性，即社会工作自主地将专业知识融入基层社会治理的结构与行动之中，提升基层社会治理效能的特性或能力，而主体性又可以分为专业面向的主体性与政治面向的主体性两类，二者形成了相互促进的关系。

协同是指不同行动者之间以其中一方为主的协调与合作，其中行动者之间是和谐的非均衡关系（王思斌，2012a）。在社会治理中，协同性主要是对党委、政府之外的社会力量而言的。有研究指出，社会治理中的协同性即协同治理能力，是指在党委领导、政府负责下，社会在参与服务、自主治理、协同管理等方面发挥的作用（单学鹏，2021）。受其启发，基层社会治理场景中社会工作的协同性可以从专业服务、行业发展与社会参与三个"社会性"维度来理解，其中"专业服务、行业发展、社会参与"分别对应上述协同治理中的"参与服务、自主治理、协同管理"。首先，从专业服务角度看，协同性是社会工作的主要特征之一，它指社会工作在提供服务时注重服务对象的主体性（王思斌，2012b），强调社会工作者与服务对象之间是互为主体的协助关系，要推动服务对象成为自身问题的解决者与社会治理的参与者，优化社会治理机制；其次，从行业发展以及社会参与角度看，在基层社会治理场景中，社会工作要构建具有高度协作性、协商性的协同关系（苏曦凌、杜富海，2015），就要成为协同管理中重要的参与力量，这是判定社会工作治理效能的重要方面（王力平，2019）。然而，由于基层社会治理场景中多元参与主体之间存在行动逻辑差异与利益诉求张力，各方之间常常形成非协同性关系（周金玲，2023）。质言之，基层社会治理场景中社会工作的协同性是指社会工作在基层社会治理中与其他行动主体的协调、合作状况及关系融洽度，即社会工作在专业服务、行业发展以及社会参与方面与多元参与主体在何种程度上形成协调、合作、对等的关系。因此，社会工作的协同性可分为服务协同性、行业协同性与社会协同性三种类型。服务协同性是指在社会工作开展专业服务时面向服务对象的协同性；行业协同性是指社会工作行业内部各主体基于"自主治理"要求而体现出来的协同性；社会协同性是指社会工作与基层社会治理场景中其他社会力量基于资源整合、优势互补而体现出来的协同性，表现在协同管理中。

（二）基层社会治理场景中社会工作专业化发展的"主体性－协同性"理论框架

在基层社会治理场景中，社会工作通过提供专业服务来预防和解决基层社会治理中的问题，这主要依赖于社会工作主体性的构建及相关功能的发挥；社会工作还通过协同行动促进基层社会治理方式和治理机制的完善，这更多依赖于其协同性的构建及相关功能发挥。主体性与协同性是考察基层社会治理场景中社会工作专业化发展水平的两个各有侧重又相互关联的重要维度，两个维度的发展水平直接影响其社会治理效能（见图7-1）。

值得一提的是，中央社会工作部的组建是传统社会工作向"大社会工作"转变的标志性事件（李迎生，2023）。"大社会工作"是党统领社会力量、解决社会领域问题、加强和创新社会治理、推进社会建设的工

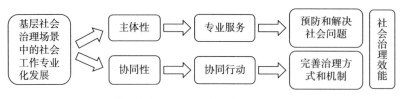

**图 7-1 基层社会治理场景中社会工作专业化发展的
"主体性-协同性"理论框架**

作（王思斌，2023）。"大社会工作"出现后，亟须通过强化"主体性-协同性"二维结构来扩展社会工作传统边界。因此，基层社会治理场景中社会工作专业化发展的"主体性-协同性"二维结构，为考察社会工作专业实践的治理效能与"大社会工作"格局下社会工作的专业化发展提供了理论框架。"主体性-协同性"的理论框架将社会工作与基层社会治理视为一个有机整体，认为社会工作专业服务是解决基层社会治理问题的实践，其本身就是基层社会治理实践的形式之一；同时，社会工作的协同实践是另一种促成基层社会治理情境转变（徐选国、田雪珍、孙洁开，2021）、优化治理方式和机制的社会治理实践。因此，社会工作的专业服务与协同行动共同构成了其基层社会治理实践的两类基本形态，而主体性与协同性则成为影响其治理效能发挥的两个重要维度。这不同于社会工作参与基层社会治理的嵌入逻辑，凸显了基层社会治理场景中社会工作的主体性位置，回应了"大社会工作"格局下对社会工作专业化发展的实践要求。

三 基层社会治理场景中社会工作的"主体性-协同性"实践及其治理效能

改革开放40多年来，珠三角D市逐渐由鱼米之乡发展成为国际瞩目的制造名城。在推动经济发展的同时，D市不断加强对社会发展领域的投入，特别是近年来逐步形成了自身的基层社会治理实践模式（成洪波、徐选国、徐永祥，2018），其中政府购买社会工作服务是基层社会治理创新的重要举措。早在 2008 年，D 市就将"探索建立社会工作制度"写入政府工作报告。随后，成立社会工作发展领导小组，推进社会工作的制度化发展。时至今日，D 市建立起了关于社会工作专业化发展的政策体系，构建了注册登记、服务购买、继续教育、考核评估等多方面的专业社会工作制度体系。根据 D 市社会工作协会提供的行业监测数据，截至 2022 年 12 月，全市社工总人数达到了 2368 人，其中服务年限 6 年以上的有 695 人，学历为本科和硕士研究生的有 1620 人，在职社工持证人数为 2035 人（高级社工师 9 人、社工师 579 人、助理社工师 1447 人）。[①]全市社会工作专职督导人员达 238 人，其中初级督导达 206 人，中级督导达 22 人，高级督导达 10 人。全市政府购买社会工作服务站点达 519 个（另有双百社会工作服务站 224 个），其中有的街道服务站点多达 39 个。2022 年度社会工作服务机构承接政府购买服务经费在 200 万~500 万元的有 6 家，501 万~1000 万元的有 5 家，1001 万~2000 万元的有 6 家，2000 万元以上的有 3 家。在 D 市，政府购买社会工作服务已涵盖民政、妇联、残联、工会、司法、信访、共青团等 20 多个领域，自 2009 年 D 市首批社工正式上岗以来，截至 2022 年累计举办活动 19 万余次，活动参与总人数达 2000 多万人；累计开展即时辅导 130 万余次，进行家访、开展常规活动等 1200 万余次；累计开启个案 87100 个；累计开启小组 42505 个，小组参与人次达 223 万余人次。研究显示，在 D 市对政府购买社会工作服务进行了 10 余年的推进后，社会工作的主体性和协同性得以增强，并已植根于基层社会治理场景中，通过专业服务与协同行动提升了社会治理效能。

　　研究团队主要运用参与式观察与行动研究的方法收集资料。在参与式观察方面，研究团队 10 余年来通过督导、评估、培训以及调研等形式深入基层社会治理与社会工作实践，了解 D 市基层社会治理与社会工作实践状况；在参与实践过程中，了解社会工作专业实践的领域、内容、方式、困境及社会治理效能。在行动研究方面，研究团队长期与 10 余名

---

① 本页所有数据来源于"D 市社会工作协会 2023 年行业监测数据"，为匿名需要，隐去具体来源。

不同领域的社会工作者开展协同行动研究，在此研究过程中探究社会工作者的具体实践经验、实践难题及实践的社会治理效能。此外，还通过收集二手材料，包括关于 D 市社会工作的制度文件、服务档案、工作报告、行业监测报告等，了解 D 市社会工作发展的脉络与整体情况。基于对研究资料的进一步分析，呈现社会工作在风险防范、矛盾化解与社会动员三个方面的具体实践经验与社会治理效能，描绘社会工作"主体性-协同性"实践的专业化社会治理图景。

（一）社会工作的风险防范实践及其治理效能

基层社会治理致力于构建充满活力又和谐有序的现代社会，本质在于对社会风险的防范与化解（王伟进、张亮，2023）。在风险防范方面，基层社会治理场景中社会工作的"主体性-协同性"实践主要集中在青少年、社会救助、社区矫正与禁毒等领域。在青少年领域，通过购买社工服务项目引入专业社会工作力量，社工在提供直接服务的同时，协同相关主体推进防范青少年违法犯罪工作。比如，在社工介入的重点青少年帮教服务中，通过柔性、多元、专业的社会帮教方式化解工作对象的抵触情绪，同时协同其他主体为重点青少年提供社会教育，协助青少年顺利度过考察期等。经 10 余年实践推进，社会工作在青少年领域的服务范围由市团委扩展到镇街团委、社区、学校、监狱等场景，系统推进了社会工作的风险防范实践，显著提升了社会治理效能。在社会救助领域，社工面向低保对象、医疗救助对象、临时救助对象、灾害救助人员及流浪乞讨人员等提供专业服务，比如，为特困人员提供心理疏导、情感支持等专业服务，为遭遇突发困难的家庭及个人提供临时救助等，切实为困难群众"兜底线、救急难"，防范风险发生。值得一提的是，D 市救助管理站组建专业社工团队开展了"帮扶救助流浪乞讨人员"外展项目，为流浪乞讨人员和露宿者提供政策宣传、临时救助、入站求助、协助送医、协助寻亲、联系亲友、个案转介等服务。社工处在基层社会治理第一线，他们对救助对象较为熟悉，可以在各自的服务点上收集、监测救助对象的信息，能及时有效地为有需要的服务对象提供帮助，及时发现基层潜在风险，主动介入，助力社会治理效能提升。在社区矫正方面，D市在镇（街）建立由社区矫正工作人员、社区矫正志愿者和专职社会工作者组成的社区矫正工作队伍。作为社区矫正工作队伍的成员，社工的主体性与协同性得到了较好发挥。社工进入市司法局基层科、法援处等部门和镇（街）司法所等场景协同开展治理实践。比如，通过人群筛选，为潜在风险、困难、弱势、高危人群建立档案；通过个案管理，及时跟进服务，匹配资源进行扶助帮教；通过动态监测，与基层治保、治安人员协同组成动态监控网络，及时监测动态信息，防范社会风险。在禁毒领域，市民政局协同市禁毒办购买社工服务，社工以协同者的角色介入社区戒毒与康复工作。禁毒社工立足于镇（街），及时掌握动态信息、进行分类服务管理，充分动员社区资源，协助重点对象改变不良心理、生活态度和行为模式，并协助解决就业、生活等方面的困难，陪伴服务对象度过戒毒康复期，巩固戒毒效果，防范复吸发生，大幅提升了治理效能。

（二）社会工作的矛盾化解实践及其治理效能

社会工作已经成为基层社会治理中矛盾化解机制的重要一环（卢俊、陈成文，2020）。鉴于社工的第三方主体性身份优势和协同性专业特长，D市在医务、司法、企业、学校、社区等领域均设置社工岗位，社工运用专业手法有效化解了社会矛盾。比如，在医务领域，D市通过岗位购买的形式，由社会工作服务机构派驻社工到医疗机构开展驻点式服务，社工与医院的信访部门、医政科和医鉴办等建立协同关系，社会工作者运用专业手法"柔性"处理医患矛盾；社工协同投诉者理性处理纠纷，在医患矛盾化解方面发挥重要作用。此外，社工还进驻D市医疗争议专业调解委员会，协同调解员处理医患纠纷。司法社工进驻D市人民法院，通过疏导当事人情绪，促成当事人解决纠纷。在信访工作中，社工协同用人单位做好访前工作及信访协助工作，化解社会矛盾。D市企业社工以政府购买社会工作岗位的方式进驻企业、工业园，搭建政府、社会组织与企业协同治理的格局，形成政府购买服务、企业提供资源、社会工作者提供服务的"三方协同"模式，协同化解劳资矛盾。同时，市总工会打造了由社会工作者协同运营的"先锋号职工服务中心"，并以市"先锋号"为中枢，由市、镇（街）两级工会提供支持，着力构建市、镇（街）、社区（工业园）、企业四级职工服务网络平台。社会工作服务覆盖企业、工会、工业园区等场景，社工为企业职工提供心理疏导、职业规划、子女教育支持、困难职工帮扶等方面的服务，对化解劳资矛盾起到了积极作用。同样，在学校，社工凭借其独立第三方的身份优势化解突发事件中家长与学校的冲突；在社区，社工凭借其独立第三方的身份优势化解干群矛盾、邻里矛盾。由此可见，社会工作通过发挥主体性方面的服务优势及协同性方面的角色优势推进了基层社会治理中的矛盾化解，提升了治理效能。

（三）社会工作的社会动员实践及其治理效能

要建设人人有责、人人尽责、人人享有的基层社会治理共同体，就必须广泛动员社会力量。社会工作的协同性决定了其具有社会动员方面的专业优势。在基层社会治理场景中，社会工作的社会动员是指社工为了增强公众在基层社会治理中的影响力、提高公众贡献度，采取特定的手段和方式引导、鼓励、支持公众参与基层社会治理相关活动的一种协同行为。D市社工积极开展协同实践，广泛动员社会多元主体参与到基层社会治理中，这具体体现在以下几方面。第一，志愿者动员。早在2009年，D市就提出要积极动员志愿者参与社会工作实践，建立社工和志愿者联动机制，明确由市、镇（街）两级社会工作主管部门和共青团组织牵头实施"双工联动"，市团委设立了专门的社工岗位，围绕社工与志愿者联动开展工作。如今，D市志愿者已广泛参与基层社会治理的重要领域，成为基层社会治理的重要力量。比如，在外来人口服务领域，社工发掘企业职工的潜能，组织职工志愿服务团体参与社区节庆、文体、康娱等活动，同时在活动中增进不同群体的互动，促进外来务工人口和本地居民的交流，增强职工的归属感，提升外来务工人口的社区参与度。再比如，在禁毒领域，志愿者是实施禁毒宣传的重要力量，社工动员、组织志愿服务队深入社区、学校、企业、家庭等场所开展禁毒宣传。D市社会工作协会提供的行业监测数据显示，截至2022年12月，社会工作服务机构共登记志愿者46万人，组织志愿者参与服务总人次达177万人次，组织志愿者参与服务总时长达401万小时。第二，社会资源动员。D市社工通过广泛的社会资源动员，完善社会治理方式和机制。比如，救助领域社工通过动员民政、公安、医疗卫生、城管、交通、村委等部门或组织，以及媒体、社会组织、志愿者团体、爱心企业、流浪人员的亲人朋友等，为流浪人员提供纾困解难服务，完善社会救助机制。此外，D市社会工作协会行业监测数据显示，2022年全市承接政府购买服务的社会工作机构中，有19家机构积极联动外部资源，共获得物资或资金资源930多万元。由此可见，社会工作通过开展协同实践推进了基层社会治理中的社会参与，促进了社会治理机制的完善，提升了治理效能。

四　主体性与协同性的"双重弱化"：基层社会治理场景中社会工作的实践困境

目前，D市的社会工作已经实质性融入基层社会治理场景之中，既能在基层社会治理的特定场景中运用专业理论与方法开展服务，又能在一定程度上协同推进社会治理方式与机制的完善，较好地发挥专业社工的社会治理效能。这说明D市基层社会治理场景中社会工作的主体性与协同性均得到一定程度的发展。但若从社会工作深度融入党和国家治理体系的要求来看，基层社会治理场景中社会工作的专业化发展仍然面临着主体性与协同性"双重弱化"的困境。

（一）基层社会治理场景中社会工作的"主体性弱化"

长期以来，基层社会治理场景中社会工作发展面临着专业性与政治性的互动张力。之前，专业社会工作在嵌入原来由政府部门、企事业单位和社区等主导的本土场景开展专业服务时常常面临着"专业化与行政化"的张力（王思斌，2011）。社会工作常被诟病为"独立性"缺失、

"依附性"显著，专业性未得到充分发挥。甚至有研究指出，为了汲取专业技术，基层政府以购买方式与社会组织建立合作关系，然而，基层政府在掌握了专业技术后，可能会选择替代社会组织发挥服务功能并终止合作关系（杨宝、杨晓云，2019）。上述情形在 D 市并没有普遍发生，在 D 市，社会工作在基层社会治理场景中具备一定的主体性，发挥了独特的专业功能，并提升了治理效能。纵观 D 市社会工作 10 余年的发展，可以发现社会工作不仅融入社区、学校、企业、医院等基层社会治理场景中，而且创建了自身独特的制度化实践体系，比如社会工作的服务规范体系、人才发展体系、服务购买体系等，其塑造了社会工作的主体性及专业效能发挥的基本状况。但从社会工作深度融入党和国家治理体系的要求看，社会工作在与基层社会治理场景主导方的互动关系中依然存在着"主体性弱化"的问题。实践中社会工作的主体性不是零和关系中的主体性，而是一种发展、生成中的主体性，通过社会工作的制度安排与专业优势的呈现，社会工作的主体性逐步发展出来，且仍处于持续发展的过程之中。这反映了社会工作在基层社会治理场景中已经构建了主体性，但这种主体性的构建尚未完成。在服务购买的关系中，社工与购买方关系不对等的事实仍将持续存在，社工的被动地位一时难以彻底转变。研究发现，社工在基层社会治理不同领域均不同程度地呈现出被动式的任务导向的工作状态，这导致了社工专业服务的开展受限，也难以全面、有效回应实践场景的深层需求，社工尚未真正成为基层社会治理的积极推动者。具体表现如下。

一是专业面向的"主体性弱化"。D 市社会工作实践的广度已经获得充分提升，在当地社会工作几乎家喻户晓。足够的专业实践广度有助于提升社会工作的社会知晓度，而专业实践的深刻度和精准度则是衡量社会工作专业化水平的重要维度，也是社会工作能否进一步获得社会认同的重要影响因素。整体来看，D 市社会工作实践的深刻度与精准度有待提升。首先，社会工作者的专业实践多聚焦于技术性和操作性层面，忽视了作为服务对象的"他者"以及复杂且多变的实践场景，对服务对象以及实践场景的探究浅尝辄止（王海洋，2023）。社会工作者缺乏对基层社会治理场景中棘手问题产生与发展规律的深刻理解和实践认知，对需要专业介入的问题的分析力与研判力不足，难以制订出具有深刻度和精准度的行动方案，因此难以精准回应群众的深层需求，影响了其社会治理效能的发挥。其次，在"大社会工作"发展格局下，除了继续开展针对弱势群体和困境人群的服务外，也要关注并开展针对更广泛群众的专业服务，这对社会工作者的专业实践提出了更高要求，即跳出西方社会工作既有的知识范式，基于中国情景，深刻反思与重新界定传统社会工作内涵、边界以及实践中所使用的模式、方法与工具。但实际上，社会工作者习惯性地依赖从西方引进的社会工作知识，机械地使用社会工作的个案、小组、社区等工作方法，总结本土经验与实践知识生产的能力不足。这使得社会工作的介入过于泛化，甚至服务方案设计和具体活动开展出现较为明显的同质化现象（这在社区工作中体现得尤为明显），与基层社会治理场景的精细化需要存在较大的落差，导致了专业实践的"悬浮"，专业实践深刻度和精准度难以提升。服务购买方即使基于政治考虑与任务压力支持社会工作，在实践中也难以进一步发展出对社会工作的实质性专业认同。这导致了社会工作的自主实践空间被挤压，进入一种等待被分配任务的状态，疲于应对被指派的工作，难以具有主体性地、基于现实情况地、创造性地开展工作，这就必然会阻滞社会工作主体性的进一步发展。

二是政治面向的"主体性弱化"。基层社会治理场景中政府部门通过行政性权威、资源配置、话语引导等方式推动社会工作为赢得认可而不断努力，在此过程中社会工作逐步失去自身专业自主性（文军、方淑敏，2022），出现了社会工作政治面向的"主体性弱化"现象。要在基层社会治理场景中增强社会工作政治面向的主体性，就要缩小社会工作的专业性与基层社会治理场景的政治性之间的距离。在调研中发现，D市社会工作者大多能坚守专业性，也会将政策传递给服务对象或将政策转化为资源输送给服务对象。但社会工作者的政治敏感度不足，对传统社会工作向"大社会工作"转变的理解有限，对基层社会治理相关政策与制度的学习多停留在操作性层面，缺乏对政策进行深度了解和扩展式学习的动力，进而导致社会工作者对基层社会治理的政治性内涵的理解不够深入和精准，这加深了社会工作专业性与基层社会治理政治性之间的鸿沟。社会工作实践是一种基层社会治理场景中的实践，若对所置身场景的政治敏感度不足，则会导致社工在与服务购买方互动时处于被动位置，这会强化服务购买方的主导性，弱化社会工作的主体性。

（二）基层社会治理场景中社会工作的"协同性弱化"

社会工作的协同对象主要包括服务人群、社会组织以及经济组织等社会力量。从理论上看，在基层社会治理场景中，各行动主体不但要找准自身的角色定位，而且需要构建与其他行动主体之间的协同网络。然而，在实践中，社会工作无论是服务协同，还是行业协同，抑或是社会协同，都面临着"弱化"的困境，从而制约了其协同治理效能的发挥。

一是社会工作的服务协同"单向化"。社会工作专业性的发挥依赖于对服务人群建立"增能"，而增能目标的达成条件是社会工作者与服务群体建立协同性专业关系。在协同性专业关系中，社会工作者常扮演直接服务者、资源整合者、社会动员者等角色，也就是说，社会工作助人活动是在自愿、平等、互益的协同性专业关系中展开的。现实中，社会工作在扮演资源整合者、社会动员者角色时尚能够建立协同性的专业关系，较好地发挥其协同功能，但在扮演直接服务者的角色时，特别是为基层社会治理中的"问题群体"或"弱势群体"提供服务时，社会工作者往往习惯性地将服务群体视为消极的参与者，甚至将服务群体视为弱者，而急于替其做决定，从而建构了社会工作者与服务群体相对单向化、不对等的专业关系。这种通过专业知识单向地对服务群体开展工作的后果是无视甚至弱化服务群体的能力，强化服务群体的被动形象，造成服务群体对外部环境与资源的依赖性增强，这无助于专业社会工作"助人自助"地解决问题。这种服务协同的"单向化"抑制了服务群体自身参与改变的动能，影响了服务群体参与基层社会治理能动性的发挥。

二是社会工作的行业协同"形式化"。基层社会治理场景中社会工作的行业协同主要涉及社工行业协会、社工服务机构以及高校社会工作系所等。社工行业协会负责社会工作行业协同。D市社工行业协会包括市级社会工作协会以及镇（街）级社会工作协会，各级社工行业协会努力推进区域内社工的行业协同，试图通过行业协同整合区域内的社会工作专业资源，凸显社会工作专业优势与效能，促进社会治理方式的完善。比如，D市社会工作协会对全市社会工作服务点进行梳理，对社会工作督导进行统一培育与管理等。然而，社会工作协会作为社会组织，对服务购买主体与社工机构并没有实质行政管理权力，因此难以协调不同社工服务购买主体的需求，社工机构面对行业协会的协同也常避重就轻，导致这种行业协同具有"形式化"特征，难以实质开展。此外，由于政府购买社工服务的竞标机制，各社工机构间形成了资源竞争的关系，社工机构常处于各自为营的状态，这导致基层社会治理场景中分散的、隶属不同社工机构的专业力量难以在实质上相互协同、聚合力量。社区社工服务站点受所在镇、社区利益牵制，其行动多需切合驻地需求，基于机构或行业协会的协同工作若与社区需求不吻合，也难以实质推进。高校社会工作系所与社会组织的协同育人机制多流于形式，常限于实习、就业等方面形式上的合作。

三是社会工作的社会协同"短视化"。社会工作的社会协同主要是指社会工作与社会力量（主要包括经济组织、其他社会组织等）的协同，这种协同有助于完善社会治理方式和机制，提升治理效能。社会工作实务模式均强调跨专业协同（陈蓉蓉、姚进忠，2021），社会工作协同治理功能的实现，依赖于与社会力量建立紧密的协同关系。各级党委社会工作部门的组建和"大社会工作"格局的构建，对基层社会治理场景中社会工作的协同性提出了更高要求；此外，基层社会治理现代化也要求社会工作同多元的社会力量构建持续稳定、深入发展的协同关系。然而，现实中的协同总体呈现"短视化"状态，其原因有两点。首先，理论上社会工作与其他社会组织协同可以促进社会治理方式和机制的完善，实现"社会协同、公众参与"的目标，然而，现实中社会组织之间形成的资源竞争关系，导致协同关系难以维系。因此，如何在参与各方之间达成利益的平衡是一大挑战。其次，社会工作在与经济组织等其他社会力量的协同实践中难以发展出与当地区域和领域需求相契合的长期发展规划，以任务为导向的短期协同又难以凸显社会工作专业优势，也难以平衡相关方利益。特别是在与经济组织互动时，社会工作常处于被动的资源获取地位，协同关系常蜕化为一种"赞助与被赞助"的资源单向流动的短暂关系，从而导致多元参与、合作互惠的社会协同局面难以形成。

五 主体性与协同性同步推进：基层社会治理场景中社会工作发展的目标取向

要充分发挥基层社会治理场景中社会工作的专业效能，就必须尽快走出社会工作主体性与协同性"双重弱化"的实践困境。这就必然要求我们积极提升社会工作的主体性，增强社会工作的协同性，实现主体性与协同性的同步发展。组建中央社会工作部是我国社会工作发展改革的一项重大举措，社会工作部的职能定位对社会工作主体性与协同性的发展具有指导意义。

（一）基层社会治理场景中社会工作主体性的提升

在基层社会治理场景中，基层党组织、基层政府、群团组织、社区自治组织等服务购买主体对社会工作的深度认同主要源于其良好的社会治理效能，而良好的社会治理效能又建基于其主体性之上。因此，只有不断提升专业面向的主体性和政治面向的主体性，社会工作才能更好地预防和解决社会问题，提升社会治理效能。

第一，提升社会工作实践的深刻度与精准度，增强专业面向的主体性。要增强基层社会治理场景中社会工作的"专业主体性"，就要通过提升社会工作实践的深刻度与精准度，迈向社会工作的高质量发展，更好地展现其专业实践的社会治理效能。这就要求社会工作实践既能精准回应基层社会治理场景的深层需求，又能基于场景实践生产本土社会工作知识。首先，增进对基层社会治理场景及服务人群的认识与理解。行动研究方法应为社会工作者所掌握，通过"实践"与"研究"的循环，在实践中深化对基层社会治理场景的认识与理解，在专业介入前或介入中推进对服务人群及其处境的深入探究，增强社会工作者对人的生命细致变化的辨识能力，提升社会工作实践的深刻度与精准度，有效回应实践场景的具体要求以及服务人群的深层需求。其次，推进本土社会工作知识的生产。本土社会工作知识是专业实践的深刻度和精准度的理论支撑，因此要积极总结、整理本土实践经验，构建基层社会治理场景中社会工作的本土实践理论、方法与经验模式，以提升社会工作实践深刻度与精准度。由此，方可走出社会工作被动化和悬浮化困境，扩展自主实践空间，赋能新时代社会工作的主体性建构。在基层社会治理场景中，清晰的社会工作实践内涵与外延，有助于提升社会工作实践的深刻度与精准度，从而使社会工作获得更多的专业自主权。"大社会工作"格局的形成，扩展了社会工作边界，这就要求社会工作实践者和研究者秉持"大社会工作"的思维，在借鉴"他山之石"的基础上，正视中国基层社会治理中的本土实践经验，从党和国家治理体系的高度，聚焦基层社会治理体系及其核心议题，通过系统、深入、持续的行动研究，重构社会工作实践的定位、边界、内涵与外延，推进本土社会工作知识的生产，以获得更多的专业自主权，提升专业面向的主体性。专业面向主体性的提升也必将促进政治面向主体性的增强。

第二，借力"大社会工作"发展态势，增强政治面向的主体性。从中央到地方各级党委社会工作部门的成立，为提升社会工作"政治主体性"提供了制度与组织保障。提升基层社会治理场景中社会工作的"政治主体性"，需要借力"大社会工作"发展态势，推进社会工作专业性与基层社会治理政治性的融合。也就是说，赋能社会工作主体性建构，需要有效整合社会工作的专业性要求与基层治理场景的政治性要求。在中国基层社会治理场景中，政府一直是居于主导地位的关键行动者（陈璐，2022），政社交融的趋势将会更加突出（王伟进、陆杰华，2023），社会工作实践必须实质性融入我国特定的政治场景中。可喜的是，近年来，国家通过增加社会福利和保障方面的财政投入、进一步推动社会工作立法等措施，不断改善社会工作发展的制度环境，保障本土社会工作拥有明确的行业发展路径（何威，2023）。当下重要的是，社会工作者需借力"大社会工作"发展态势，加强政治学习，提升政治敏感度，善用"大社会工作"发展格局下的政策与资源，提升对基层社会治理相关处境与议题的政治分析力，使专业实践既符合社区需求、专业规范，又符合基层社会治理的政治要求，推进专业性与政治性兼容的社会工作实践，改善基层社会治理场景中社会工作与服务购买方的权力关系，促进社会工作政治面向主体性的提升。政治面向主体性的提升也必将促进专业面向主体性的增强。

（二）基层社会治理场景中社会工作协同性的发展

基层社会治理场景中社会工作协同性发展的核心任务是促进社会工作与社会组织、经济组织及服务对象等多元主体围绕基层社会治理议题展开协同行动，推进基层社会治理机制和方式的完善。要探究基层社会治理场景中社会工作协同性发展的路径，就要从提升社会工作服务协同性、行业协同性与社会协同性入手。

第一，深化互为主体的专业关系，增强社会工作的服务协同性。"互为主体"指社会工作者与服务对象是互相构成的关系，双方互相依存、互相影响。因此，社工要置身服务对象的生活世界，充分理解他们的困扰，进而与服务对象共同寻找解决之道；社工在与服务对象相伴同行的过程中发掘服务对象的优势资源，激活他们的动能，使他们的主体性呈现出来；通过社会工作者与服务对象的协同行动，进一步密切两者在双重能力建设中的共生关系（张和清、廖其能，2020）。互为主体的专业关系是社会工作协同性发展的核心，其本质就是协同关系。互为主体的专业关系保障了助人活动在自愿、平等、互益的专业关系中展开，奠定了社会工作实现增能目标的基础；互为主体的专业关系也避免了将基层社会治理中的"问题群体"或"弱势群体"负面"标签化"，避免了社工的"专家身份"使社工与服务对象形成"治疗"与"被治疗"的不对等、单向度的主客二分式专业关系。互为主体的专业关系有助于激发服务对象的行动意愿和改变动能，为服务对象赋能，促进其在协同性发展中达成目标。因此，发展互为主体的专业关系要求社工放下"专业身段"，视服务对象为能动的参与者、积极的改变者，进而建构社工与服务对象的平等协同关系，以激发服务对象的改变动能（王海洋，2017b），培育服务对象的主体性，推动服务对象参与自身或社群问题的解决，提升社会工作的服务协同性，促进社会治理方式和机制的完善。

　　第二，优化行业生态，提升社会工作的行业协同性。要破解社会工作行业协同的"形式化"问题，就需要优化社会工作的行业生态，以提升行业协同性。首先，赋予地方社会工作协会更大的行动空间，提升行业协同性。地方社会工作协会扮演着社会工作行业协同的组织者角色，其协同功能不仅体现在行业发展、人才规划、培养交流、服务监测等方面，我们需要进一步赋能社会工作协会，使其可以在地方行业布局、区域协同等更为宏观的层面发挥更系统的行业协同功能。同时，不同层级社会工作协会之间也要做好协同，如市级社会工作协会与街道或镇级协会之间可以进行纵向的行业协同，以优化社会工作行业的资源配置，进一步聚合社会工作行业力量，提升社会工作在基层社会治理中的实践效能。其次，探索区域社会工作机构间协同的可行路径，提升行业内组织间的协同性。针对社会工作机构间资源竞争带来的协同难这一现实问题，可通过设立"社会工作机构协同网络建设专项基金"，并限定多家社工机构联合申报，来促进社会工作机构间的协同；此外，还可以调整现有以单个机构为主的公益项目申报制度，鼓励多家社工机构基于专业优势互补原则联合申报，通过项目实践将社会工作机构间的形式化协同转为实质性协同。最后，积极推进"校-社"协同式行动研究，提升社会工作机构与社工教育、研究组织间的协同性。协同式行动研究强调在行动过程中，实践者（被研究对象）是协同研究者，研究者参与实践，研究者和实践者有不同的角色和分工（张洋勇，2021）。通过协同式行动研究可以发挥地方社工教育、研究组织的科学研究优势，推动研究者与实践者开展协同研究，加强社工教育者、研究者与实践者基于实践研究的深度协同，由行业的形式化协同迈向实质性协同，提升"校-社"在实务推进、专业建设、人才培养、科学研究等方面的协同性，提升行业协同的治理效能。

第三，立足"大社会工作"发展要求，提升社会工作的社会协同性。中央社会工作部推动建立的"大社会工作"发展格局为破解社会工作与社会力量协同的"短视化"问题提供了思路。首先，中央社会工作部将行业协会党建、商会党建、"三新"组织党建等纳入其职能范围，一方面，这促进了社会工作以政治嵌入和行政吸纳的方式（王佃利、孙妍，2022）融入"一核多元"的基层治理共同体建设中（陈成文、陈宇舟、陈静，2022）；另一方面，中央社会工作部将混合所有制企业、非公有制企业和新经济组织、新社会组织、新就业群体的党建工作纳入其职能范围，还意味着重新赋予企业和相关组织社会治理功能，企业和组织需要承担化解社会矛盾的职能（徐勇，2024）。这为社会工作通过党建引领优化多元社会治理主体间的社会协同机制创造了条件，使得社会工作与社会力量（主要包括经济组织、其他社会组织等）的协同成为双向的社会治理需求，创造了社会协同的实践空间，有效破解了社会协同中的资源竞争与资源单向流动的问题。尤其是通过区域党建，借助党的领导力量，基于区域内不同社会力量的社会治理需求，将各种社会力量有效联结起来，可提升社会工作的协同性。其次，新组建的各级社会工作部门通过职责集中和机构整合，建立跨组织、跨部门的治理结构，统筹协调各种社会工作资源，推动社会工作与医疗卫生、教育、文化、就业、扶贫等领域的衔接（黄晨熹，2023），这为社会工作的社会协同性提升提供了制度支撑。但这种协同又超出了传统专业社会工作的实践边界，需要在参与推进"大社会工作"的实践过程中逐步探索。总之，"大社会工作"发展格局为社会工作的社会协同创造了实践空间与制度支撑，拓展了社会工作专业化的探索领域，创造了更多以社会工作推进社会协同的可能性。立足"大社会工作"发展要求，推进社会工作的协同实践，必能使社会工作摆脱当前单一的"资源获取者"角色，突破社会协同"短视化"的瓶颈，构建基层社会治理场景中多元参与、优势互补、资源共享、协力共进的社会协同机制，助力社会治理机制与方式的完善。

综上所述，主体性与协同性是考察基层社会治理中社会工作专业化发展的两个各有侧重又相互关联的重要维度。主体性体现了社会工作作为基层社会治理场景中一个参与主体所具有的能动性和自主性，而协同性则强调社会工作作为基层社会治理场景中主体之一与其他主体的合作性和协调性。对于社会工作专业化发展而言，主体性和协同性之间相互影响：发展主体性的过程离不开基于协同性的跨部门、跨领域的合作与协调，主体性需要在协同性中得到彰显和巩固；提升协同性的过程同样离不开基于主体性的专业面向和政治面向的能动与自主，协同性需要在主体性中得到支撑与强化。因此，"主体性-协同性"成为考察基层社会治理场景中社会工作专业化发展的一个分析框架。实践表明，在珠三角 D 市 10 余年来对社会工作的探索中，社会工作已在基层社会治理场景中发挥了诸多重要功能，主体性与协同性也在此过程中得以增强，但从社会工作深度融入党和国家治理体系的要求看依然面临着主体性与协同性"双重弱化"的困境。基层社会治理场景中社会工作既要发展自身的主体性，通过专业服务品质的提升，有效预防与解决社会问题，又要提升其协同性，通过协同治理实践，完善基层社会治理机制与方式。主体性与协同性同步增强，才能更好提升基层社会治理场景中社会工作的专业化水平与治理效能，并使社会工作深度融入党和国家治理体系之中。当社会工作积极提升专业、政治面向的主体性与服务、行业及社会面向的协同性时，就实现了主体性与协同性的同步增强，这既是基层社会治理中社会工作专业化发展的目标取向，也是社会工作深度融入党和国家治理体系的必然要求，同时也为"大社会工作"格局下专业社会工作的发展提供了思考的方向。

第八章　社会工作行动研究者的生成历程与协同实践

近 20 年来，笔者深受夏林清老师的悉心引领与教导，在行动研究的学习与实践方面取得了一些进展。2005 年，笔者在山东的实践田野中，通过夏老师的学生接触到夏林清所践行的反映实践取向的行动研究，由此笔者这一小群人便开启了至今已有 19 年的行动研究学习与实践之旅。2009 年，在甘肃的实践田野中，笔者有幸与夏老师相见，并首次获得了当面跟随老师学习的机会。随后笔者所在的团队自主举办了行动研究读书会、青年人行动研究支持计划等项目。这一经历对笔者的专业实践与学术成长产生了深刻的影响。2013 年，笔者开始在 D 市社会工作实务界引入反映实践取向的行动研究，通过行动研究培训、沙龙等形式进行了本土社会工作领域的行动研究试验与探索。这一过程不仅加深了笔者对行动研究的理解，也为笔者后续的专业实践奠定了基础。在博士课程学习阶段（2015~2016 年），笔者选修了夏老师开设的"行动研究导论：叙说与实践"与"家庭与社会：家的社会田野"两门课程，由此笔者开始系统地学习反映实践取向的行动研究。通过这两门课程的学习，笔者进一步掌握了行动研究的核心概念与方法。2016 年 12 月，夏老师亲临笔者在 D 市的实践田野，与笔者所在团队一起进行了团体对话。这次对话不仅帮助团队厘清了毅行社工机构的工作方向与团队成员关系，也为笔者后续的博士学位论文写作提供了具体的指导和建议。从 2016 年底到 2019 年底，夏老师一直指导笔者的博士学位论文写作。他对笔者及笔者的研究田野有着深入的了解，也熟悉笔者所在的团队。在博士论文写作过程中，夏老师始终是笔者重要的田野协同研究者。他与笔者共同开展了 10

次以上的针对研究田野资料的反映对话，这些对话不仅加深了笔者对研究问题的理解，也为笔者的博士学位论文提纲写作提供了思路与指引。基于上述行动研究的学习与实践的积累，笔者于 2019 年成功申请了教育部人文社会科学研究青年基金项目"社会工作实践知识生产的行动研究：以 D 市为例"（项目编号：19YJC840040）。2021 年，夏老师担任笔者的研究督导，笔者成功申请了国家社科基金年度一般项目"中国社会工作的本土化实践知识体系构建及应用研究"（项目编号：21BSH128）。这一项目的获批标志着笔者来到了社会工作学术领域开展行动研究的新起点。

笔者已进入社会工作实务领域 20 年，其中从事社会工作教育工作 15 年。受夏老师的影响，这些年来笔者一直努力在学校和实务场域同时工作着，试图打破社会工作教育、实践与研究之间的区隔，将社会工作教育者、研究者和实务工作者整合于作为社会工作教育行动者的自己身上。这是笔者所定位的社会工作教育者发挥作用的特殊社会位置。以下是笔者对自己作为一名社会工作者的行动研究学习历程的回观。

一 社会工作者的行动研究学习历程回溯

（一）笔者早期的专业认同：在农村的社会田野中触及行动研究

大学时笔者在对专业没有任何概念的情况下进入了社会工作专业，课程中有对社会问题的讨论，当时感觉较为喜欢。后来进入社会工作专业课学习的阶段，笔者对社工实习中的各种小组游戏和实验室模拟活动体现出的"自娱自乐"的专业教育现状感到无聊，并逐步发展出"抵制"心态。这种"抵制"下笔者所积聚的动力的出口是与同学一起组建以农村为实践田野的学生社团，我们称之为支农社团。当时社团与其他学校的学生社团进行合作，随后多校同学一起策划、组织去农村工作，笔者也因此第一次听到"晏阳初"的名字，并于 2005 年从好友大陈手上拿到《晏阳初传》（吴相湘，2001）一书，从此开始了对中国农村改造运动历史经验的了解与学习，学习 20 世纪 20 年代晏阳初及其乡村改造运动实践。从此，笔者好像为自己对专业学习的"抵制"在农村工作实践中找到了历史意义方面的支撑。2005 年 6 月，笔者在山东的一个农村社区见到了跟随夏林清老师学习行动研究的社区教育工作者李老师（当时他在台湾芦荻社区大学工作）。笔者也参加了他开展的行动研究工作坊（行动研究在当时笔者所接受的社工教育里只是一个书本中的概念①），在现场感觉行动研究好像可以更好地推进工作。李老师的行动研究实践比较强调社会改变与团体动能。在行动研究工作坊现场能深切感受到对每位在场者的关照，这种关照既不是简单的轮流发言，也不是为了关照参与者而蓄意地"点名"。那是一种自然的、存在于团体中的舒适感，可能整场下来即使没有发言，也完全不会有走神或被边缘化的感觉。工作坊开展的整个过程中完全没有所谓的破冰游戏或辅助激发动能的活动，但依然可以让人感觉自然，又能有所收获。笔者更深刻地体验到原来行动研究不仅仅是为了发表论文而开展的"学术研究"，更是团体协作的工作方法，其团体协作过程本身也是行动研究过程。工作坊开展过程中强调的"行动中反映""对行动的反映""利之所系动之所在"三个概念一直让笔者记忆犹新，并影响了后来笔者的社区工作实践与督导工作。当时笔者感觉李老师所做的行动研究像社工的团体工作方法，但其比社工方法更自然、有力量和深刻。从此，笔者对行动研究产生了好奇与兴趣，这也成为笔者开展行动研究学习的起点。

反映实践取向的行动研究最早通过高校进入中国，其中一个影响是，它在高校课堂上进入具有实践动能的青年人的视野，随后伴随着青年人学习动能的增强与社会实践的发展而被辨认与承接。而大学生支农社团（如"农民之子"）是反映实践取向的行动研究从高校进入中国社会实践领域的重要载体，行动研究伴随着社团成员毕业后的人生选择而被参与者承接并扩散。

---

① 书中是这样描述行动研究的："行动研究是通过实践并为了改进实践活动以求更好的效果的研究活动。"（王思斌，2006：416）

（二）在发展领域实践中接续行动研究学习

2009 年，行动研究在发展领域兴起，并恰好契合了笔者所在的甘肃一公益团队发展的需要。因此，也就有了笔者后来对行动研究的持续学习与实践。但当时笔者并没有机会对行动研究的不同取向进行认识和辨析，现在回看，其中工具理性的项目逻辑思维实质上影响了我们对行动研究的认识与实践。2008 年 12 月 6 日，在甘肃几家公益机构联合举办的"农村发展论坛"上，笔者以"行动研究与发展工作"为题做了会议报告，当时行动研究被农村发展领域看成一种新的研究方法，这种研究方法主张研究与行动的结合。笔者通过文献梳理发现，对行动研究的理解包括以下三个方面：行动研究的对象是行动本身，这一理解下的行动研究即所谓对行动的研究（research of action）；行动研究的过程是在实践过程中推进实践并不断进行反映，这一理解下的行动研究即所谓在行动中研究（research in action）；行动研究的目的是解决实际问题或改进实践效果，这一理解下的行动研究即所谓为行动而研究（research for action）。当时行动研究被认为对发展项目的有效推进和其中的深入研究具有重要意义（李健强，2009）。笔者还在论坛上介绍了不同于实证范式的批判范式下的行动研究，以及勒温对行动研究的贡献，并对凯米斯的行动研究模型进行了介绍（Altrichter et al.，1997），这也是笔者第一次公开报告行动研究的学习体悟。

2009 年 1 月，甘肃 G 村社区发展项目进入了第一期结项总结阶段，团队积累了一些思考和讨论。恰逢夏林清来了甘肃，大家诚挚请教。夏林清来甘肃是因为当时 L 基金会郭老师的邀请，她借助中国人民大学社会心理研究所与台湾辅仁大学应用心理学系的一个学术交流与研讨机会，邀请身为台湾辅仁大学应用心理学系主任的夏林清教授举办讲座和工作坊，以将夏教授的专业领域——行动研究与团体动力学介绍给当地高校相关学科教师、学生（包括研究生和本科生）以及当地从事社会服务工作的实践者。笔者所在团队负责了夏林清在甘肃开展的行动研究工作坊的组织工作。随后团队与夏林清一同驱车 3 个多小时，赴定西市 L 村的

"社区善治与贫困妇女能力建设"项目村考察。夏教授在第一天的讲解后，又在第二天对 L 村项目点的考察中指出一些切中要害的问题。这种经验与知识上的点拨，也为以后调整项目方式奠定了基础。参加完夏林清的行动研究工作坊、听到他的现场指导后，笔者当时所在的公益团队成员（共有 4 人）都发自内心认同行动研究，并在后来自己主动开展了行动研究工作坊，直到现在，团队的核心成员大多依然在各自的位置上向前探索行动研究。

（三）在教育者的位置，寻求行动研究的学习与实践

2010 年 5 月，笔者的实践场发生了巨大的变动。笔者从中国西北经济后发地区的甘肃来到了作为改革开放前沿城市的广东 D 市，成为一名高校社工教师。此时正值广东（主要是深圳、广州和 D 市三个地区）大力推行"社工专业建制化"，政府投入大量资金建立"政府购买社工制度"，并通过支持社工机构的成立吸纳更多的大学毕业生进入"政府购买社工制度"下设置的职业岗位，因此促成了大多学者所言的"社会工作春天到来的景象"。笔者所在学校的社工专业也是 D 市政府支持成立的。初到 D 市，笔者接触到了丰富的资源和更多的机会，也突然被推上了"专家"（教师、督导、顾问、培训师等）的位置。因为高校工作时间的灵活和宽松，笔者有了一些可以自由支配的时间，同时，笔者之前农村工作的经验也被一部分社工看到和认可，于是笔者便开始忙于各种顾问、督导和培训工作。当时的社工建制化政策所带来的社工就业机会使得 D 市聚集了来自全国各地约 1000 名有着朴实的社工理想、刚毕业的年轻社工，笔者感到经常和一小撮社工混在一起是开心和充实的，也希望就像自己开始社区工作时诸多前辈帮助自己那样，自己可以帮到他们。为了更好地贴近实践，笔者做了以下两个方面的探索。

第一，在社会工作教育者的位置上协同学生成立社工机构，协力发展扎根社区的专业实践。

笔者到 D 市做社工老师的第一年，就鼓励学生成立了学生社团——社工协会。该协会的第一任会长是刘清，他从 2010 年 9 月起就一直和笔

者一起工作。在 2012 年，也就是他大四那一年的 11 月，笔者与他一起成立了社工机构——D 市毅行社会工作服务中心（简称"毅行"）。笔者更想在实践中探索作为社会工作教育者如何能够更贴近实务，成为对实务改善有帮助的社工教育者。于是，笔者与刘清一起选取扎根社区的策略，坚持机构的自主性与追求社会改变的专业精神，开展专业实践。

第二，开展培训，寻找同道中人。

在机构工作起步后，笔者用了两年时间，同步做了三件相互关联的事情。第一件是与 D 市社会工作协会合作，以其之名争取省财政支持，开展独立于既有社工体制的"社工骨干培训"。通过精挑细选，我们选定培训对象。接下来，我们与广州一公益支持机构在多次协商后达成共识，并特邀多位具有多年基层社群工作经验的老师授课。此外，还特别组织开展行动研究①学习沙龙，希望可以总结和发展属于社工的实践知识。培训前半期，学员都会认为前辈们的工作才是真正的社会工作，发自内心地认同和敬佩，培训给学员们带来了社会改变方面的启发，也激发了他们行动的动力。但到了后半期，有人反映，经验很好，但处境不同，无条件"借鉴"；行动研究也很好，但他们没有时间和权力来实践，时间被每天的具体工作占得满满的，上面还有督导和主管管控，很想实践但无法行动。当前更需要的是实用性的小技术、写文案的参考资料和"创新概念"（用于应对项目创新的要求）。虽然笔者清楚经验到自己对社工工具性需求的抗拒，但行动也让笔者更清楚地认识到政府购买社会工作服务体制的牢固性，还让笔者认识到把体制内的工作者拉出体制进行独立的工作是行不通的，协同他们做出改变还必须回到他们的特定处境中。

随后，基于前段工作经验，笔者做了第二件事情：依然坚持希望，转向在体制内通过推行反映实践取向的行动研究做出一些细微的改变。在这一目标下，笔者选择影响见习督导。因为见习督导是普通社工晋升的，他们掌握了一定的督导权力，他们或许有机会被影响。见习督导是从社工中选拔出来的，当时 D 市见习督导总人数为 30 名，是 D 市社工实

---

①　这里的行动研究特指社会改变取向的行动研究或反映实践取向的行动研究。

务界层级体系中的最高级。他们兼具机构管理权力和由体制与香港督导赋予的专业权力。成为见习督导的资格要求是必须从社工专业毕业，被选拔为市一级的见习督导后，他们会被要求必须参与一定学时的培训。在时任 D 市社工协会秘书长李焱林的大力支持下，我们开始从见习督导的培训入手，希望他们可以看见国内草根 NGO 的社区工作经验，可以拓展实践的路径，至少可以让他们理解和支持其所督导社工的"社会改变"的实践。笔者通过多次动员，说服了 D 市社工协会接受改变见习督导培训的方向和思路，由原来计划的香港督导的培训改成行动研究的培训，以发展社会工作的实践知识，培养好的社会工作实践者。该培训历时 1 年，进行了 3 期。虽然笔者能感受到见习督导的认同，但培训内容依然离他们的具体工作较远。见习督导们也反映：这些培训对他们的影响或许更多地体现在未来。但两次培训下来，行动研究在 D 市社工界产生了一定的影响，其中大部分社工认为行动研究比较难，自己难以进入，但依然有一小部分社工表达了对学习行动研究的兴趣和进一步学习的要求。

（四）带领行动研究读书会，自主探究行动研究学习与实践

上文中接受行动研究培训的学员里面，有少部分学员组织了行动研究读书会。大家经常聚会交流，一起读书，彼此支持，小组成员不一定是社工行业里被认定的"明星"或被称为督导的人，但他们都是具有主体性与反映实践者之品格，同时又可以在社工体制的夹缝中寻求改变空间的坚定的实践者。

上文所述培训的参与者中有 30 名骨干成员，来自 D 市不同社工机构、服务领域，代表 D 市社会工作界的一线社工，也正因此，这一次培训意义非凡，在 D 市播下了坚持社工伦理、服务 D 市社工的种子。在培训中，社工们第一次听到了行动研究的具体实践，接触到了行动研究的专家，如王芳萍等，他们把行动研究操作技术，熟练地运用到社会工作实践领域，一些参与培训的骨干成员为之震撼，希望进一步地理解、学习、掌握和运用相关技术。在这个背景下，D 市行动研究读书会应运而生（老熊访谈，2019 年 10 月 19 日）。

D 市行动研究读书会由笔者与一线社工发起，成立于 2014 年 5 月 17 日，以 D 市毅行社会工作服务中心为载体，起初成员为 9 人，后来发展到了 12 人。由老熊负责组织，李社工提供协助，笔者提供专业支持，其余人员两人或三人结成一组相互支持。

当时大家希望以行动研究学习为载体，形成一个相互支持的网络，践行社工专业价值，探索社工本土化实践。因此，我们设计了每月一期的读书会和研讨会，促进行动研究学习，并设计了每月一次的去成员工作场所实地走访的活动，希望能通过彼此帮助，解决成员所面临的困境。同时也安排了每年 2 次的面向社工行业的行动研究沙龙，试图促进 D 市社工对现实处境的反映性思考。我们采取 AA 制的方式解决读书会经费的问题，制定了申请加入和退出机制（行动研究读书会会议记录，2014 年 7 月 1 日）。

读书会希望可以边学习、边实践，在 2014 年下半年，活动进展比较慢，采取每人导读一章然后针对现实工作处境结合每章的内容进行反映对话的方式开展活动。大家能感受到行动研究的魅力。"行动研究不是砍柴的刀斧，用力乱砍，它像一把精致的手术刀，哪里需要挖掘，它就指向哪里。这需要协同探究者有能耐把对谈者没有意识到的关系结构，用对话的形式呈现出来。"（老熊访谈，2018 年 7 月 16 日）。

虽然行动研究读书会只举办了 6 期，但其中也穿插了其他的学习活动。比如参与 D 市督导人才培训班的课程、邀请专家指导读书会进展、实地走访成员的实践现场。直到今天，核心成员们仍会以喝酒聚会的形式，互相进行反映对话，延续行动研究学习的生命。2018 年 3 月 17 日，读书会部分成员（包括笔者）还赴广州参与夏林清老师的行动研究工作坊，现场与广州的社会工作实务工作者围绕工作经验开展对话。受工作坊的启发，回来后笔者协同老熊书写了其流浪救助工作的经验。

（五）返回社区：社会工作教育者置身实践场，开展协同行动研究

培训的经验也让笔者更加清晰地认识到必须返回社区。作为一名社会工作教育者，置身实践场与实践者协同发展彼此是必要的，要让自己

有一个训练场。于是笔者的实践行动全面返回到毅行，在参与毅行的工作中发展自己、培训毅行的工作者、培养学生，这使得对人的发展和影响落回到具体的社区，落回到人与人之间充满细节的长期关系中。这也让我们有机会在体制外创造一种空间，与工作者一同发展另类的社会工作实践。毅行毕竟没有进入政府购买社会工作服务的体制内，团队只能通过努力寻找资源，创造机会，与群众一道面对难题、寻求改变。这使得毅行有机会成为一个相对具有自主性的社会工作实践场，也因此聚集了一小群社工老师、社工与学生，协力发展社会实践，从而积累了一种体制外社会工作实践的经验，包括工人、家庭、社区与团队发展方面的经验。但工作中，我们要面对工人所处的现实环境中涉及资本、流动、阶层的难题，高度商品化的家庭生活与子女养育现实，被人口流动与工业冲击的社区生活，具有社会差异性的团队成员在协作上的困难，以及培养好的致力于社会改变的实践者的难题。这条道路曲折而漫长，但这是我们的选择，它指向的是我们认定的专业实践与生命意义的方向。

二 社会工作者的协同行动研究与专业实践发展： 以 D 市流动儿童社会工作实践为例[①]

针对刘清在专业实践中面对的流动儿童及其家庭的复杂性，以及其自身实践经验不足的问题，包括笔者在内的研究者协同刘清反身整理了其自身的家庭流动经验（详见本章第三部分），以此增进了刘清对流动儿童及其家庭复杂性的理解，进而推进了 D 市毅行社会工作服务中心流动儿童社会工作实践的发展。

（一）流动儿童社会工作实践的批判性回观

广东省 D 市毅行社会工作服务中心所在的工业区面积约为 3 平方公

[①] 本部分内容主要来自王海洋、刘伟清、胡倩《流动儿童社会工作实践发展的路径转向——以广东省 D 市毅行社会工作服务中心的实践为例》，《中国社会工作》2018 年第 31 期，收入本书时已征得刘伟清、胡倩同意，且内容有修改。

里，社区里的主要人群是外来工，社区总人口约 2 万人，流动儿童约有 60 人。毅行社工 2013 年 6 月以来，一直扎根在该社区，探索面向流动儿童及其家庭的工作方法。2016 年之前，毅行社工开展流动儿童社会工作的方式如同大多数社工机构一样，倾向以"外部观点"来认识、理解与界定问题。比如，认为流动儿童社区缺乏公共空间；流动儿童缺乏公共政策和资源支持，多就读于民办学校；父母教育、陪伴、支持力度不够，亲子沟通不畅；流动儿童在生活、学习、成长方面处于被动状态，自我接纳程度低；等等。故而他们更容易将流动儿童的问题简单界定为儿童行为或心理问题、亲子关系问题、教育方式问题等。毅行社工据此开展的儿童工作主要有以下几方面：一是为流动儿童提供学习及娱乐的公共空间，丰富其课余生活，增强其学习积极性，提升流动儿童的自我价值感；二是增强流动儿童的权益保护意识和安全意识，减少儿童安全隐患；三是通过家访、个案跟进、亲子活动等，转变家长固有的教育理念，增进孩子与父母之间的互动，改善亲子关系。

上述儿童社会工作实践中存在一个行动背后的价值假设，即中产阶层家庭的儿童养育方式是好的。这种"外部观点"下，中产阶层家庭对于"好"的标准左右着社会工作的行动设计和实践走向。具体而言，所谓"外部观点"，是指认为上述工作内容与方法可以放置到任何一个流动人口社区的儿童工作中，且具有一定的正当性。这种普遍的工作做法和经验，其实是去在地化的、脱离了具体的流动儿童的经验，更多的是追求一种"意识形态"中的对儿童生活的好的想象，体现出一种对于流动儿童工作"政治正确"的追求。因此，这类工作经验，使社会工作者在行动中逐步形成了一种对好的家庭以及儿童生活的标准或幻想。这种标准是以中产阶级家庭生活为基准的，比如认为儿童的成长需要有充足公共空间、亲子沟通良好、学习积极性高、朋辈关系友善等。当然这样的标准本身不能说有问题，但是，一旦这样的标准被视为看待家庭形态和经验的唯一视角，那么，现实中许许多多的流动儿童家庭都将永远无法达到这样的标准。如此一来，这样的正常生活的标准本身就成为或制造了问题。刘易士（2004）指出，对贫穷痛苦的记忆、性道德方面的污名、对家庭图像的负面标签，都使贫困者辛苦、受罪。对外出打工的流动儿童家庭而言，他们完全不符合中产家庭的图像。但若依中产阶级家庭标准框定何为正常家庭，流动儿童家庭往往会自我标定或被他人标定为"问题"，甚至是"社会问题"。这样问题化的标定其实是对流动儿童及其家庭因不可避免的社会变迁影响所遭遇的生存艰辛、苦楚的污名化，也是对他们的不公。

（二）返回流动儿童的"家庭经验"：看见流动儿童及其家庭的复杂性、真实性

毅行社工运用行动研究方法推进对流动儿童及其家庭的认识历程，从而创造了流动儿童社会工作实践转向的机会和空间，获得了关于流动儿童及其家庭的复杂性、真实性的经验材料。流动儿童家庭具体表现出以下几种特征（属性）。第一，家庭居住空间的压缩。多数流动儿童与父母（有的还有老人）长期共居在 20 多平方米的单间公寓内，每月房租支出在 300~500 元。第二，身为基层劳动者的父母。流动儿童的家长多在工厂里上班，母亲一般是鞋厂、电子厂的工人或文员、保洁员，经常加班，工资每月 2000~4000 元，而父亲多是运货员、管理员、技术员等，工资每月 4000~7000 元。第三，流动的劳动与移动的家。社区里的流动人口大多来社区 3 年左右，但是他们多数已经在外打工 10 多年，都有在不同省份、城市流动的经历。第四，儿童在流动与留守的矛盾中生存。受"孩子一定跟父母生活才是好"的主流观念影响，大多数流动儿童的父母会把孩子留在自己身边，随父母的劳动而流动，实在无奈才会把孩子送回老家留守。儿童留守会被认为不好，因为老人教不好孩子。儿童若要流动，又会因父母工作的忙碌和加班陷入二次留守，父母在矛盾中忧虑着。第五，新的"老漂"一族形成。在流动与留守的两难选择下，越来越多的家庭开始"携带"爷爷奶奶或外公外婆一起流动，努力解决上述矛盾，这给老人以及家人间的关系带来了诸多的难题。第六，商业化的教育炒作透支家庭收入。流动儿童家庭的上述六种属性相互交织、相互作用的过程及后果就是生养流动儿童的家庭的真实样貌。社会工作

者的流动儿童工作应从这些具体的经验出发，以探索该类流动儿童社会工作开展的可能空间。

（三）流动儿童社会工作实践路径转向：看见劳动与发展社群

毅行社工通过协同探究、反映对话等行动研究方法，对过去数年的工作经验与困难进行了梳理与对话，逐步意识到过往工作集中在儿童照顾服务与儿童及其家长人际关系发展上的局限，使社会工作者脱离了劳动和基层工人的现实家庭处境。反映对话后毅行社工选择聚焦于流动儿童社会工作中的社会教育，将其作为未来行动实验的起点。流动儿童是没有条件和机会复制中产阶级教育模式的，然而现实生活中，家长却被对培训、教育的商业炒作误导，疲于模仿主流社会里孩子的教养方式，其后果是背负了经济压力、心理负担，也挤压了本来就小的家人关系调节余地，导致夫妻、亲子关系紧张。毅行社工通过反映对话逐步厘清了流动儿童社会工作的实践发展面向，其中对社会工作者而言具有实践性的是返回家庭、看见劳动与发展社群。具体而言，这样的儿童社会工作对教育问题的介入不同于学校教育，也不同于商业教育机构开展的对学校教育的补充教育，同样不是对儿童的照顾，而是一种基于每个人生活处境和条件的生活教育，因此需要通过返回家庭、看见父母的劳动，让亲子在关系中相认，寻求另类的儿童发展与成长的空间。在生活中、在劳动中、在父母与孩子的相互认识中，增进家人对彼此的了解，朝着符合基层家庭条件和所拥有的机会的、家长与孩子自主的社会教育实验之路迈进。在之后的活动设计中，要以促进儿童看见父母劳动为重要维度。具体的活动有以下三种。一是小记者调查活动——组织孩子了解父母的工作与家庭。3~4人一组，每次选定其中一个儿童的家庭，通过走访的形式让孩子调查、了解父母的劳动，以此为经验材料，开启儿童及家长的社会学习历程。二是儿童戏剧。目的是利用儿童小记者调查活动中对父母劳动、家庭经验的了解，来进行社区展演，增强和提升儿童与父母关系的韧性和厚度。三是家长经验工作坊。流动儿童父母因流动浪潮的冲刷与劳动的挤压，可能将其所受的社会压迫向家内转化，以寻求出口，其后果是家人关系特别是亲子关系中不自觉地产生拉扯甚至折磨。"家"的经验不应因区隔而导向个人主义式的私密问题，而是应该成为帮助家内外人们相互看见并彼此学习的公共材料，以发展社群学习。家应该被看作社会田野，在此基础上才能从根本上发展流动儿童社会教育。

三　社会工作督导的行动研究实践：培养反映的实践者

为引导社会工作者通过探究其个人经验发展出其专业实践的专精性，并同步结合其职业发展规划，推动其探索反映实践者的成长路径，需要激发其主体能动性。我们需协助社会工作者主动、有意识地推进这一探究过程，从而促使其在个人实践经验的基础上，不断精进其专业技能，并明确自身在职业发展中的定位与方向。

在与刘清协同开展行动研究的初期，研究者就明确了推进方向——从对刘清自身经验的探究开始，协同他辨析自身所处的家庭-机构、社区、社群-社会环境等各种不同层次系统中所发生的现象，进而理解这些现象之间的内在关联及相互间的有机作用。在此基础上，研究者协同刘清设计出既贴近社区情况又能有效回应人群需求，同时具有高度灵活性的工作方案。

刘清是笔者教师职业生涯中的首届学生，受父母外出打工影响，其兄弟姐妹陆续外移，最终，自己也成了流动人口群体的一员。2013 年，刘清本科毕业之后，选择成立专注于服务流动工人的社会工作机构（D市毅行社会工作服务中心），与笔者协同探索机构的发展，后来一待多年。他之所以持续投身于这一社工领域，是因为对自身及家族两代人作为打工者所历经艰辛的深刻体认。在保障基本生计的同时，他更希望通过自己的努力，为那些辛勤付出的劳动者带来些改变，这样的工作在他看来是有意义的。这成为他投入实践的起点。

研究者中，王芳萍是笔者的同事，也是社工系老师。王芳萍于 2017 年岁末加入毅行，以协同研究者兼督导的身份，协同毅行团队工作。彼时，她初遇刘清，刘清已非刚入行的"小白"，而是一位成家生子之后，致力于探索如何在小型社工机构中拓宽自身专业实践发展路径的资深从业者。刘清渴望成为一位既能洞察机构发展方向，又擅长运用行动研究方法，稳健引领小团队不断前行的专业社工。

刘清表达了对机构活动现状的深刻思考，他并不认同机构的活动仅局限于在工业区设立四点半学堂，且社工仅限于作为孩子的"保姆"，被繁忙的务工家长所托付。他进一步提出疑问：机构应如何探索并发展出另类的活动形式？回顾过去，外来务工者已通过该机构构建了互助网络，丰富了社交与文化娱乐生活，同时孩子们也在此环境中实现了成长与学习。然而，面对未来，机构需要明确其发展方向，以实现进一步的转化与突破。

研究者们协同刘清以行动研究的方法，对团队的实践经验展开了系统的探究，在对话过程中着力培养刘清对实践行动进行反映性思考的能力。刘清在行动研究的过程中成长变化十分显著，这一过程涵盖了多个方面：在一对一的日常工作督导中，通过对话深化理解；在团队会议中，面对与同事的分歧和矛盾，展现出有效的对峙局面处理能力；参与行动研究工作坊，深入理解和掌握方法概念，并通过实操练习巩固学习成果；梳理个人经验并形成文本，与团队成员分享交流；等等。

刘清在过去的工作中，常因表达不够清晰或思考不够深入而受限。然而，在这次研究的过程中，他获得了一个机会，能够回头细看自己的工作表现，并对其进行进一步的评估与检查。反映对话不只是对话，研究者要追着他的问题对他进行"反映"并刨根问底，让他辨析自己行动背后的问题假设，并考察追问问题的本质。同时，问题又是在行动过程中发展变化的：当事人与他人在互动中是如何共同建构了行动后果的？他对这个后果满意还是不满意？若是不满意，他认为问题出在哪？他是否想要改变自己的行动逻辑？一连串的提问，均要求实践者对自己的行动进行反映，以便看到自身的行动盲点，进而改变看待问题的视框，形成新的认识。由此，实践者才有可能制定出新的行动策略或工作方案。这是反映实践取向的行动研究协助实践者发展的曲折路径。在这一行动研究过程中，刘清不仅深刻感受到其初心与实践的紧密结合，开发出一套旨在改善流动人口家庭关系的活动方案，更为关键的是，他自发地展开了对自家家庭关系的深入探索，逐步厘清了困扰家庭成员间关系的问题的复杂症结。这一过程充分展示了家庭与工作、生活与实践之间的紧密交织与相互促进。具体过程如下。

刘清首先以其个人特质给研究者①留下了极为深刻的印象。在一次驾车接送研究者的途中，他详尽地讲述了自祖辈以来的家庭迁移与发展史。研究者并未将这一叙述视为无意义的闲聊或个人"私事"，而是感知到了他对家庭深厚的情感关切。同时，研究者开始思考刘清的个人经历与他未来职业发展之间可能存在的内在联系。正是这种非正式的互动情境，启动了研究者协同刘清探究其家庭经验的行动研究。

研究开启的契机，是刘清邀请数位毅行的伙伴至其家中聚餐。此番聚会，纯粹基于自然发生的个人情谊，并无工作之考量，却意外地为研究者开启了一扇行动探索的窗口。在刘清的家中，研究者得以看到这位机构总干事在生活中的多面性，他不仅是专业实践场域的核心，亦是家庭中扮演着儿子、兄长、丈夫与父亲等多重角色的个体。值得注意的是，他在上述各种关系的卡顿中纠结。在日后，当刘清向研究者寻求关于改善家庭关系的督导帮助时，"斗室星空：家的社会田野"这一工作方法便成为他探索工作与家庭困扰的双轴探究方法。研究者不仅帮助刘清回顾并审视自己身处的家庭、机构/社区以及更广泛的社会环境等之中的多元经验，而且在这一过程中，始终强调这三者之间的紧密联系，避免孤立地看待任何一方面。同时，研究者在协助刘清面对家庭关系困扰的过程中，也协同他确定了家人关系与劳动处境关联性的探究方向。

刘清家作为一个典型的打工家庭，从农村流动到城市，面临着经济、物力和社会资源的多重挑战。为了维持家庭的基本运转和长远的发展，全家成员不得不共同努力，将家庭功能最大化。然而，在这个过程中，不同小家庭之间的需求与利益差异逐渐显现，尤其是在资源有限、条件

---

① 研究者指笔者和王芳萍。

不足的情况下，家庭成员之间的摩擦和张力也随之而来。研究者协同刘清更加清晰地认识到家庭内部复杂的关系网络和利益格局，从而寻求更好的家庭成员相处之道。在针对刘清家庭展开的行动研究过程中，一个显著的变化在于采用了"多层次社会系统母子盒"的视角来审视和应对家庭内部的复杂关系。这一视角不仅深化了对家庭成员个体处境的理解，还促进了家庭整体利益与个体利益之间的有效联结。在刘清的努力下，家庭成员之间的对话，特别是关于共同承担育儿责任的问题的对话得以深化。这一变化不仅体现了家庭成员之间关系的重构，也证明了个人在多层次社会系统的框架内寻找行动方式的可能性。

课堂作为社会空间中的协同探究平台，为刘清及其家庭经验的提炼与分享提供了重要渠道。通过在不同课堂中的报告与讨论，刘清的家庭故事被赋予了更强的社会性和立体性。这一过程不仅促进了个人经验的沉淀与提炼，还为学生提供了反思自身家庭经验的契机，实现了教学与实践的双重目标。刘清在公开分享家庭经验的过程中，逐渐揭开了包裹在个体身上的多层次社会系统，深化了对自身与家庭、社会之间互动关系的理解。随着研究的深入，刘清开始运用新的视框和行动策略来应对家庭内部的问题。

上述刘清关于改变家人关系的行动研究过程体现了他运用"多层次社会系统母子盒"的视角来辨识和应对家庭内部的复杂关系的意识与能力。通过深化家庭成员之间的对话、公开分享家庭经验以及运用新的视框和行动策略，刘清不仅促进了家庭关系的改善，还深化了家庭成员对自身处境与结构限制的认识。这一过程体现了行动研究作为一种自主社会探究方法的价值与意义，即通过细致分析个体与结构的互动关系、识别自身处境并灵活把握机会展开行动，从而实现改变的目的。

经由家人关系改变的行动研究过程，刘清逐渐形成了自己的主体性发展路径。他通过梳理自己的打工家庭经验，将个人情感、价值信念与服务对象的经验相结合，探索出一条独特的实践道路。在研究者的协同下，刘清在反思过去项目规划与实施中的不足后，开始探索以家长社群为核心的组织性活动设计。他意识到，单纯的活动叠加难以形成持续的影响力，必须构建一种能够促进人群关系建立与发展的活动体系。随后，刘清将家长参与作为活动设计的核心要素，通过设立参与条件、培养家长课程讲师等方式，催化家长对社区公共教育的共同参与。这一创新路径不仅提升了活动的参与度和实效性，也促进了家长与儿童之间、家长与家长之间以及机构与家庭之间的互动和关系建构。他设计的活动不仅关注具体问题的解决，更着眼于社群组织的形成与发展。通过组织家长参与活动、培养家长课程讲师等方式，刘清成功构建了一个支持性的社群环境，促进了家长与儿童之间的共同成长和相互支持。由此可见，刘清的社会工作实践历程展示了专业实践与个人经验、组织性活动设计与社群组织形成之间的紧密联系。

综上所述，经由反映实践取向的行动研究，研究者采取"手把手"的协同方式，与刘清深入剖析其实践行动背后的逻辑架构与潜在假设，进而揭示其未曾意识到或模糊不明的行动模式。此过程促使刘清逐步构建起对实践问题的清晰认识，推动其形成反映实践能力，并据此设计出更为灵活且精准的介入行动。此方法不仅显著促进了刘清专业知识的积累与深化，更为其专业实践发展奠定了坚实的基础。

四 社会工作行动研究的实践效果反馈：刘清专业成长的回顾自述[①]

在过去的数年间，我也曾思考，为何我会投身于社会工作实践领域，并特别专注于为流动人口社群提供服务。回溯至我大二的时候，我时常利用周末时光，追随王海洋老师前往 D 市 Z 镇流动人口密集的社区，参与服务活动。及至暑期，我更组织了社工协会的成员，在那里共同生活，致力于为流动儿童提供暑期服务。

---

① 本部分内容基于 2024 年 6 月 9 日在四川省绵阳市所进行的关于书稿修改的对话中刘清的回顾自述录音资料，经过研究者整理编撰而成。在书稿完成后，该内容已获刘清的确认，感谢夏林清教授在整理过程中的指导。这一部分中"我"是刘清。

大四上学期末，我计划前往 D 市一家新成立的社区综合服务中心担任主任一职，然而在即将上岗时，由于某些因素，我最终做出了放弃的决定。随后，在与王海洋老师的交流中，他启发我思考是否可以探索不同的路径，比如注册机构，以进行更具意义的实践探索。鉴于 D 市社会工作发展现状，特别是针对流动人口社区服务的机构的稀缺，加之我自身在这一领域的实践经验积累，我深思熟虑后决定成立新的社工机构（毅行），以期开展更为自主和深入的实践探索。就在此种信念的驱动下，我注册了社会工作服务中心，这也是我后面实践发展的动力源。

我意识到，我内心深处潜藏着一种价值观念。直至大学毕业多年后，在机构接受王芳萍老师的督导的过程中，我才逐渐能够阐述并理解我职业选择背后所蕴含的价值观念。实际上，我的家庭也是流动人口的一部分，我们迁移到 D 市以寻求工作机会。后来，我选择在 D 市上大学，并在此城市中度过了漂泊的岁月。在从事流动人口服务工作的过程中，我逐渐接触到了众多家庭，逐步将流动人口群体与我个人成长的家庭背景紧密地联系在一起。在夏林清教授的著作《斗室星空：家的社会田野》的启发下，我逐渐关注到了流动人口的劳动经验与家庭经验，也由此开启了我对自身家庭的反身探究。在这样的脉络里面，我也开始变化与成长。我们服务的流动人口家庭多是带着孩子一起生活的。回顾过去，我的父母曾外出务工，将我留在老家，这使我认识到自己与服务群体存在着某种关联。后来因我也有了孩子，我也开始关注流动人口的亲子教育问题，尽管我缺乏实践经验，但是我意识到自身的成长经历对于理解这一领域至关重要。同时，随着行动研究学习的深入，我的反映实践能力得到增强，在督导的协同下，我尝试回看自己在相似年龄段的成长经历与这些孩子的异同，以及我当时的状态。最后，督导要求我书写所接触到的流动人口家庭的经验，由此我开始将自己的经验与服务群体的经验进行对照，自身的经验与服务人群的经验逐步被呈现，基于此，我自觉地将个人经验融入服务的过程中。我认为，在这个过程中，随着我不断书写和反思，我对自身以及服务群体的理解逐渐变得清晰和深刻。

经由行动研究的协同探究，我获得了深刻的改变，清晰地认识到自己生活和工作的关联性。在对生活与工作两个面向的困扰的探究中，我逐步习惯于书写自身经验以及与研究者一起进行经验整理。在这个过程中，我逐渐积累了几方面的重要经验：一是对关系的敏锐感知，二是对行动的知觉，三是对经验的整理。这些经验促使我形成了对实践的辨识能力，并进而实现了行动视框的转变。此种视框的转变让我逐步学会更立体地看我所督导的不同的社工。我慢慢学会从自己的处境出发开始行动。我现在在梅州做督导时，也会开始看见我所督导的不同团体的特点。由于"双百社工"具有多元的专业教育背景，我会从他们的处境出发，去理解他们的关系、利益和需求。我面对被督导的社工会基于他们的处境去协同他们开展工作，思考他们各自利益点在哪里、我应该如何将其编织起来，让他们在兼顾各自利益的同时，找到他们的公共利益点，去推动团队往共利的方向发展。我从被协同开始，慢慢有了改变与成长，现在已经有办法协同社工一起工作。

第九章 社会工作教育的行动研究
与知识生产[*]

在社会工作教育中，师生的实践反身具有知识生产功能。课堂不仅是知识传递的场所，更是师生经验参照与知识共创的场域。专业关系在社会工作知识体系中占据重要地位，它是社会工作实践的基础。教师通过对过往实践中关于专业关系的经验进行反身性整理，为学生提供理解自身、生活社区与未来工作社区之间关系的经验参照和本土知识，从而激发学生探究专业关系的动力。同时，教师和学生围绕探究其与社区关系的相关经验文本进行对话，以此推进学生的学习。当学生的社区经验被有机融入教学过程时，知识与师生的关联性增强。在此教学过程中，学生不仅能够习得专业关系的相关知识与经验，更能体验个人经验与专业知识融合的实践过程，从而促进教育、研究与实践的有机结合，实现社会工作教育的知识生产功能，推动社会工作本土知识的构建。

一 社会工作教育与实践的脱节

中国社会工作实践情境与西方国家存在显著差异。因此，当从西方

---

[*] 本章内容曾以《社会工作"专业关系"的实践反身与知识构建——教学、研究与实践整合的行动研究》（作者王海洋）为题发表于《社会工作与管理》2024 年第 6 期，内容有修改。

国家引入社会工作知识时，这些知识与中国本土实践之间不可避免地产生了张力（文军，2023）。这种张力在社会工作教育领域尤为突出，具体表现为教师传授的知识与学生实践需求之间不匹配。其根本原因在于社会工作知识与其生产者、使用者之间脱节（侯利文、徐永祥，2018）。传统的教育模式注重知识的客观性。在教学过程中，教师往往聚焦于对既定知识的传授，而较少呈现这些知识如何受到其个人学科背景、价值观与成长经历等因素的影响。同时，教师对知识的生产和传播情境、其自身是否曾实践这些知识以及实践中遭遇过哪些挑战等，也缺乏充分的反思。这种教学方式容易导致教学内容与教师主体经验相脱节。学生也倾向于将教师在课堂上所传授的知识视为一种"真理性"的存在（杨静，2014），而未能充分认识到这些知识背后所蕴含的复杂性、多样性与不确定性。同时，这些知识也未能贴近学生的实际经验，使得学生在学习过程中难以充分发挥主体性，导致学生所学知识与实践之间出现脱节。在2010年，笔者成为珠三角地区 D 市高校的一名社会工作专业教师。彼时，正值当地政府推行社会工作制度初期（王海洋、尚静，2024）。在此背景下，笔者有机会参与督导工作。在督导过程中，笔者努力贴近实务，试图成为对实务改善有帮助的社会工作教育者。笔者深信，唯有通过不断地积累实践经验，才有可能让自己更有底气地返回课堂，开展有效的专业教育。为此，笔者与学生共同创办了小型社会工作机构。在以机构为依托的专业实践过程中，团队深入探索社会工作者与服务群体之间的关联性，设计并实践了社会工作者生命方案与专业实践方案的整合路径，致力于将社会工作者的工作转化为有意义的行动。重要的是，笔者深刻感受到社会工作者和服务群体深度融合的专业关系的力量，体认到反身探究社会工作者的自身经验对专业实践的意义。上述实践经验推进了笔者对自身教学实践中知识与实践（学与用）脱节问题的思考。由此，笔者试图通过专业关系的实践反身，探索教学知识与专业实践的整合路径。

实践反身与专业关系知识生产的相关研究主要包括两类。第一，实践反身与知识生产的相关研究。现象学强调教学过程可以发展为师生共同创造主体性知识的过程。值得一提的是，除了教育学外，社会工作领域也有研究关注课堂教学中的知识生产，这些研究指出课堂不仅是知识传递场所，更是师生知识共创的场域（杨静，2017）。女性主义、后结构主义、批判理论均强调个人经验对于专业实践与知识构建的重要性（丁瑜等，2023），社会工作者个体可以通过与社会结构的互动发展专业自我（费梅苹、杨瑛，2023）。批判主义范式强调知识生产源于生活实践，反身性在社会工作知识生产中具有重要价值（侯利文，2019）。反身性表现在行动者有意识地对自身行动、他者、场景及其交互作用进行辨认与理解的自我对话和回观的循环过程中，这是一种以自身为主体的"反馈循环"的认识历程。因此，反身性可以通过自我了解与改变，推动对社会的了解与改变（肖瑛，2021：171）。反身性是连接个人主体性和社会公共生活的桥梁（彭善民等，2018），可以揭示时代对个体的熏染。行动研究的反身性关注行动者对其实践经验的反身探究，这可以简称为实践反身。对于行动者而言，实践反身是其专业实践发展的重要任务，也是获取实践知识的重要路径（王海洋等，2019）。

第二，社会工作专业关系的研究。一般而言，社会工作专业关系是指社会工作者和服务对象之间的一种职务关系，而非私人关系（吴帆、吴佩伦，2018）。诊断学派认为，专业关系是专家与案主间的客观、理性、单向服务的关系。功能理论强调，社会工作的专业关系是双向互助的关系，类似于教学相长的师生关系（Turner，2017：223-239）。自我心理学认为，专业关系是一种主观的、信任合作的助人关系（Goldstein，1995：201）。关系视角的社会工作强调专业关系是互惠性的关系，认为在理想的专业关系中社会工作者与服务对象相互正向影响（童敏，2019：300~302）。就专业关系的类型而言，本土研究提出了互为主体性的专业关系（张和清、廖其能，2020）、反映性实践的专业关系（王海洋，2017b）、友伦之"善"的专业关系（赵万林，2021）等不同类型。在专业关系构建方面，有研究提出了专业关系的情境化建构（杜平，2020），以及从时间、空间和价值三个维度进行专业关系构建（刘玲，2018）等。

上述研究为深入探讨实践反身与专业关系的知识生产相关议题奠定了基础。一方面，这些研究指出，社会工作教育应当回归对教育者与学习者的关注，促进社会工作知识与其生产者、使用者之间的整合。然而，大多数研究仅限于理论探讨，缺乏将社会工作专业知识与教学主体——教师和学生——有效结合的实践路径研究。关于师生协作进行知识生产的研究，主要集中于教育学领域，而在社会工作领域，基于师生主体经验的知识生产研究则显得相对匮乏。另一方面，既有专业关系相关研究多集中于个案工作、小组工作等领域，针对社区工作的专业关系讨论相对不足。此外，社会工作的专业关系往往错综复杂（何雪松等，2024），这一特性在中国本土社会工作实践的深入发展过程中尤为明显。随着实践的深入，专业关系与非专业关系的边界日益趋于模糊化，既有的专业关系理论难以适应本土专业关系的复杂性。因此，在专业教育过程中，师生应从自身主体经验出发，协同探究关于专业关系的本土经验与知识，这是推进中国社会工作自主知识生产的有益尝试，也是实现社会工作教育高质量发展的重要课题。鉴于此，本章试图通过师生的实践反身，研究社会工作专业知识与教学主体（教师与学生）的整合路径，提炼关于社会工作专业关系的本土知识，并以此为切入点，寻求社会工作教育存在的知识与实践脱节问题的应对之策。

二 师生实践反身与知识构建的理论框架与行动研究方法

（一）理论框架

在教育过程中，教师的学科背景、价值观与成长经历等个人因素无疑会对其知识传授产生影响。教师是选择"排除所有复杂性"，保持价值中立地传授"客观知识"，还是直面教室的复杂性，关注知识与教室实际情况的连接，在解决教室里学生问题的过程中探索社会工作的知识（杨静，2014）？这是两种知识范式的争论。从实证主义的知识范式看，在教学过程中所传授的知识被视为客观存在的知识。然而，保罗·弗雷勒在其著作《受压迫者教育学》中，对传统教育模式进行了批判，他指出传统的教育中"教师教，学生被教""教师是拥有知识的权威，学生是无知、被思考的对象"，教师是学习的主体，学生只是客体，由教师将知识传递给学生（弗雷勒，2013：109）。然而，若从现象学的视角进行考察，我们不难发现，教学过程中知识的传授并非单向地将知识从教师传递到学生，而是一个由教师与学生共同参与、共同创造知识的双向过程。这一过程体现了主体性特征，其中教师与学生均被视为教学活动的主体。他们通过对话，共同构建并诠释知识。值得注意的是，此处的知识不是静态的，而是动态的，它随着教学过程的进行而不断地被重新创造和理解。要实现共同创造知识的教育目标，就要求教师能觉察到同时独立存在且相互影响的两种关系：第一，教师与其喜欢或想探讨的理论的关系；第二，教师"教"与学生"学"的关系（夏林清，2000）。舍恩以对话的隐喻与反映思考的方法协助实践者（研究者）区辨行动者和理论、对象及其自身的关系（舍恩，2007：63~87）。行动研究者不应轻易混淆自己与理论、对象的关系层次；唯有如此，行动研究才能建立在以实践者为行动主体的探究逻辑上（夏林清，2000）。

Bell Hooks 从自身的经验出发提出要建构批判反思的主体性方法和观念，她认为教师应该是投入学生经验的教师（engaged teacher）（Hooks，2009）。"投入学生经验"的观念强调教室作为一个社区，其内部蕴含着地域、文化、经济等方面的差异性。在教室中，我们必须摒弃认为教师无所不能、无所不知的传统偏见，转而认可学生在自身经验上的权威性。换言之，学生应被视为其经验的主动探究者，而教师则转变为协同探究者，与学生共同探索知识。课堂因此成为教师与学生相互学习的场域，其中，教师的经验与学生的经验相互融合，共同构成知识建构的重要组成部分（杨静，2017）。社会工作教育的本土化与情境化转向应当更加重视社区情境（张洋勇、徐明心，2022）。社会工作教育需要回归日常生活，除了回到服务群体的日常生活外，更需要回到学习者的日常生活经验中，通过课堂中的经验对话，把学生的日常生活经验引入课堂内（童敏，2006）。在课堂上，教师应当发挥引导作用，促使学生认识到日常生活世界中面向社会工作的经验，然后根据其自身意图进行有选择的学习与知识构建。这种知识构建体现了生活经验与社会工作知识的相互融合，从而使社会工作者能够更加有效地投身于助人实践（苗怀宁，2013）。此外，社会工作教育的日常生活回归并不应该只停留在生活经验的表面，还需重视日常生活背后的文化与政治意涵，把握日常生活经验中的结构性维度（张和清、徐菲，2022）。综上所述，本章认为在专业教育中，教师与学生的主体经验应当占据重要位置。通过在教学过程中的实践反身，教师与学生可以协同探索并提炼实践经验，从而构建本土知识。在这个过程中，师生不仅学习和运用专业知识，而且不断地重构和扩展本土的经验与知识库。图 9-1 是师生实践反身与知识构建的理论框架。

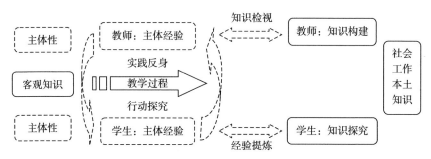

图 9-1　师生实践反身与知识构建的理论框架

从图 9-1 可知，在教学过程中，教师首先以其自身的主体性为基点，反身探究过往专业实践中的经验，检视其中蕴含的知识要素，进而对自身既有的碎片化专业知识进行系统化构建。同时，学生亦立足于其主体性，在教师的协同下，反身探究自身的生活经验，并对这些经验进行提炼，从而促进其专业学习。这一过程不仅促进了专业知识与教学主体（教师与学生）之间的融合，还吸纳了师生多元的社区经验，丰富了专业知识的本土意涵。总之，在教学场域中，教师的工作不再仅限于传授客观的专业知识，而是基于教师与学生主体性，通过双方的实践反身与行动探究，在提升学生专业学习深度的同时，与学生协同构建蕴含教师与学生主体经验的本土知识。

（二）研究方法：反映实践取向的行动研究

行动研究要从研究作为一名特定处境中的行动者的自己开始。反映实践取向的行动研究是为了增进行动者对实践及其发生情境的理解而开展的一种反映探究（陈向明，2023），是实践者对自身行动的研究，它关注行动者的主体经验（王海洋等，2019）。反映对话（reflective conversation）与协同探究（collaborative inquiry）是反映实践取向的行动研究具体的操作方法（舍恩，2007）。反映对话要求行动者辨析隐藏在其行动背后的问题假设、推理历程、行动过程，以及实践者自身和他者的处境、关系脉络及其背后的差异结构（舍恩，2007）。协同探究是研究者与当事人共同投入其中的行动研究历程。行动研究者要视研究对象为共同参与者，并要能创造出一个学习场域，以使双方共同投入社会实践、协同探究社会实践中的处境和问题（夏林清、郑村棋，1989：124）。行动研究者与当事人一起通过反映对话与协同探究，推进实践的发展与知识的生成（王海洋，2023）。

实践反身是笔者对反映实践取向行动研究实践路径的命名。它指的是行动者通过反映对话与协同探究，对自身以及过往实践经验进行回溯整理与反身性探究。实践反身的目的是通过对行动者过往实践经验的反身性探究，深化其对自我、实践活动及其发生情境，以及这三者间复杂交互作用的理解与洞察，以此增强行动者的行动敏觉力，从而促进实践改善与知识生成。本章旨在从师生的主体经验出发，经由教学过程中的实践反身，提炼实践经验，构建本土知识。因此，师生反身叙说自身的主体经验是教学过程中的重要环节。本章将课堂教学、学位论文写作以及职业发展三个环节关联起来思考，以此设计与推进专业教学。研究资料主要来自笔者对过往实践进行反身探究时形成的文本、笔者所教授社会工作专业课程"社区工作"的学生课堂作业《社区生活经验的反身探究》等文本、学位论文写作过程中的资料等。为了聚焦研究问题，本章特选取了生活在珠三角的本地学生为分析对象，从专业关系面向出发，探究社会工作者与社区以及学生与其生活社区的关系中所蕴含的关于专业关系的本土知识。

三 教师的知识构建：专业关系的实践反身与知识检视

基于实践田野的参与，笔者的反身性得以增强，由此助推了自身对过往实践经验的反身探究，即教师的实践反身。教师的实践反身需要回看过往实践历程，从中提取实践经验并对其进行知识检视。本章以专业关系，即社会工作者与服务对象或社区之间的关系为探究轴线，尝试对笔者过去 20 年中主要参与的三类实践进行实践反身，并从知识来源、形成过程、表现形态、内涵特征、条件范畴、社会功能等维度提炼其中所蕴含的知识元素。

（一）共在型专业关系：乡村建设的实践反身与知识检视

首先是共在（do with）型专业关系的知识来源与形成过程。在 20 世纪 90 年代的中后期，"三农"问题逐渐凸显，成为一个严峻的社会议题。众多大学生开始将目光投向这一领域，积极参与到乡村建设中，这被称作"新乡村建设运动"。之所以称之为"新乡村建设运动"，是因为其参考了 20 世纪二三十年代晏阳初、梁漱溟等人主导的乡村建设运动的经验（张慧鹏，2024）。大学生下乡支农是新乡村建设的重要实践方式（张剑、亓媛，2017）。2003 年，笔者参与创立了以农村为实践田野的大学生支农社团。支农社团的成立直接受新乡村建设运动的影响，笔者在亲身实践中学习了乡村建设的历史经验。晏阳初曾提出"大学教育与乡村建设运动相结合"的思想，旨在使大学生在学生时代的生活方式趋向"农民化"，以便他们毕业后可直接进入农村服务（晏阳初，1989）。这使当时读社会工作专业的笔者在农村工作实践中找到了专业意义方面的实践支撑，也打开了将乡村建设的历史经验、当代实践与社会工作知识融合起来的视野。

　　其次是共在型专业关系的表现形态与内涵特征。2005~2007 年，笔者以志愿者及兼职工作者的身份，参与了山东 Y 村①的乡村教育实践。在此期间，笔者见证了新乡村建设实践者大陈②，一位刚毕业的硕士生，带领团队全身心投入乡村建设实践的过程。他高度认同此项实践的意义，并视其成功为人生理想。乡村建设实践场所在村小学内，工作者③多居住于此或住在村内，并希望能长期住在村里。他们相信"欲化农民，需先农民化"，因此努力"成为村民"，与村民建立长期的关系。在日常工作中，笔者常随大陈到村民家访谈、开会。第一年春节，笔者与大陈在村中度过，以加强与村民的联结。大陈选择驻村开展工作，是因为他认为短期下乡不接地气，没有真正融入农村；较为彻底的工作方式是长期投入于农村生活中，真正做到"与农民在一起"，建立共在型的关系。这成为"到农村去"这一理念的生动例证，是一种与农村、农民的认同联结。之后应山东 S 村村民的邀请，笔者到 S 村协助农民合作社工作。笔者驻村半年，借住在村中闲置的新房，参与农田劳动，全力投入，置身于农民生活和劳动现场，认识了农村现实处境与在地经验。在当时缺乏社会工作本土实践的处境中，笔者有机会发展出对社会工作实践的本土认知与专业认同，亦对社会工作的专业关系进行了本土诠释，体认到社会工作应与人民群众紧密合作。这种对专业关系的诠释与亚当斯（Jane Addams）倡导的社会工作的社区传统相呼应（张英阵、郑怡世，2012）。

　　最后是共在型专业关系的条件范畴与社会功能。回顾历史可以发现，乡村建设运动的实践者多是致力于社会改良的知识分子，比如，晏阳初的定县试验聚集了 500 多位知识分子，当时媒体称之为"博士下乡运动"（景军，2018）。他们创造了知识分子与农民群众相结合的历史，让更多有觉悟的知识分子投身于为平民服务之中，让知识成为人民的知识，让

---

①　本章对所涉及的社区做了匿名处理。

②　本章对所涉及的人员做了匿名处理。

③　尽管乡村建设与社会工作之间存在不小的重叠领域，但新乡村建设实践拥有其独特的发展脉络。该领域的实践者通常自称为"乡建人"或"工作者"，而非"社会工作者"。因此，本章选择使用"工作者"这一称谓，以更准确地反映实践者的真实身份。

知识分子成为人民的知识分子，这是一种上仰星空、下接地气的精神境界（钱理群，2018：536~539）。在 Y 村实践的大陈怀着对农民的质朴情感，他将建设乡村视为理想，在没有获得任何资金支持与体制保障的情况下，自发住进村里，开展乡村教育实践。启动资金是大陈向其父亲借的，后期经费也多依赖个人感召获得。他的行动赢得了农民的信任，村民们不仅积极参与，还无偿提供了乡村教育场所。

总之，要构建一种共在型的专业关系，就要摒弃知识分子的傲慢态度和既定观念，以真诚和谦逊的态度向农民学习，将农民的经验融入实践之中，与他们共同推进工作。这正是"从群众中来，到群众中去"工作方法的生动体现。"共在"型专业关系的知识检视如表9-1所示。

表9-1　共在型专业关系的知识检视

知识来源	形成过程	表现形态	内涵特征	条件范畴	社会功能
乡村建设历史经验、新乡村建设实践	历史经验挖掘、当代实践经验积累、知识融合	驻村、全力投入、成为村民	长期性、共生共存、认同联结	知识分子、农民信任、个体感召、民间自发	社会改良

（二）协作型专业关系：参与式社区发展的实践反身与知识检视

首先是协作型专业关系的知识来源与形成过程。参与式发展（participatory development）起源于对二战后国际发展组织援助项目的反思，揭示了发展援助工业系统的内在冲突。一方面，这一系统的维护者坚持启蒙时代以来的"发展与进步"观念，继续以现代性殖民发展中国家人民的生活世界；另一方面，他们又受到来自反对人民生活世界殖民化的思潮的压力。因此，他们在20世纪80年代末期提出了"参与式发展"这一折中策略（朱晓阳，2005）。其认为社区发展的迟缓可归咎于居民未能充分参与社区发展过程，以及社区本土知识未受到应有的重视。参与式发展试图通过引导当地居民的参与，为其赋权，使其成为社区发展的主力。为了实现引导居民参与的目的，诸多操作工具被研发出来，其中参与式乡村评估（participatory rural appraisal，PRA）就是一种典型的操作工具。借助相应操作工具，项目人员①可以高效地与当地人共同参与计划制订与实施，以及持续地监测计划实施进程（朱健刚等，2023）。在 2000 年前后，西方的参与式发展经验开始被引入中国。随着发展组织的实践推动，西方经验在中国本土实践中不断地被调整和修正，以适应中国的具体情境（朱健刚、胡明，2011）。

其次是协作型专业关系的表现形态与内涵特征。笔者曾连续两年参与西北地区农村发展项目，这一经历为笔者深入理解参与式发展的本土实践奠定了基础。下面，笔者以 2007～2008 年自身所参与的西北地区 G 村社区发展项目为例，呈现参与式发展在社区的实践样貌。参与式发展着重于对社会议题（问题）作出回应，贫困问题乃其关注的核心议题。因此，项目人员选点遵循"贫困中的贫困"标准，我们选定了当时（2007 年）的国家级贫困县中的贫困村：G 村。通过田野调查和参与式乡村评估，项目内容被确定为"人畜饮水工程""种植养殖发展"等。项目内容确定后，项目人员到村里组织社区会议，向村民详细介绍项目内容，并听取他们的反馈和建议。随后，通过村民代表投票，选举出项目实施小组成员。在这之后，项目人员协助村里的项目实施小组对项目进行推进、监测与评估。项目人员的角色定位是协作者，强调对村民的协助，而不是直接服务，希望通过村民的参与，实现为村民赋权的目的。在项目实施过程中，工作人员采取短期"下乡"的方式，"下乡"工作时间一般为一周左右，一般住在农户家，其他时间通过电话保持沟通。为了提升短期"下乡"效果，参与式发展除开发一系列辅助工具，比如快速农村评估等工具外（卢敏等，2008），还强调项目管理、监测与评估等环节，以确保项目实施的效率、效益与效能。需要强调的是，项目在完成既定目标后即告一段落，因为项目的资助具有明确的周期性。这拉大了

---

① 尽管参与式发展与社会工作领域存在交集，但参与式发展的中国本土实践已形成其特有的发展路径。该领域的实践者通常自称为"发展工作者"或"项目人员"，而非"社会工作者"。因此，本章选择使用"项目人员"这一称谓，以更准确地反映实践者的真实身份。

工作者与社区在关系上的距离，形塑了一种相对理性的职业关系。

最后是协作型专业关系的条件范畴与社会功能。2007 年，上述项目选定 G 村作为实施地，此举实际上与当时乡政府为解决社区贫困问题所采取的措施相契合，因而得到了政府的积极支持。当时的项目资金对于 G 村而言，是一笔可观的扶贫资源。这笔资金的注入为 G 村的经济发展与基础设施建设带来了实质性的改善，进而增强了村庄接纳项目的意愿。在家庭层面，获得生计项目资助将有助于提高家庭的经济收入，这一经济利益使村民们更加珍惜这个机会，并积极参与其中。值得注意的是，项目人员在每次"下乡"开展工作之前，都必须先行拜访政府相关负责人，以确保他们对项目实践的知情同意与支持。此外，项目人员多是社会发展领域的职业工作者（孙国媛，2020）。因此，这一专业关系的建立与维系是以职业伦理为前提的，体现了西方社会工作秉持的价值中立专业关系的界限（陈宇，2023）。综上可知，项目实施与专业关系的建立是以项目资助、政府支持为前提条件的。

总之，参与式发展项目采取短期"下乡"的工作方式，若项目策划精准，能有效动员村民，可带来社区生计状况的改善与凝聚力的提升，村民也能在一定程度上被赋权，但其短期"下乡"的工作方式决定了其与村民的关系为协作型的专业关系。协作型专业关系的知识检视如表 9-2 所示。

表 9-2 协作型专业关系的知识检视

知识来源	形成过程	表现形态	内涵特征	条件范畴	社会功能
国际发展援助经验、本土社会组织实践	西方经验引入、本土实践与经验积累、知识修正	下乡、有限投入、协助村民	周期性、赋权性、问题（议题）联结	职业工作者、村民参与、项目资助、政府支持	社区发展

（三）服务型专业关系：灾后社区与生活重建的实践反身与知识检视

首先是服务型专业关系的知识来源与形成过程。汶川地震发生后，台湾地区的社会力量启动了针对灾区的援建项目。其中，"X 村社区与生

活重建中心项目"这一由台湾地区社会组织资助的小型项目，经由西北 S
省红十字会推荐，由 X 村所在地社会组织负责实施。该项目配备了两位
来自中国台湾地区的督导人员。这两位督导拥有 30 年的社会工作实践经
验，他们是台湾地区首批获得认证的社会工作者，且在 1999 年台湾
"9·21"地震后，深度参与了社会工作介入的灾后援建工作。在督导过
程中，他们尤为注意台湾社会工作经验在灾区的适用性，强调在借鉴境
外经验的同时，必须立足于本土实践，积极探索并积累本土经验。鉴于
当时社会工作实践尚处于起步阶段，该项目的一个重要目标即探索符合
当地实际的社会工作在地实践模式。

　　其次是服务型专业关系的表现形态与内涵特征。"X 村社区与生活重
建中心项目"得到正式批准之后，立即启动了人员招募程序，招募了两
位社会工作者，其中包括笔者本人。同时，根据当地经济状况，制定了
相应的薪酬标准。此后，正式开启了为期三年的社区与生活重建工作，
旨在通过提供专业服务，回应灾后群众的社区与生活重建需求。随后笔
者依据既定计划入驻村庄，居住于村民灾后新落成的住宅内（该住宅因
屋主全家外出务工而暂时出租）。此居住安排与山东 Y 村的驻村模式存在
相似之处，笔者需独立完成居住环境的布置及生活设施的搭建任务。在
社区工作层面，笔者首先与志愿者团队合作，采用问卷调查与入户访谈
相结合的方式，深入调研村民需求。基于调研结果，笔者组织并开展了
一系列活动，旨在利用有限资源，全面满足灾后村民的多元化需求。这
些活动包括组建文艺团队、鼓励妇女重拾草编手工艺、开展学龄前儿童
活动、创建图书室、开设农业技能培训班、组织妇女健康检查，以及为
村民家庭拍摄全家福等。通过上述服务的开展，社会工作者致力于满足
灾后群众的社区与生活需求。综上可见，灾后社区与生活重建实践中的
专业关系是一种服务型的专业关系。服务型的专业关系是一种单向的、
阶段性的服务与被服务的关系。具体来说，社会工作者在这种情况下扮
演着服务提供者的角色，其主要任务是向村民提供服务和支持，以帮助
他们解决问题和满足需求。村民是服务的接受者，其从社会工作者那里
获得所需的服务。这种关系通常是阶段性的，一旦村民的需求得到满足

或项目结束，这种专业关系就会结束。总的来说，服务型的专业关系是一种以服务提供为核心的关系，它强调村民需求与社会工作者的专业能力的匹配性。

最后是服务型专业关系的条件范畴与社会功能。"X村社区与生活重建中心项目"的启动与灾后社区的实际需求以及政府对灾后重建过程中社会力量参与的政策倡导有关。项目在筹备与实施阶段得到了来自省、县两级红十字会的直接支持。该支持不仅为项目的顺利进行提供了官方的认可，还为项目的顺利推进注入了必要的资源。在项目人员资质要求方面，明确规定必须由社会工作者驻村，以确保能够利用社会工作专业知识来有效推动灾后社区与生活重建工作。基于这一要求，笔者因拥有驻村工作经验及社会工作专业背景，被正式选派为项目的执行负责人。在社会功能层面，项目通过提供服务，介入社区与村民的日常生活之中，回应受灾农户在教育、健康、文化等多个层面的需求，以促进社区与生活的重建和恢复，最终实现社区自足。服务型专业关系的知识检视如表9-3所示。

表9-3 服务型专业关系的知识检视

知识来源	形成过程	表现形态	内涵特征	条件范畴	社会功能
境外灾后社区重建、社会工作在地实践	境外经验引入、本土实践与经验积累、知识在地化	驻村、有限投入、服务村民	阶段性、服务性、需求联结	专业社工、社区需求、资源支持、政府倡导	社区自足

综上所述，笔者通过实践反身，对自身参与的乡村建设、参与式社区发展以及灾后社区与生活重建的实践经验进行了回溯和整理，进而提炼出本土专业关系的三种类型。同时，通过实践反身，笔者更清楚地认识到自身内隐的实践取向教育理念，即教育者应当走进实践，提炼实践经验与知识，并立基于此开展专业教育。这种实践取向的教育理念的形成与笔者过往参与的专业实践紧密相关，它是在实践参与中逐渐形成的，并在实践反身的过程中被笔者清晰辨识出来。这同样深刻地影响了笔者的教学行动，学生的实践反身也就成为笔者在教学行动中设计的重要环节。

四　学生的知识探究：社区关系的实践 反身与行动实验

（一）从教师实践反身到学生实践反身的发生历程

在课堂教学中，笔者向学生讲述了自身实践反身的历程，并对所提炼的三种专业关系进行了分享与讨论。通过笔者对自己实践反身的分享，学生们意识到"讲述个人的故事（经验）同样可以是一种学习方式"。教师的实践反身为学生提供了实践反身的参照与行动的指引。同时，这三种专业关系的提炼也为学生提供了基于本土实践的学习资料。学生们指出，尽管专业关系的三种类型来自过去的经验，但它们的影响在当前的社会工作实践中仍隐约可见。在某种程度上，这些历史经验反映了当下社会工作专业关系的本土来源。随后，学生们结合自身的社区经验，对其在地适用性进行了深入讨论，这不仅拉近了课堂与学生经验的联系，还增强了学生学习的主体性。

在教学过程中，笔者的个人经验对学生产生了显著的影响。学生们更倾向于认同能够紧密联系群众的共在型专业关系。然而，在现实的实践中，这种共在型专业关系往往难以建立。笔者也并没有试图进行"知识灌输"式的教学，而是强调教师经验与知识仅是学生学习的参照，学生需要通过实践反身探寻其现实处境中的主体性经验与知识。对学生而言，尽管他们的专业实践经验较为有限，但他们拥有丰富的社区生活经验。学生可以通过实践反身来探究自己的社区生活经验，回到其生活社区发掘和理解属于他们自身的本土知识。因此，本章的这一部分旨在呈现学生在教学过程中对其自身与生活社区之间的关系的探究。学生的社区生活经验看似是个体化的，但实际上是真实的社会参与经验，与社区工作紧密相连。这种关系类似于社会工作者与社区之间的关系，既体现了个体与社区的联结，也预示着未来社会工作者可能与社区建立的专业关系。因此，在教学过程中，教师要引导学生探索自身与生活社区之间的关系，不割裂其生活经验与专业实践的关联，确保社区经验与社区实践的连贯性，从而促进学生在未来专业实践中实现社区经验与专业知识的有机整合。具体而言，从社区工作课程教学的初始阶段到学位论文的撰写，笔者协同学生推进了对其社区生活经验的实践反身。经由教师对实践反身的示范，学生更好地理解了实践反身的意涵与方法。在进行社区生活反身探究时，他们能够让实践反身更紧密地贴合自身的主体经验，避免了在实践反身文本的书写中出现抽象化和概念化的表达，而是使文本更加具体和真实地反映社区生活的实际情况。

（二）"疏离型"社区关系：社区关系的实践反身与经验提炼

笔者协同学生整理和分析了其实践反身的经验文本，结果表明，学生中普遍存在社区感减弱的情况，他们感觉与社区的联结并不紧密。经由学生社区关系的实践反身与经验提炼（见表9-4），我们发现了学生主体经验中"疏离型"社区关系的表现形式及产生原因。第一，随着城市化进程的加快，珠三角地区社区住宅的拆迁、重建日益频繁，居住密集化现象日益凸显，这导致了原有的社区公共空间被压缩，居民间的社区互动机会进而减少。这极大限制了学生的社区活动，导致了他们与社区的疏离。第二，虽然土地及自建房出租在一定程度上改善了村民的经济状况，但利益驱动也增强了人际的疏离感。比如由于各家都维护自身利益，邻里之间的关系常因利益冲突而变得疏远，甚至紧张。随着社区关系的逐渐疏离，成长中的学生体验到一种失落感。他们与社区居民之间的互动和交流意愿逐渐减弱，缺乏主动融入社区的动力。第三，随着教育体制改革的推进，外出就学的现象日益普遍，这影响了学生维持既有的社区关系的机会与能力，从而减弱了学生的社区归属感。一些学生反映，他们很少有机会与社区成员接触，特别是不知道如何与社区中的长辈交流。上述因素导致了他们与社区的联结减弱，难以培养出归属感，从而形成了"疏离型"的社区关系。

表 9-4 学生社区关系的实践反身与经验提炼

社区公共空间的压缩限制了 学生的社区活动	社区关系变迁弱化了 学生的社区感	教育体制改革减弱了 学生的社区归属感
示例：周末在家一天不用出门。出去也不知道要去哪里，最多是去公园，也没有人一起玩，现在都不太认识村里人了（DXM2019）	示例：邻里之间有时候会为了争夺巷子里的停车位而发生冲突，平时见到也不愿意打招呼，当作没看见（GZZ2018）	示例：村小合并后，我每天要坐几十分钟摩托车去上学。上了初中搬到学校附近住，离开了那个我出生的小村，租住在学校附近，尽管如此，每天也要"早出晚归"。放假回家也很少留意社区的变化，突然发现自己并没有仔细观察过自己的社区（DXF2018）

注：本章（包括本表）引用的经验数据源于笔者所教授的"社区工作"课程作业文本、指导社会工作专业本科生学位论文过程中形成的资料等。引用资料的编码规则为：4 位数字为文本写作年份，大写英文字母为学生身份代码。

面对"疏离型"的社区关系，不少学生在实践反身文本以及课堂对话中仍然流露出他们对于"重返社区"的向往，并且他们也在思考将来如何有效地融入社区。

我们大多在珠三角地区长大，对社区没有归属感，日后该如何面对自己的社区？（HWJ2020）

（三）专业关系与社区关系双向发展：社区关系改变的行动实验与知识探究

学生们在拥抱现代化、工业化和城市化的同时，亦深受父辈生活经验的影响，他们延续着父辈和祖辈的记忆，依然存有对传统社区生活的怀念与情感上的认同（朱战辉，2019）。在课堂对话的过程中，学生们通过对彼此社区经验的描述产生共振，逐渐有意识地回看自己社区的历史，并频频发出"我觉得以前的社区更和睦""过去更有人情味"等感慨。经过对学生自身社区生活经验的探究，笔者发现部分学生对实践反身表现出浓厚兴趣，并表达了深入学习的意愿，开始主动思考一些问题。

作为社区的一员，我期待获得怎样的社区服务？同时，若未来

我作为一名社会工作者从事社区工作，又应如何有效地开展服务？（HWJ2020）

近年来，珠三角地区不少学生毕业后选择返回家乡所在镇或村从事社会工作。这种现象不仅反映了社会工作者的本地化趋势，亦体现了社会工作专业的学生与其所生活社区的多重关系的新发展。在此背景下，学生反身探究自身的社区生活经验，不仅深化了学生对社区的理解，而且丰富了学生的专业经验，为他们毕业后返回本社区开展工作奠定了坚实的基础。于是，在指导学生撰写学位论文的过程中，笔者在协同学生系统整理其社区经验的基础上，推动学生返回自身社区进行行动实验。这不仅加深了学生对社区的了解和认识，而且促进了他们对未来专业实践路径的探索。

第一，经由对自身所在社区中社区关系的探究，深化专业学习。学生通过积极介入社区生活，探究社区关系，深化了其专业知识的学习。尽管并非所有学生将来都会从事社会工作，但专业教育仍有可能促进他们的个人成长，并能惠及他人。SHAS（小安）同学对自家的租赁关系进行了研究，揭示了流动人口社区关系的复杂性和多维度面向。在珠三角地区的一些社区，当地居民与流动人口共同居住，构建了多元化的社区关系（高飞，2021）。在这种社区关系中房东与租客之间的关系成为其重要的组成部分。小安回顾了社区的演变历史以及父亲亲力亲为自建出租屋的过程，并对租客的来源、背景、日常生活和工作状况进行了全面的分析。重要的是，她还深入研究了作为房东兼管理者的父亲与租客之间的关系模式，并对这种特殊的社区关系进行了呈现。租客与房东之间的关系不仅仅建立在租赁关系之上，他们还以彼此之间长期的共同生活经历为基础构建了深厚的情感和信任关系。这种独特的社区关系模式使得Q社区在现代化进程中仍然保留了传统的色彩。小安基于对自身家庭社区关系的深入探究，深化了其专业学习。

　　　　房东和租客的关系与社会工作的专业关系有着相通之处，对两者的研究都是在对人有一定认知的基础上展开的，强调对关系和互动的把握。在社区工作中，我们应强调社会工作者融入居民生活，通过共同生活和工作的方式，与社区居民建立专业关系。同时，我们也应认识到，每位社区居民都拥有自己独特的生存经验和能力。作为社会工作者，我们需要整合这些力量与资源，运用到服务的开展中，以更好地推动社区工作。（SHAS2019）

第二，经由专业关系的发展，重构社区关系。在社区中，学生通过专业实践参与，促进了社区关系的改善。

> 当我返回住宅区时，目睹了两个人的争执，该争执最终演变为本地居民与外来人员之间的冲突。我深感探究流动人口的社区融合问题的重要性。于是便以我生活了二十多年的社区为研究地，通过回顾社区变迁和居民的生活状态，探寻流动人口实现社区融合的有效途径，目的是通过探究行动增进对自身所在社区以及未来工作方向的认识。（CMY2019）

基于 CMY（小敏）对社区的情感，笔者协同小敏进行了对上述问题的探究。简而言之，小敏所在的沙镇，曾是珠三角较为落后的地区，近年来通过海运转型为物流枢纽，物流业的蓬勃发展促进了当地经济的繁荣。然而，随着经济的发展，原本的村落因城市化而拆迁，居民迁入新建的社区后邻里关系变得紧张。由于拆迁后村民安置房供应过剩，村民们选择出租房屋以获取收益，但房屋设计不佳，隔音效果差，导致邻里间相互干扰严重。租户多为外来务工人员，工作时间不固定，流动性大，给社区管理带来了困难，使社区秩序显得混乱。因此，村民们面临两难的选择：不出租房屋则无收入来源，出租则可能导致社区秩序更加混乱。在这种背景下，小敏试图通过学位论文的研究，探索适合自身所在社区的专业介入路径和方法。笔者与小敏一起回顾了社区的历史，追溯到村民早期依赖于耕作、捕鱼等传统劳动方式维持生计，那时生活条件较为艰苦，村民之间依靠亲友间的相互帮助共渡难关，邻里间形成了深厚的情感，展现了极强的互助精神和社区凝聚力。小敏进一步认识到，迁入新社区后，村民的生活方式发生了显著变化。尽管如此，他们对过去田园生活的怀念依旧强烈，常常回到旧居寻找内心的归属感。基于上述行动探究，小敏认为：

> 专业介入初期应聚焦于村民生活方式的转型适应。通过制作社区变迁史，让新老居民共同回顾历史，增进对彼此的认知。此外，鼓励村民与外来人口共同参与绘制社区资源图，实地探访，记录资料，这一过程不仅能促进双方交流，还能激发社区活力，增强归属感。更重要的是，打破刻板印象，增进相互理解和尊重，探索出一条本地人与外来人口和谐共融的社区发展之路，让新区成为真正的多元共融社区。（CMY2019）

综上所述，尽管学生探究出来的专业介入路径与方法并不一定完善，但这种探究对于学生的学习以及其未来的实践无疑具有重要的意义。重要的是，学生反身探究自身的社区经验的过程中出现了两个清晰面向。首先，学生的实践反身突破了传统主客分离的实证典范，使学生不仅深入理解了自身与社区之间的复杂关系及其所蕴含的客观知识要素，而且通过自身行动介入实践了专业知识。这种实践反身将助力他们在未来的专业实践中对个体经验与专业知识进行有机整合。其次，学生实践反身中所呈现的本土社区经验，为教师提供了认识珠三角社区关系的资料。这一教学过程扩展了社会工作教育者通过学生经验来理解本土经验与知识的新面向，实现了师生间的经验参照（叶文梓，2001）。

五　以"师-生"实践反身构建
社会工作本土知识

随着中国社会工作本土实践的深入发展，社会工作者的构成变得越来越多样化（王思斌，2021），社会工作者与社区关系的多元样态逐步形成。在这一背景下，构建恰当的专业关系已成为推动社会工作高质量发展的重要一环。因此，在教育体系中，应赋予本土专业关系以恰当的权重。师生是专业实践与社区生活的参与者和观察者，其实践经验为专业关系的知识构建提供了本土资源。

（一）互为主体性关系：教学过程中的"师-生"实践反身的内在关联

在本章所呈现的教育教学过程中，笔者安排了以下环节：教师主体性在实践场域的发展、教师专业关系的实践反身和知识提炼、课堂分享与讨论、学生实践反身的课程设计、学生社区关系实践反身、学生实践反身文本的整理与分析、围绕学生社区关系经验的课堂报告与讨论、学生反身性的社区实践、学位论文的撰写、教师对上述教学过程与专业关系探究的知识呈现（如本章）等。其中"师-生"实践反身的内在关联可以概括为：教师专业关系的实践反身，不仅让学生在学习知识的过程中领会了教师主体与课程知识之间的关联性，而且更重要的是，让学生通过教师实践反身的示范，掌握了实践反身的方法。此一过程调动了学生实践反身的兴趣，催生了学生实践反身的行动。学生亲自体验实践反身后，更深刻地理解了实践反身意涵与主体性知识对其个体学习的意义。随后，通过学位论文撰写环节，推进了学生反身性社区实践，深化了专业学习，重构了社区关系。由此可见，上述过程涉及学生主体经验与客观知识的对话、学生间的经验互动以及师生间的经验参照，促进了多元主体跨时空的经验对话与知识共享。由此，学生未来步入实践场域时，便能更好地灵活整合自身经验与专业知识，构建适宜的专业关系，推进专业实践的在地深耕。值得一提的是，教师在整理自身实践经验后再倾听学生社区关系经验时，将会吸收学生的经验并自觉将其与自身经验进行对照，从而催生新的认识，并灵活地将学生的社区生活经验融入教学之中。总之，在教学中，由教师实践反身启发学生实践反身，进而由学生实践反身促进教师经验与知识的扩展，形成师生经验的双向互动。在这个过程中，师生的经验得到解构与重构，实现了知识、教师与学生三者之间的深度融合。这样一来，教学过程成为教师将自身经验与学生经验连接起来以及进行知识共创的过程，由此也发展了教师与学生之间互为主体的关系（杨慧、吕哲臻，2023）。当学生毕业后，他们回到（自己的）社区从事社会工作，将所学知识应用于实践。师生的协同关系亦有机会得以延续，由此实现了教育与实践的紧密结合。

（二）实践反身：社会工作本土知识构建的教学策略

本章通过师生的实践反身，聚焦于社工教师与学生、社会工作者与社区这两个相互关联的维度，提炼了师生经验中的本土知识元素，尝试对专业关系进行本土知识构建。这是基于教学过程对师生实践经验的知识构建，其中实践反身是进行知识构建的主要教学策略。由此，教学过程也就发展为了师生基于主体经验的本土知识构建历程（熊和妮、王晓芳，2024）。本章初步构建的专业关系的本土知识如表9-5所示。

表 9-5 社会工作专业关系的本土知识构建

场域类型	专业关系主体	专业关系类型	专业关系特征
教育场域	社工教师与学生	互为主体性	主体性、反身性、关联性
实践场域	社会工作者与社区（局外人）	共在型	共生共存
		协作型	赋权
		服务型	服务性
	社会工作者与社区（局内人）	复合型	共生共存、服务性、……

本章呈现了教育场域中社工教师与学生之间的专业关系，即互为主体性的专业关系，该专业关系超越了传统的师生关系，具有社会工作专业实践特征，即主体性、反身性与关联性。此外，本章依据社会工作实践领域中社会工作者的角色定位，即局外人与局内人的两种实践位置，对专业关系类型进行了初步提炼和总结。作为局外人的社会工作者与工作对象之间的专业关系可以概括为共在型、协作型、服务型三种类型。其中，共在型专业关系体现了共生共存的核心特征，协作型则体现了赋权的特征，而服务型则凸显了服务性的特征。尤其值得注意的是，随着珠三角地区社会工作实践的深入推进，越来越多的本地人开始在其生活

的社区中开展专业实践。他们特殊的身份背景，决定了他们与工作对象之间的专业关系具有独特的性质，本章暂将其命名为复合型专业关系，其同时具有上述多种专业关系的特征。对于这一新兴的专业关系内涵与特点的界定，有待后续研究进行更为深入的探讨。

第十章 社会工作专业实践的行动研究与知识生产

一 "老南漂"社会工作者的生命历程与实践情境探究①

老熊不过是落到了社工的职能角色位置上，干他生命想干的事。②

——夏林清

2018年3月，王海洋邀请老熊参加反映实践取向行动研究创始者夏林清教授组织的"行动研究工作坊"。在现场，老熊围绕自己的"南漂"经历与夏林清老师展开了对话。之后，夏老师留下作业：希望王海洋可以协同老熊整理其实践经验。这激发了老熊整理自己庞杂经验的动力。在王海洋的协同下，老熊整理了过往经验，这也启动了老熊对"我是谁？""我为什么做社工？""我要做怎样的社工？"等问题的叙事探究。叙事探究是行动研究的重要方法。行动研究强调厘清人行动的多层次社会

---

① 本部分作者系老熊，东莞社工；王海洋系老熊行动研究的协同探究者；原文发表于《中国社区治理（第一辑）》。王海洋于2024年5~8月围绕本部分内容与老熊进行了进一步对话，重新修订、完善了本部分内容。

② 2024年6月9日于四川省绵阳市举办的书稿修订讨论会上，夏林清对老熊所作的评价。

系统，明确其处境，深刻、多层次地理解人及其所处情境，以更好地从个人历史及他人经验中寻找关于改变的知识与方法。本部分自我探究的内容由老熊撰写了初稿，王海洋则从协同探究者的位置出发对老熊自我探究的内容进行了对话确认、修改及完善。

（一）在个体生命磨炼中，发挥"善"的力量

1."我"是个打工仔，是个"老南漂"

2011 年，广东省经济增长速度出现了放缓趋势，导致作为企业主体的劳动密集型企业面临极大的生存挑战。在这一背景下，多家企业频繁转型。年近五十的"南漂"老熊深感打工者的无奈与压力。尤其是在私营企业中，企业内部的人际关系往往充斥着竞争，员工之间常常为了有限的生存和发展机遇而相互刁难。老熊曾在某工厂担任高管，这需要他能应对一系列复杂的人际挑战。工厂制度要求老熊的日常工作严谨而富有成效。比如：每天早晨需要五点半起床洗漱，然后需要匆忙用餐，因为六点就要准时开始工作。工作过程中，老熊需要亲自监督并协助完成出货流程，细致核对物资数量，精心规划当日订单安排、物资使用量，并统筹管理本厂运送车辆调度及外厂货物送入等复杂事宜。这一工作循环往复无数次，一直到晚上七点，老熊才能结束一天的工作，这份工作十分枯燥，而且要求老熊做事必须精准，不差分毫，否则会影响全工厂的工作进度，这需要老熊有极强的责任心和敬业精神。也因此，在日常工作中，他需频繁向员工阐释任务要求。尽管如此，仍有少数员工对其决策公正性产生怀疑，他们消极怠工，有意刁难老熊。此外，销售经理自恃与老板有同乡之谊，故而在行为上缺乏对同事的尊重。在此情境下，老熊作为工厂高管需确保工厂顺利运营，这要求他不仅要与员工进行耐心沟通，阐明事理，有时还需亲自上阵，投身于一线生产之中。久而久之，这种复杂的内部人际关系和极高的工作压力，导致包括老熊在内的多位工厂核心资深管理人员相继离职，工厂随即陷入生存困境。此后，

该工厂销售经理的问题逐渐暴露，最终老板决定将其解聘，并重新邀请包括老熊在内的前管理人员回归。然而，在工厂重新组建管理团队后，老熊也已不能找回之前的干劲，再加上长期的工作压力，最终他还是决定离开这家工厂。

2011 年，老熊辞职后，妻子又遭遇了交通事故。事故发生在他妻子前往工厂上班的途中。据老熊回忆，"当时她正行走在工业区的人行道上，该区域既非主干道亦非道路中央。就在距离工厂门口约 30 米的位置，一辆小货车突然失控冲向人行道，导致我老婆被撞倒。事故发生后，我老婆的工友迅速报警，交警随即赶到现场处理"。

在医院的病床上，老熊的妻子静静地躺着，年轻的肇事司机与其配偶共同向受害者家属老熊表达了歉意。由于家庭经济条件有限，肇事司机仅能赔偿 500 元，并恳请老熊能够予以谅解。老熊自身经济条件亦不算好。但面对此情此景，老熊并未多说，深知争执无益，深感无奈。随后，老熊为救治其伴侣，只能先向亲朋好友筹措资金，终于使妻子的病情得到控制，恢复健康。在妥善安顿好家人之后，他思虑再三，还是向法院提起了诉讼，以维护自身及家人的合法权益。

肇事司机恳请老熊放弃诉讼，声称自己家境困窘，无法承担相应的赔偿责任，且若败诉，次年的保险费用将会大大提高。老熊并未理会这样的辩解，坚持进行诉讼。在这段经历中，肇事者的困难也给他一定的触动。诉讼的胜利，让老熊内心的不满得以消解许多，并开始重新审视自己的人生规划。

2. 佛山"小悦悦"事件引发讨论

2011 年 10 月 13 日，佛山市的"小悦悦"事件震惊全国。虽然此事件仅为个别案例，不具有广泛的代表性，但它在全国范围内引发了舆论浪潮，促使社会各界对中国社会的"道德"问题进行了一次大讨论。民众纷纷质问：在社会的快速变迁中，人们的道德良知究竟去向何方？同样，这一事件也促使老熊深入思考：如何能够采取行动改善当前的现实环境？经过一番思考，老熊做出了一个决定：辞去原有的工作，寻找一份能让自身内心踏实，并对他人有益的工作。他认为社会工作价值理念比较契合其价值观，在其辩护律师的建议下，他选择了社会工作岗位，并希望能够在这一岗位上找到自己的价值。

（二）在追寻志业之路上与社工相遇

老熊决定投身社会工作事业。鉴于从事社会工作需具备相应的专业资质，他积极响应国家大力发展社会工作的号召，毅然返回湖北老家报名参加相关考试，并最终成功获得了助理社会工作师证书。然而，当老熊满怀憧憬地前往社工机构求职时，却遭遇了年龄与学历的双重门槛。社工机构普遍偏好招聘年龄在 30 岁以下，最高不超过 35 岁，并具有本科及以上学历的应聘者。鉴于老熊已年过四十，且学历层次相对较低（仅为高中学历），没有一家社工机构愿意聘用他。幸好当时 D 社工机构有一个特殊职位的空缺，该职位工作地点在偏僻地区的麻风病康复村老年福利院，主要职责是为那里的残疾老人提供社会工作服务。由于该岗位的工作环境相对艰苦，且员工需自行解决住宿及餐饮问题（在当时，多数岗位为社工提供了食宿），D 社工机构决定给老熊一次试用机会。于是，老熊得以正式上岗，开始了他的社会工作职业生涯。

在初期阶段，尽管老熊已研读社工考试所指定的教材，然而他对于社工的具体职责仍感困惑。随后，他翻阅了社工机构发布的文字资料及活动照片组成的宣传册，这才使其对社工的工作内容有所明确。这一社工岗位的工作主要涉及引导青少年及老年人等群体参与各类活动，以此营造热闹活动氛围。但是这一发现使得老熊更添疑惑：社工的工作难道仅限于此？带着这样的疑惑，他继续工作。在老熊的思想深处，对他影响最为深远的书籍是《毛泽东选集》。于是在后续的工作实践中，他积极汲取毛泽东关于密切联系群众的思想，并身体力行地采用与服务对象"同吃、同住、同劳动"的工作方式。在短短 4 个月的时间内，他成功激发了隔离区内 162 位残疾老人的生活热情与活力，引导他们过上充满动力与活力的晚年生活。作为一名社会工作者，老熊并不认同社工将工作范围主要限于办公室内部的文书处理以及通过微信、QQ 等通信工具进行的日常事务性沟通。即便在服务中，社工面对作为服务对象的老人也常表现出被动工作的态度。老熊在此一工作过程中领悟到：只有更彻底地深入社区基层，密切联系群众，才能切实履行社会工作者的职责与使命。

（三）从事流浪救助社会工作与学习行动研究的双重实践

老熊在遵循社会工作价值与伦理的前提下，会优先关注服务对象的需求与利益，但对工作单位的要求未能及时、有效回应。他的工作风格似乎与用人单位的工作要求存在不匹配的情况。因此，老熊不得不转岗。经过寻找，他发现当时救助管理站（以下简称"救助站"）正好有一个流浪救助社会工作领域的岗位空缺。救助站希望站内的社工能够长期驻守岗位，专注于专业能力和服务质量的提升。这一岗位对于年轻的社工而言具有很大挑战，因为服务对象可能具有智力或身体上的障碍问题，并可能提出非常规的需求。然而，对于老熊而言，这些挑战恰是其所求，他擅长并乐于应对此类富有挑战性的工作。因此，此岗位恰与老熊个人意愿相吻合，他毅然决然地投身于流浪救助社会工作领域。

老熊正式上岗后，参与了由 D 市社工协会与 D 市毅行社会工作服务中心等机构联合举办的"D 市骨干社工人才培训班"。在这个培训班中，当老熊偶遇昔日选拔面试他的导师时，他提出了一个疑问："为何选择我这样非主流的社会工作者参与如此高端的培训班？"对此，导师回应道："在选拔社工人才时，发现全是清一色的社会工作专业毕业生，以及在社工界有一定资历的社工人才，但也有一些社工人才是像你一样有个性和在社会中历练过的人，你们也能进入这个培训班，才能让培训班活起来！"加入培训班后，老熊首次接触到了行动研究这一领域，并结识了负责组织培训班行动研究学习的王海洋老师。老熊曾表示怀疑："我一个没读过大学的人，还可以做研究？"对他而言，研究是他所不能及的。但通过此次培训班中对行动研究的学习，老熊逐步对行动研究有了自己的理解：虽然自己没有受过学术训练，但只要是行动者就可以做对自身行动的研究。随着学习的深入，老熊在王海洋老师的引荐下，又相继结识了夏林清、王芳萍、杨静、大陈等行动研究专家。最终，老熊与几位志同道合的学员及王海洋老师共同创立了"行动研究读书会"，共同探索与实践行动研究方法。

　　培训班结束后，老熊积极寻找各种机会继续学习，在随后的培训中，老熊接触到了不少社会工作领域有建树的老师。同时，老熊也开始阅读行动研究的书籍。老熊从中获得了自我探究的动能，这帮助他整理了自己的过往经验。他认为这一整理过程类似于在一辆长时间高速行驶的汽车停下来后，对其进行仔细检查。老熊沉心静气，对自己进行了回观与审视。他意识到，"自己不只是一名一线实务工作者，还可以做一个行动探究者"。这一认知促使他将自身生命意义与专业实践关联起来。老熊明确认识到，自己并不只是一个步入中年、受限于低学历的一线社会工作者。他认为自己已是一个拥有独特价值的不可忽视的个体。这种自我认知让他更加珍视并在实践中发挥自身的潜能与价值。他开始积极运用行动研究方法，对自己关于流浪人员的思考与感受进行深入的反思和剖析，并将他的见解与感悟以文字的形式记录下来，以为专业发展贡献自己的力量。

（四）与流浪者的生命相伴：把服务对象当亲人，把工作当生活

　　老熊自从到救助站工作后，整个人投身于救助工作，致力于为用人单位、服务对象处理各类复杂问题。每当服务对象遭遇困境、出现异常情况或过激行为，老熊都会积极介入，深入了解问题，并致力于寻求解决方案。他把服务对象当亲人，认为服务对象的困难就是他的困难，将为服务对象提供服务视为自己的责任，不遗余力地寻求解决方案。他把工作当生活，即便需要加班加点，也毫无怨言。老熊表示，他深感欣慰与满足，在这个岗位上能够充分发挥自己作为社会工作者的作用。

　　社工的使命在于积极推动实现社会的公平正义，而老熊始终秉持此理念，不仅在日常行动中身体力行地履行这一使命，还通过撰写文章发声的方式进一步推动环境的改善。然而，社会工作者在现实工作中所取得的成效，往往难以迅速显现。工作中，老熊始终秉持着开放与共享的态度，积极地将自身积累的工作经验分享给同事们，并呼吁大家共同关注个人实践能力与实务操作的精进，以树立并巩固社会工作的良好形象，

赢得广大民众的认可与赞誉。然而，在这一过程中，老熊也难免遭遇挑战，由于每位社工的工作动机及价值观存在差异，在工作理念上难以达到完全一致，老熊的行为甚至可能引发部分同事的反感情绪。老熊亦期望社会工作机构能调整其评价方式，更加重视能干事、具有社会影响力的社工人才，而非单纯以文凭、户籍、文书写作能力作为评价标准。老熊呼吁对社工的评估应摆脱束缚其实践的桎梏，让社工能够更为自由、灵活地开展工作，以便将更多时间投入服务民众之中。他强调，应减少无谓的文书工作，避免其成为社工工作的沉重负担，从而确保一线社工能够轻装上阵，专注于为老百姓办实事、解难题。在他看来，无论是机构还是服务点，其根本在于服务好老百姓；唯有如此，方能赢得民众的信赖与好评。然而，社工机构之生存亦面临诸多挑战，受制于外部环境，诸多良策难以付诸实施。

（五）反身回看流浪救助社工对于老熊的生命意义

1. 社会工作实践者与流浪救助者经验的相互映照

老熊回观自己的发展历程，发现许多人有意避开救助站的岗位，而他却能跨越障碍，与各类特殊群体，包括残疾人、智障者、精神障碍患者、人格缺陷者、吸毒人员及艾滋病患者建立关系，并设身处地地为他们着想。回顾老熊成长的社会环境，他出身贫寒，对儿时的艰辛、困苦与"受气"记忆犹新。因此，他认为自己从根源上讲，本身就是这个群体的一员。老熊能够走上社会工作之路，而非成为救助站的求助对象，得益于其父母、祖父母的勤勉与坚韧。父母与祖父母的辛勤付出、忍辱负重，为他争取到了更多的教育机会。而他自己也在逆境中得到磨砺与成长，锻炼出了坚韧的性格，从而得以摆脱流浪的命运，转而成为助人者的一员。

老熊出身于农村，深受农民质朴情感的影响。农民质朴的情感，使他一辈子以农民身份为荣。同时，自身生存的不易让老熊对同样生存不易的人有深深的情感。老熊幼时，父母、祖父母最操心的事，就是在青黄不接的时候让全家不饿肚子。至于添置新衣，则往往需等到春节方有机会，且新衣多为成长中的长子长女所享，他们因日渐长高长壮，衣物年年需更换。至于家中次子、三子及后续的弟妹，则多需承继兄长的旧衣，即便衣物破损，亦需反复缝补以供弟妹穿着。老熊至今记忆犹新，当时他的妹妹身着他的旧衣，因衣物原属男孩，尺寸不合，显得十分滑稽和可怜。在家中的长辈们常年仅有两套衣物更换，只有外出访友或逢年过节之际，全家人才会取出新衣。尤其是每年的春节，大人们往往心生忧虑，思考着如何筹备足够的荤腥佳肴以款待宾客，而非仅供自家享用。然而，即便在这样的情境下，全家人依然能够团聚一堂，共享天伦之乐，氛围和谐而温馨。

老熊在年仅五六岁时，便展现出超乎年龄的懂事与成熟。虽然父母以教书为业，但他对生活的艰辛有着深刻的理解。为了支撑家庭，确保家人免于饥饿，他主动承担起家庭责任，展现出顾家的能力。在这个稚嫩的年纪，老熊不仅学会了放牛、喂猪、操持家务等，更在放学后不辞辛劳地到野外捡拾柴火，甚至前往生产队所在的田间地头，细心搜集那些被遗漏或因雨水浸泡而发芽的稻子、麦穗，带回家中用以喂养家禽或作为自家口粮。这些行为充分展现了他面对生活困境时的坚韧与智慧。

老熊家族所居住的房屋的历史可追溯至清朝时期，其由先辈祖爷爷建造，坐落于村落的中心位置。然而，随着岁月的流逝，周边区域逐渐涌现出众多杂乱无章的村舍，导致家族原有的宅基地遭到了不同程度的侵占。昔日宽敞的道路，足以容纳拖拉机与汽车并行通过，而最终老熊家祖屋前门的道路仅能勉强容下一辆木制板车通行，后门更是被彻底封闭。面对这一困境，老熊的母亲不得不与邻居们展开无数次的交涉与冲突，在其母亲的不懈努力下，老熊家得以保留一条狭窄的通道，以供日常出行之用。然而，这一过程的艰辛，至今仍让老熊难以忘怀。每当回忆起母亲，他的眼眶便不禁湿润。

老熊曾怀揣着习武的梦想，渴望有朝一日能够挺身而出，保护自己与家人。然而，他的父母持有不同的看法。他们认为唯有通过教育才能改变家族的命运，于是将老熊送入学校，希望他能够努力学习，走出这片落后、封闭、愚昧且充满暴力的地方，去外面的世界寻找更广阔的发展空间。

在父母的期望下，老熊走出村庄，在远离祖屋的地方有了新房，之后又在市中心及街道中心区域购置房产，再后来，他还在大城市的核心地带拥有了自己的住房。尽管当前老熊的生活显得清贫，但他保持着平稳与安定的心态。老熊没有拆掉清朝时的祖屋，原封不动地将其保留在了原地。这是一种情感寄托，更是对历经艰辛的父母的一种交代，亦是对祖辈、曾祖辈的深切缅怀。该做法中蕴含着对在祖屋中离世的祖父母的深切缅怀，也让老熊发出自我拷问："我是谁？我源自何方？我又将去向何处？"这一深刻的自我反思，促使老熊产生了为那些如同他儿时一般饱受苦难的人们做些事情的强烈愿望。

2. 在帮助流浪人员的实践中体悟生命的独特价值

到救助站寻求帮助的人们，与青年时期的老熊相似，普遍处于"近乎一无所有"的困境之中。这些求助者的境遇，深刻触动了老熊，促使他向他们无私地伸出援手，这并非出于任何外在的动机，而是出于源自内心深处的一种本能与责任感。因此，老熊积极为他们联系亲属、办理返乡手续、安排就医、护送归家，并协助他们寻找工作机会；对于那部分渴望归家却与亲人失联的流浪者，他更是不遗余力地追寻他们的亲人，致力于帮助他们重归家庭。目睹精神疾病患者的发病过程，老熊不禁反思：自己是否也会与他们一样发疯？面对醉酒、吸毒者，或是具有反社会、分裂型人格者的挑衅，他始终冷静处置。每当看到服务对象流露出感激的目光与笑容，老熊都深感自己所做的一切并非简单地履行工作职责，而是善行的累积。他频繁穿梭于流浪人员之中，每日面对各种未知的挑战，如同"已上膛的子弹"，随时准备应对突发情况。在私营企业的工作经历赋予了他出色的应变能力，加之长期的实践，使他能够从容应对各类危机事件。老熊擅长化解矛盾、解决问题，成效显著；他热衷于一线实务工作，立志成为一名扎根于基层的社会工作实践者。

二　服务领域的实践知识：以流浪"三无"
人员回家服务为例①

救助站内有一类特殊群体，他们没有名字、户籍和亲人的联系方式，救助领域称其为"三无"人员。他们长期以"无名氏"的身份生活在救助站里，游离于普通人的世界之外，有的甚至直到离世也难确认其真实身份。一方面，社会工作者在与他们的日常互动中能深切体会到其对回家的渴望；另一方面，对救助站而言，如何减少滞留人员的数量、缓解超负荷的工作压力，也是需要面对的难题。D市救助站在老熊等社工的不断探索和思考下，积累了行之有效的寻亲服务经验，生成了寻亲服务的实践知识。

（一）构建寻亲服务的组织框架

针对长期滞留人员日益增多的现状，在前期探索的基础上，2017年7月，救助站整合全站力量，成立了专项寻亲服务组，把包含驻站社会工作者在内的业务骨干编入其中。站长统筹推进寻亲服务工作，站内社会工作者负责具体工作落实，站内业务骨干参与其中；同时全站护工、保安、生活区管理人员组成"寻亲支援团"，形成了"站长领导，社工主导，全员参与"的工作模式，使寻亲服务工作走向了系统化、动态化、常态化。此外，救助站每周还会举行寻亲例会，寻亲服务工作组成员一起谈成效、谈困难、谈对策，集思广益。正如救助站负责人曾说的，"寻亲工作再也不是'单打独斗'，大家有了主心骨，也有了更多的力量去解决寻亲过程中的难题"。

---

① 本部分内容曾以《让流浪的"三无"人员回家》（作者老熊、王海洋）为题发表于《中国社会工作》2019年第22期，收入本书时已征得老熊同意，且内容有修改。

（二）探索寻亲服务的技巧方法

小女孩妍妍（化名）口音重还不会写字，无法提供个人情况；许某有精神疾病，时而清醒，时而糊涂；在救助站3年多的李某，因家庭矛盾不愿回家，死活不愿意透露家庭信息……面对寻亲路上的一只只"拦路虎"，社会工作者巧练"内功"，提升技能，一一扫清障碍。

法宝一：锁定寻亲服务的重要线索。D市是一个外来务工人员的聚集地，救助站内99.97%的"三无"人员是外地人，大多不识字，不会讲普通话。一方面，社会工作者一边跟着有经验的老前辈学习识别方言，一边组建网络群（QQ群、微信群），把服务对象讲话录音放到群里，请网上的志愿者识别，以定位他们的户籍地；另一方面，社会工作者还以书写辅助交流，为寻亲寻找线索。经过长期探索，社会工作者发现了一些规律。比如：能写的人最易查到家庭住址，其次是能说的，最难寻亲的是不能写、不能说、不能听的人。

法宝二：探索寻亲服务的着力点。首先，寻找时机。在一天中，较好的时机是早餐后，此时是其他临时救助对象在救助站帮他们找到家后回家的时间，救助站内充满了离站的氛围。受此影响，部分"三无"人员也会产生回家的欲望。社会工作者抓住此时机开展寻亲，往往会有所突破。整个寻亲过程中，社会工作者还与医疗机构同步行动，抓住"黄金一星期"。因为长期滞留的服务对象，多有先天或后天病症，送医院治疗后，送返救助站的第一个星期，精神状态都很好，有可能提供较为准确的户籍信息。其次，注重信息筛选与辨识。重度智障者和重症精神障碍患者提供的名字与实际姓名多有出入，社会工作者需进一步追问他们父母或兄弟姐妹的名字，如果姓氏对不上，就要反复追问，去伪存真。再次，从地名入手查人名。一些服务对象提供不了名字，社会工作者可以跟他们聊家乡的山、河、路、桥以及当地的重大事件等，有时也会收获户籍信息。最后，旁敲侧击。比如：离家出逃的儿童善于故意隐瞒信息，他们怕被家人知道，故意报假名、假地址。常规寻亲手段不起作用，可与他们聊家乡特产、风景、学校生活等，也可以获得有价值的信息线索。

（三）联动寻亲服务的行动系统

"看到流浪人员跟亲人团聚、抱头痛哭的场景，我们也忍不住掉眼泪，一切的辛苦都值得了。"社会工作者老熊从 2013 年入职，至今已经把近 300 位流浪人士成功送回了家。反观自己的工作处境，他也一再强调组建协同行动团队打开局面。

第一，善用"站内"资源。在救助对象来救助站服务窗口登记求助时，接待工作人员和护送的警员就要开始查询其身份信息。如果查询无果，再转给寻亲服务组，寻亲服务组如果仍无进展，就在 24 小时内，通过报纸、电视、网络发布寻亲启事。接下来，社会工作者需与站内的保安、护工、医生、护士、生活区管理人员一起，组成行动团队接力寻亲。

第二，善用现代科技。在"三无"人员入站前，各街镇社会事务办公室先行提供临时救助。警方介入后，对于有明显疾病的，先医治，后救助，确保其生命安全。"无名氏"进站时，警方提取 DNA，进行全国筛查。比如 2018 年，救助站通过警方 DNA 比对完成寻亲 6 例。随着寻亲服务工作的深入推进，救助站引入了人脸识别技术，2018 年救助站通过人脸识别完成"无名氏"身份确认 80 例，成效显著。

第三，善用互联网和志愿者资源。社会工作者开始只限于把信息上传到救助管理信息系统网站，匹配"三无"人员信息，但成效不佳。2017 年初，D 市的"让爱回家"社会组织无偿协助流浪人士回家。社会工作者主动与之对接，整合其组织网络和工作经验。同时，救助站还与"今日头条"寻人栏目、"宝贝回家"网站合作，获取了丰富而有效的网络资源，社会工作者把服务对象的信息用图文的形式上传至网络。社会工作者还借助抖音等新的网络平台发布寻亲视频，并通过服务对象可能来自的地域的志愿者群、商会群、干部群等各种渠道，向外扩散"无名氏"信息。2018 年，借助社会力量完成寻亲 52 例，其中通过"让爱回家"志愿者团队寻亲成功的有 26 例、通过"今日头条"寻亲成功的有 20 例、通过"宝贝回家"寻亲成功的有 6 例。

第四，善用"基础服务"。在寻亲行动中，社会工作者感到，越到后面越困难。社会工作者组织开展益智活动，如学数字、写简单汉字、听歌、手工活动、做保健操、走路等，促进流浪人员的身心健康，唤醒其沉睡的记忆，提升其语言沟通能力，从而为寻亲服务提供一定的基础。

（四）服务"前置"与疏堵结合

近年来，平均每年有 250~290 位"三无"人员进出站。一边出，另一边进，如何改变这种被动局面，减少"三无"人员的进入量，在"疏"中加入"堵"？社会工作者尝试了寻亲服务工作前置的方法，并获得了各方面的支持。首先，深入医院问询。社会工作者到医院的住院部开展探访工作，并重点对未进站求助的"三无"服务对象进行问询。仅 2018 年一年就在医院成功查实了 17 例"三无"人员。其次，联合救助站外展社会工作者，到街面、市精神卫生中心开展寻亲服务。2018 年下半年外展社会工作者在站外确定了 119 名流浪人员身份，是 2017 年的 4.3 倍。再次，让志愿者变身开路先锋。救助站在技术、物资、流浪人员对接方面，支持"让爱回家"的志愿者成为开路先锋。截至 2018 年底，"让爱回家"的志愿者成功救助 477 名流浪人员。最后，与救助站的外展巡街相结合。在重大节假日、灾害天气、"寒冬送温暖"等专项救助服务中，发现"三无"人员，及时介入。D 市救助站里的寻亲服务，像星星一样照亮了流浪人员回家的路。

第十一章　社会工作者职业发展的
行动研究与知识生产

一　社会工作者职业发展历程中的实践知识：
外来科班社工的行动研究

（一）社会工作职业制度构建与行动者的就业选择

1. "依据专业导向定位职业道路"：社会工作者的就业路径

2007 年 10 月，深圳市委、市政府提出用 3~5 年的时间初步建立起有中国特色、深圳特点的社会工作制度体系的目标。D 市学习深圳经验，依循深圳模式（徐盈艳、黄晓星，2015），于 2008 年 1 月，作为改革开放前沿的地级市启动了社会工作试点。2009 年 5 月，D 市出台了《中共 D 市委　D 市人民政府关于加快社会工作发展的意见》和 7 个相关配套文件，后续又印发《D 市社会工作试点实施方案》等其他一系列相关文件，最终形成了"1+8"① 社会工作发展制度，该制度确保社会工作经费全部纳入市、镇（街道）财政预算范围，并选择在民政局、教育局、团市委、妇联、残联等体系中设置社工岗位，在 H 镇等 6 个镇（街道）进行试点。

---

① "1+8"中的"8"为《D 市社会工作试点实施方案》《D 市社会工作者职业水平评价实施方案》《D 市社会工作人才教育培训方案》《D 市社会工作专业岗位设置方案》《D 市社会工作人才专业技术职位设置及薪酬待遇方案》《D 市发挥公益性社会组织在社会工作中作用的实施方案》《D 市财政支持社会工作发展的实施方案》《D 市社工、志愿者联动工作实施方案》。

重点在社区服务、社会福利与救助、青少年教育、医疗卫生、社会矫正、禁毒、残疾人服务等领域设置社会工作岗位，按照政府采购的程序，通过政府向社工机构购买社会工作服务的方式开展服务。最初 D 市主要是采取了购买岗位的模式，即由有服务需求的单位上报政府购买服务目录，主管部门参考省财政厅关于购买服务的暂行办法，根据 D 市实际情况对购买服务状况进行审核，最终确定购买岗位的数量，社工机构通过招投标的形式获得项目（徐盈艳、黄晓星，2015）。按照《D 市社会工作试点实施方案》的要求，上岗社工需具有社会工作专业本科及以上学历，并需获得助理社会工作师或社会工作师专业技术资格。该门槛的设定，有效地限制了非专业背景人员的参与，从而为社会工作专业的毕业生提供了就业机会。随后，大量社会工作专业的毕业生纷纷涌入该领域，同时，这也吸引了非社工专业背景的个体通过取得助理社会工作师或社会工作师的专业技术资格而获得在该领域就业的机会。

张社工自 2012 年起便踏入了 D 市的社会工作领域，并在 H 镇的妇女儿童服务领域工作。回溯其职业生涯的起点，在研究生毕业实习期，张社工就直接前往深圳进行实习。毕业后，鉴于 D 市在社工领域的薪酬待遇相对丰厚，且得知有一名同学亦在此地工作，张社工决定来 D 市工作。值得注意的是，张社工在毕业之际并未背负回馈家庭的经济压力。作为初出茅庐的应届毕业生，她尚未广泛涉足社会，亦未将目光投向社工职业之外的其他选择。更为关键的是，张社工深切感到，自己多年学习社工专业的积累若不能付诸实践，将是一种资源的浪费。当然，D 市相较于国内其他城市在薪资方面的吸引力，也是推动她做出这一选择的重要因素之一。

早在 2010 年 12 月 31 日，D 市就举办了社会工作试点总结暨发展推进大会。此次会议正式宣告，截至 2010 年 11 月底，D 市及其下辖各镇级行政单位已累计投入财政资金超过 5000 万元用于政府购买社工服务岗位共计 578 个。在社工薪酬管理方面，D 市严格遵循了《中共 D 市委　D 市人民政府关于加快社会工作发展的意见》及《D 市社会工作试点实施方案》相关规定。社工薪酬的确定，参考了市直行政事业单位聘用人员的经费供给标准，并统一设定为每人每年 6 万元（具体分配为：社工个人薪酬约 4.8 万元、社工活动经费 0.18 万元，以及社工机构管理运作与为社工购买保险等费用约 1 万元）。基于这一标准，购买方向社工机构购买服务，并派遣社工至相应岗位提供专业服务。在此应特别指出，2010年，D 市一线社工的月薪为 3800 元，对比同时期数据，2010 年广东省的城镇单位就业人员平均工资为 40432 元/年（中华人民共和国国家统计局，2011），即月均 3369 元。由此可见，D 市一线社工的薪酬水平已高于全省城镇单位就业人员平均工资。此外，社工工资由财政经费支付，这一举措进一步确保了社工工资的稳定性。

值得一提的是，D 市首次社工上岗仪式在市政府会议室隆重举行，并有副市长在现场见证，彰显了该职业极强的政治性。2009~2011 年，D市政府持续宣传专业社会工作的积极作用，成功塑造了社会工作作为"政府购买、财政支持、工作稳定"的朝阳职业的形象，这一形象深入人心，并引发了本地民众竞相投身社工领域的"社工热"现象。鉴于政府部门在获取政治信息方面的优势，2010~2013 年，D 市社工专业的大学新生中，不乏来自政府部门家庭的子女，且比例相对较高。彼时，D 市房价维持在每平方米 4000 余元的水平，而社工的月薪则接近 4000 元，从物质层面而言，这一薪资水平基本能够满足生活需求，加之政府的大力倡导与支持，使得社工职业不仅在经济上具备吸引力，更在精神上赋予了从业者职业意义感，从而进一步巩固了其作为朝阳职业的社会地位。这一发展历程为社会工作专业的毕业生指明了一条沿着专业方向探索职业道路的发展路径。

2."孔雀东南飞"：社会经济发展背景下青年人的社会流动路径

从张社工的职业选择路径中，我们可以洞悉到一种长期存在的社会流动趋势，即"孔雀东南飞"。张社工曾坦言："我当时没有想过要扎在哪里，但是我就感觉出来（流动）好像是自然发生的。"这实则是现代化进程中不可逆转的必然趋势，是时代洪流下的必然结果。在此背景下，青年人不得不选择"离家远行"，踏上一条"由乡入城"之路。这与改革开放初期内地人口大量涌向珠三角地区的情境相契合，是当时社会流动的生动写照。张社工回忆起自己决定前往广东时的情景："当时我说我要去广东，我妈哭了，但是她并没有阻止我，甚至帮我收拾行李。"这一幕，成为那个时代社会流动与变迁的缩影。

张社工在前往广东之前，已经参与了由老师创办的社工机构，试图推进内地社会工作发展。然而，鉴于内地社会工作发展步伐较为迟缓，且政府在该领域的财政支持显著不足，该机构难以保障全职社工的薪资，故在临近毕业之际，她不得不做出离开的决定，寻求新的职业机会。与此同时，广东凭借其经济繁荣的优势，明显扩大了政府采购社会工作服务的规模，投入社工领域的资源充裕，为社会工作领域提供了众多的就业机会。这一时期，广东的社会工作正处于开创阶段，其蓬勃发展的态势犹如当年改革开放的浪潮，不仅吸引了全国的关注，更使广东成为社会工作专业毕业生竞相前往的热门地区。对于社会工作专业的毕业生而言，"只要愿意来，都可以找到工作"。

从这一微观现象中，我们可以领略广东地区市场经济迅猛发展的景象，以及城市化进程整体加速推进的态势。社会工作的发展与城市化进程紧密相连，正是在这样的背景下，作为经济最为发达的地区之一，广东率先从政府层面建立起完善的社工职业体系，以应对城市化过程中产生的各种问题与挑战。张社工说：

> 我觉得没有刻意地要到这里来，大学毕业那个时候都开始找工作，都跨地域，就随便一来，没想到就成了。留下来工作感觉还挺满意的。

此外，尽管 D 市本地人拥有多样化的经济发展条件，但随着社会工作的蓬勃发展，这股热潮也吸引了一部分本地人的参与。然而，在亲身体验之后，不少本地人选择了离开。同时，也存在一些社会工作者，他们的父母作为流动人口已在此定居，受上一代影响，他们也选择在此扎根，投身社会工作行业。综上所述，社会工作者进入社会工作行业的背后，实则蕴含了时代的契机。

（二）社会工作制度环境与实践处境对实践者的支撑：社会工作者职业生涯发展路径

在 2012 年 9 月，张社工正式走上 H 镇妇联的社工岗位。尽管当时其薪资水平并不高，但对于一个刚从农村走出、踏入社会的大学生而言，这份收入已相当可观。"拿到人生的第一笔工资，一个月几千块钱！"在当时的情境下，社会工作者能够享受政府饭堂提供的餐饮服务，其菜品物美价廉。此外，用人单位在初期阶段还统一为社工安排了住宿，这些福利待遇不仅增强了社工的安全感和归属感，也让他们感受到了被重视与关怀的滋味。值得注意的是，张社工在此期间还幸运地遇到了一位极其温暖的搭档。这位搭档具有较高的包容性，其丰富的专业实践经验更是对张社工产生了积极影响，有效促进了张社工的工作开展。

> 她对我的支持，让我待在那个地方有安全感。我们那个时候吃住都是在一起的。她也是一个外地人，是山东人。她让我在这个地方不再害怕，我一个人出来，加之当时 D 市的社会治安很乱，是她给了我满满的安全感。

张社工的职业生涯发展较为顺畅，其在入职第一年便晋升为督导助理，这一晋升不仅带来了薪资上的小幅提升，更重要的是给予了张社工一种在专业上被认可与肯定的荣誉感。鉴于张社工拥有社会工作专业教育背景及研究生学历，在 D 市的社会工作领域，她被视为具备专业素养的人才，因此其职业发展相对迅速，这也为张社工带来了显著的职业成就感。彼时，张社工所在的团队由 4 名成员组成，其中包括两名研究生及两名大专生，这样的学历结构使得团队在受教育水平上占据优势地位。这种优势所带来的积极影响是多方面的。一方面，对专业知识与技能的较好掌握，使得团队成员能够以更加专业的姿态去应对各种工作挑战。他们可以运用所学的理论和方法，为服务对象提供更优质、更有效的帮助。另一方面，这种优势在一定程度上增强了团队成员的自信，让他们在面对困难和压力时，有足够的底气去克服和应对，同时也提升了他们的职业竞争力，使他们在激烈的职场竞争中脱颖而出，为个人的职业发展开拓更广阔的空间。

> 我对我的专业程度是很自信的，比如说家访，包括家暴的，我一个人都敢去走访。我对我的专业，还有我自己的职业是充满信心的。我当时就觉得意气风发，我对自己的专业进行了系统的学习。我所学习的专业在社会层面也给予了我丰厚的回馈，在这个阶段，我深感自豪。

当时社会工作领域的发展呈现向上趋势，行业内部对专业价值的认同极为坚定，从业者普遍拥有极强的成就感。张社工开始担任督导一职，同时接受来自香港资深督导的督导，这一过程对其职业发展具有深远意义。在担任社工督导之后，张社工获得了更多与同行分享专业知识的机会，其督导范围也扩展至其他多个镇（街道）。这不仅促进了专业的交流，还让张社工有机会深入了解各地社工服务的特色，进一步拓宽了她的视野。在接受督导培训的过程中，张社工常参与由香港督导带领召开的小组督导会，与其他社工共同探讨专业议题，督导更是倾囊相授，耐心指导大家如何胜任督导工作。此外，担任督导助理时，张社工还获得了前往香港参观、学习的机会，这些长时间的交流与学习经历，为她打开了通往不同"世界"的大门，极大地丰富了她的专业认知与人生体验。例如，督导组织的一次香港夜行活动，让张社工等人在深夜漫步街头，亲身体验香港的另一面，这对于一位初入行业且充满实践热情的社工而言，无疑是一次意义非凡的经历。在视野不断拓宽与作为督导助理的历练中，张社工进一步坚定了向督导岗位迈进的步伐。她持续深耕于社会工作的专业领域，其动力源自对这一职业的深切热爱与执着追求，而非单纯对职位名头的向往。张社工职业发展的顺利与职业发展动力的长期保持，显然得益于当时政府对于社会工作的重视以及营造的良好职业环境，政府的一系列举措为张社工职业成长提供了制度保障。

在审视社工行业时，若将其置于社会发展的宏观背景下考量，我们便能洞察到社会结构对社会工作者成长轨迹的深远影响。一位来自河南乡村的大学生，目睹了彼时香港经济社会的繁荣，这一经历无疑拓宽了其视野，丰富了其见识。这一现象具有鲜明的时代特征，需置于特定历史时期予以解读。"我是个内地孩子，去香港学习对珠三角的孩子可能不稀罕，对内地河南人、对我们北方来讲确实稀罕。"

张社工所拥有的硕士学位，在其职业生涯的起步阶段无疑为其增添了重要的砝码。在中国职业发展的脉络中，2012 年，硕士毕业生尚能享有诸多选择，如担任大学教师或辅导员等。相较于目前，当时入职门槛相对较低，发展机遇更为多元。因此，我们不能忽视当时硕士研究生的稀缺性与张社工职业发展的"意气风发"之间存在着较强的关联性这一事实。这是作为第一代社会工作者发展的时代条件与背景，而现阶段硕士研究生的某些优势可能已不再显著。

> 当时政府视社工为人才，我们刚上岗的时候就受到了镇领导的接待，然后一看简历："我们两个研究生！"之后让我尝试帮写材料，我写的稿子领导认可度很高，领导对我们写材料中使用的包含社会工作理念的词非常认同，当时会觉得自己是人才。

因为张社工在"写材料"方面极具专业性，又拥有社会工作专业背景和相应学历，且恰逢 D 市社工行业蓬勃发展之际，所以她在工作单位被公认为社会工作领域的专业人才，也由此获得了若干发展机遇。这些机遇包括但不限于她晋升为督导的机会，尽管彼时晋升之路仍不乏挑战，亦需历经社工机构及市社协的严格选拔，但相较于当前环境，社工的发展空间显然更为广阔。

（三）实践处境中社会工作者的发展机会与行动逻辑

在 2014 年，政府向张社工发出了从社工岗位转向政府体系担任聘员的邀请，然而张社工并未接受此邀请。首要考量在于，政府的工作性质偏向行政化，与社会工作的专业化要求存在显著差异。此外，聘员需度过长达 6 年的服务期方能转正并获得参编资格，这是一个非常现实的挑战。张社工当时认为，其作为社工的薪酬水平尚可，且督导工作既符合个人兴趣，又赋予了工作以社会意义。时至 2017 年，H 镇筹备成立慈善会，相关部门再次向张社工伸出橄榄枝，邀请其参与慈善会的筹建与运营工作。然而，张社工再次婉拒了此邀请。原因在于，就在前一年的年底，张社工已成功从督导助理晋升为见习督导，职业生涯迈上了新的台阶。与此同时，其职位亦由原先站点的负责人晋升为机构所在 H 镇片区的统筹者，这一变化开启了张社工职业生涯的新篇章，既带来了机遇，也伴随着挑战。

> 当时有一个很现实的问题，在慈善会我只是综合组的组长，相当于办公室的组长。去慈善会待遇比当时做社工要好，但综合组有很多行政性的工作，就是写材料。另外，我外地人，没有资源，未来晋升的空间也不大，而且又没有很大的专业发挥空间。如果说安排的是业务组，负责做项目倒是还可以。

优秀社工在进行职业生涯规划与选择时，需明确其个人职业目标，并具备综合评估后做出决策的能力，以为其未来实践创造更为广阔的发展空间。张社工在面临抉择时，尽管一开始未必全然洞悉各种选择的意义，但直觉往往驱使个体采取行动，最终促使其做出决定。此决定之合理性，在于其在多大程度上符合当前社会环境的真实情况。从利益与资源的角度来看，慈善机构凭借丰富的资源成为优选。然而，若追求深入社工实务，则可能需考虑其他非行政性质的工作岗位。值得注意的是，资深社工的职业转型路径多样，其中不乏通过体制吸纳实现角色转换的案例，如转至政府部门担任聘员，或考取家乡体制内职位，抑或转向与社工紧密相关的行政领域，比如企业、社区的党务工作等。这些路径与张社工所选择的职业发展方向形成鲜明对比，彰显了其职业选择中对专业实务的侧重。

如今回顾，张社工对于曾经两次婉拒进入体制内工作的机会，依然保持着无憾的态度。她明确指出：

> 我觉得无所谓，从现实的角度而言，现在我取得了高级社工师

资格证书，我的工资待遇也提升了。从另一个角度来看，这带来了我很宝贵、（体验）很丰厚的十年，我若转去做行政工作人员，工资待遇可能更好，社会地位可能更高；但是我想要的丰厚的人生体验，那是得不到的。我经历了别人可能几辈子都经历不到的东西，我借助别人的人生，丰富了自身。

综上所述，社会工作者能够持续成长并发展为资深专业工作者，离不开个人与环境因素间复杂的相互作用。为深入理解资深社会工作者的发展轨迹，我们需要审视其在职业生涯中的生存策略，探究是哪些必要条件支撑了其专业实践的持续发展，让其没有在面临多元选择时做出权衡并放弃。同时，我们应关注这些资深社会工作者在职业生涯中积累的实践经验与知识。每位社会工作者均具有其独特的成长路径，因此，我们就要回到人的主体性上，分析其发展过程中所具备的条件与待完善的方面。

此外，我们必须认识到更为广泛且深远的社会发展的影响。以张社工为例，我们要将其在职业选择中两次拒绝进入体制内的决定置于其所处的时代背景下来进行理解，以阐明其中蕴含的道理。诚然，当时她得到了一次进入编制的机会，但我们需要明确的是，那时的社会环境与现今截然不同。21世纪10年代，中国正经历着加入世界贸易组织（WTO）所带来的深远影响，整个社会正以前所未有的开放姿态面向世界。在这样的背景下，社工群体也积极寻求与外界接触和交流的机会。彼时，香港经济发展态势良好，对内地青年而言，无疑是一个充满魅力和吸引力的地方。因此，通过前往香港拓宽视野、了解世界，成为一种重要的策略选择，同时也高度契合了当时社会发展的趋势。此外，鉴于当时D市乃至全国正步入社会工作建制化发展的初期阶段，张社工作为首代开拓者，正置身于对本土社会工作内涵、本质与路径的构建之中。此时还缺乏明确的先例与指南来界定中国本土社会工作的理想形态，而香港督导关于社会工作实务的阐述恰好契合了新晋社会工作者探索如何开展社会工作的现实需求。通过这一互动桥梁，张社工不仅拓宽了视野，更实质性地触及了香港及内地社会工作实践经验的核心，尽管她进入 D 市社工领域的时间稍晚，但依旧占据了第一代社会工作者行列的末席，成为 D 市第一代实践者的一员。他们这一代社会工作者，作为拓荒者，在社会工作建制化发展的浪潮中勇于探索，对这种建制化过程的参与不仅激发了他们的探索精神，也赋予了他们作为开拓者的社会历史身份。因此，我们在审视社会工作者的发展历程时，必须将其置于其所处时代的背景与条件之下，方能获得全面而准确的理解。

在 D 市社会工作发展的初期阶段，其发展模式显然受到了香港经验的深刻影响。这种影响尤为显著地体现在第一代社会工作者的专业实践与职业发展路径上，这些社会工作者接受了来自香港社工的督导，从而在其职业生涯中融入了香港社工的专业理念和实践经验。此现象可归因于两地地理上的紧密相邻，以及当时香港相较于 D 市在社会经济发展上的优势。彼时，社会工作者争相赴港交流学习，尤其是内地的社工，此举对其个人成长及职业成长亦具有开阔眼界方面的意义。因此，D 市社会工作发展初期的专业实践样态，既体现了本土特色，又融入了通过香港传递而来的西方社会工作理念与经验。比如，当时强调社会工作者是独立于政府外的第三方，社工也拒绝去做政府的行政工作。然而，2014～2024 年的变迁极为显著。举例来说，以往香港督导会要求 D 市社工学习粤语以便沟通，而如今，则是香港人需要学习普通话以融入内地。眼下，社会工作者前往香港学习已不再是过去的仰视姿态，而是逐渐趋向于一种更为平等的交流模式。年轻一代的社会工作者亦不再将赴港学习视为专业发展的必经之路或拓展眼界的途径，其重要性已有所淡化。

（四）社会工作者的职业发展低谷期与未来探索

在 2017 年，张社工婉拒了慈善会的邀请后，随即步入了一段职业生涯的迷茫阶段。其间，其所服务的机构面临业务缩减的困境，同时，社会工作领域行政化的趋势日益显著。此外，机构内部还经历了老一代社工的大规模流失。具体而言，张社工的友人中，杨社工已于 2016 年携其伴侣转职至内地一大学担任教职；而赵社工则在 2019 年选择加入社区居委会，并担任了"两新"组织党委委员的职务；孙社工通过考试，成功入职佛山的强制隔离戒毒所；至于冯社工，其在2017年前后，因与用人单位在理念上存在分歧，选择回归至机构总部。

　　那个时候好像大家都在离散，工资也一直没有涨。虽然工资没有上涨，但我的生活仍处于可维持状态。我没有其他的社交，我没有结婚，家里也没有那么重的负担，那个时候我甚至还可以反哺一下家里，我没有感觉生活对于我来说是一个非常困难的事情，我也没有想太多。我迷茫是因为我觉得我做的事情。当时一个文化项目也逐渐地发生了一些变化，在"双百社工"介入之后，因为预算问题，项目就必须裁人。当时我知道这个消息之后，就立马跟用人单位的领导去做对接，然后又跟机构联动，让他们协助处理，我自己也持续跟进，后来社区保住了一个位置，就裁了一个人。当时我也想办法去做预算的对接，后面我们又从其他项目里申请钱，也从慈善会申请钱。但是当时不少项目的经费也不能用作人员工资，慈善会的经费要求人员工资控制在20%以下，人员工资普遍都很少。此外，还有社工团队内部的问题，因社工队伍人员的本地化，大家都是同一地方的人，在一个单位里共事，以至于纠结和张力会很多。那几年很艰难，当时我做的事情已经不是专业的事情了，要做团队的各种风险控制、利益相关方协调，这个是在职责范围之内，所以我对这个没有怨言，但是这让我觉得很累，比较迷茫。

在张社工面临职业发展困惑之际，她选择了与团队中几位关系紧密的同事共同探索性教育与心理咨询领域的发展。此过程中，她们相继参加了心理咨询师资格考试，并随后取得了性教育培训师资格认证。张社工亦积极寻求突破，尝试拓展业务范围，例如与异地妇联建立合作关系，共同推进性教育服务的普及，并积极探索举办相关夏令营活动，以期在职业道路上找到新的发展方向。

　　但是我做这种事情是非常难受的，同时也很纠结。很多人问我，你为什么不接这种心理咨询，你的经验那么丰富，你是能胜任的。我始终认为，在 H 镇，作为一名社会工作者，我不应当从事收费服务。我始终不能接受我在服务区域内，去接收费个案这件事情。住在其他镇街的人找我，我在心理上还稍微能接受一点，所以我去做过这种尝试。但我没有勇气完全抛弃我现在这份工作，觉得心理上和生活安排上我都没有做好准备。到了 2019 年我结了婚，之后我的家庭责任感就来了，我就更加不敢离职了，所以那个时候踏踏实实地又开始去工作。

目前，D 市拥有十几年社工工作经验的从业人员已日渐稀少。仍在坚守岗位的第一代社工，又面临由政府购买社会工作服务中的社工向"双百社工"转型的这一社会工作发展的本土化阶段，这种转型将伴随着他们新的成长与发展历程。

（五）社会工作者的主体性与社会工作专业关联性探究：对社工专业认同的回观与解构

为何张社工始终坚持紧密贴近专业实践，而非选择行政工作？这种对社会工作专业实践的认同是如何逐步形成的？同时，它又如何与张社工的主体性紧密相连？为了解答这些问题，我们需要返回张社工的主体经验，以探究答案。

1. 专业价值与成长经验的呼应

追溯至高考填报志愿之际，张社工将社会工作专业列为第三选择，且对社会工作的具体内涵知之甚少，仅凭字面意思理解，误以为该专业就是"为社会而工作"。

我们高考的时候都是很迷茫的，就是处于那种混沌的、很无知的状态。我是一个农村孩子，我的见识也没那么广博。我印象非常深刻，我妈说这是个什么专业，听起来挺好的，"为社会工作"挺好的，然后我就在第三个志愿报了它，可能当时报社工的确实不多，基本上都是调剂过去的，我也是调剂过去的。

张社工在填报高考志愿时，首选的是韩语专业，表现出了对语言学科的兴趣。在进入社会工作专业后首个学期的学习中，张社工深感不适，原因是她未能如愿进入心仪的专业。面对这一情况，张社工产生了转专业的念头，在母亲的支持下，她于入学第一周内便前往教务处咨询并申请转专业。教务处给予的回应是，待第一学年考试结束后，张社工可参与转专业考试，通过考核者即可转专业。在随后的学习过程中，张社工意外地发现社会学概论这门课程十分契合她的兴趣，该课程的任课教师是文老师。文老师不仅是张社工本科阶段的班主任，也是其专业课教师，其学术背景并非社会工作，而是历史学。

就觉得，我好像突然被唤醒了。因为我那个时候就那么单薄，不管注入的是什么，只要用心听，对我来说可能都会是一扇新的大门，打开了一个新的世界。我面前大学打开的这扇大门就是社会工作，它吸引到我了，我就进去了。

在后续的学习进程中，张社工深入学习了社会工作专业课程后，逐渐对该专业产生了兴趣。她认同社会工作所秉持的"助人自助"理念，这深深吸引了她，促使她对社会工作专业产生了热情，并在学习过程中展现出了极高的专注度与投入度。张社工对社会工作专业态度的转变与喜爱之情的产生，并非无源之水、无本之木，其背后必然蕴含着深刻的内在动因，即专业学习内容与她的个人经历或某些特定的生活体验形成了共振。因此，探究这一转变的根源，我们不难发现，张社工的个人经验中定有某些要素与社会工作的理念相契合，从而激发了她对专业的认同感。至于这些具体要素为何，尚需进一步的分析与挖掘。

可能我是一个比较"揽事"的人，从小可能就是这样。从前我有一个邻居的儿子十几岁，上初中了还尿床，然后经常被他妈妈打。有一次，我跟我妈下地干活回来，天都黑了，他还在柴火堆里自己躲着，我们路过的时候，就会去关心他。

张社工身为"80后"，儿时居住于农村，那是一个典型的熟人社会，邻里之间依然保持着深厚的互助传统。张社工的父亲，一位在乡镇政府工作的退役军人，对张社工的性格产生了影响。

> 我爸就很喜欢我的性格，觉得"我女儿很正义、很胆大"。我小时候看见我爸妈吵架，我会去保护我妈，然后跟我爸做一些对抗。我爸也从来不会因为这个去迁怒和打我。我从我妈那里听到的评价反而是正面的，他们对我的这种性格很欣赏。

张社工的母亲，作为当时社会中较为罕见的高中毕业生，曾担任本村小学教师，对于张社工的教育始终持支持的态度。当时，村中与张社工同龄的孩子往往只能完成初中学业。而张社工的父母有三个子女（包括两位男性和一位女性），却展现出与众不同的教育观念。

> 我们村里几乎没有愿意供闺女读书读到研究生的，很多都只读到初中。而我妈说我闺女愿意读到啥时候就读到啥时候，读到博士都行。

张社工对于社会工作的热爱，受到了其母亲的影响。张社工的个性以及家里对她发展的支持，给了她发展的底气，这与那些单纯追求物质利益的人不同。因此，她最终误打误撞地选择了社会工作专业，并一路坚持至硕士阶段，这一过程并非偶然，而是深受她的独特个性以及来自家庭的有力支持的影响。综上所述，我们可以观察到，20世纪90年代张社工成长的农村地区环境，与彼时已深受改革开放影响的南方 D 市之间存在着显著的差异。D 市在 90 年代初便已受到改革开放浪潮的深刻影响，城市化进程迅速推进，民众积极投身于市场经济的发展大潮中。相比之下，河南农村的改革开放进程相对滞后，农村社区依然保持着浓厚的传统特色，这种环境中孕育的守望相助的质朴社会情感深刻影响着当地居民的价值观，他们依然对社会有很深的情感，认同乐于助人、疾恶如仇、追求公平正义的价值观。值得注意的是，张社工在大学期间所学习的社会工作专业的核心价值理念与她在内地农村所感受到的社会情感及价值观念不谋而合，并相互呼应。这种契合不仅加深了她对社会工作专业的认同，更在后续的专业实践中得到了充分的验证与体现。

2. 专业发展与情感动能的互动

张社工所展现的"揽事"特质，源于其内心深处的情感驱动力，然而，这一特质也给她带来了一定的困扰。某次，当张社工与一位服务对象并肩行走时，一辆汽车猛然停在二人身旁，车内人员迅速下车并抓住了服务对象，声称："我终于找到你了。"原来，该服务对象曾骗取他人手机，而张社工对此毫不知情，当场陷入愕然状态。随后，该人对张社工的身份表示疑惑，询问其身份。张社工坦然回答："我是社工。"对方不解其意，反问她"社工是什么？"，并要求张社工一同前往派出所。抵达派出所后，张社工内心坚定而自信。当警察询问其身份时，张社工再次表明自己是社工，却未料到警察同样对社工这一职业表示不解：面对解释的困境，张社工提议警察通过电话联系其办公室以获取更多信息。最终，在警察与妇联的沟通下，社工的身份及职责得以澄清。在此次事件中，张社工的介入程度超出了常规，引来了领导的批评。这也引发了她对社工介入程度的思考。

每当遇到身处困境之人，张社工总能感同身受，进而产生强烈的责任感，这种情感共鸣与责任担当，是单纯的教育所无法培养的。

> 领导有时候也会说："我觉得你想干的事情好多，你想做心理疏导，又去走访家暴家庭等，你天天干这么多事，你忙得过来吗？你能不忙吗？把评估指标上要求的做好不就好了吗？"但不管是不是我的工作，我都真心喜欢做，尽管很忙，但是很喜欢自己揽的这些事。这完全不同于又忙又痛苦地被"异化"的工作体验。

张社工是一位具有责任感与热情的社工，她善于主动承担责任并积极解决各类问题。她的这种超越了完成工作任务的热情，源自内心深处的情感驱动力，这种对帮助他人充满自发性的热情构成了张社工在职业领域的独特之处。在社会工作实践中，个体的主动性对于工作成效具有至关重要的影响。面对实践中可能存在的模糊或复杂情境，即所谓的"灰色地带"，有些社工可能会选择避免额外负担，仅完成规定动作。然而，张社工常常出于为服务对象提供更优质服务的考量，主动承担更多责任，积极"揽事"。"揽事"这一行为对于社会工作者专业实践的深入推进具有重要意义，它体现了社工对于工作的用心程度与责任感。简言之，"有心做"与"无心做"之间的区别就体现在是否会"揽事"上。张社工对于需要帮助的人所展现出的深厚情感，根源在于其家庭经验和成长经历。

> 我的家庭中爸妈做不到对需要帮助的人无动于衷，我也深受其感染。第一次对这个有意识，是在我小时候，我弟弟不听话，然后我告他状，这件事我完全没有印象，是后来我爸妈跟我讲的。但当我爸要打弟弟的时候，我就去拦，去求饶。然后我爸就很生气，我不断给弟弟求情。后来我爸就说我闺女太好了，我就觉得好像被鼓励了，因为这种品质。

张社工的家庭背景无疑对她培养助人的精神起到了积极的促进作用。在资本市场占据主导地位的环境下，个体化的生存方式促使人们必须重视保障自身资产的安全。若家庭环境未能给予足够的鼓励，甚至从小就向孩子灌输少管闲事以免遭遇风险导致家庭利益受损的观念，那么在这样的家庭环境中成长的孩子，有可能走向"精致的利己主义"的一端，其长大后的利益考量方式就很可能与张社工不同。张社工成长于朴实无华的农村环境，此环境蕴含着深厚的互助传统和集体生产的历史经验。鉴于彼时农村资源相对有限，人们往往通过相互帮助来克服困难。张社工所展现出的品质，显然是在其社会化过程中逐渐形成的，这一过程中，她的农村生活经验、母亲曾担任村小教师的背景，以及身为军人的父亲的影响，均成为其品格塑造的影响因素。这些因素对于社会工作专业实践的发展而言是重要的。张社工乐于助人、勇于维护正义的性格特质，不仅彰显了她的个人品质，更为其职业生涯的发展注入了强大的情感动力。这些特质在她日后的工作中发挥了作用，成为推动她不断前行的力量。

在社工的职业发展进程中出现的困境与挑战不仅是对其专业能力的考验，更是对其情感驱动力能否持久支撑其职业道路的检验。部分社工或许会因逆境而削弱内在动力，最终选择放弃社工职业，转向其他领域。然而，也有社工即便面对重重困难，也依然能够保持探索的热情，这源于他们对社工职业的热爱以及对个人职业发展的渴望。社会工作者在职业发展过程中可能会遇到瓶颈，并感受到显著的无力感，这通常是由结构性约束等外部因素所导致的，使得实践者面临诸多发展挑战。以 D 市为例，近年来社会工作者的薪资水平较低，导致人员离职。然而，张社工凭借其情感驱动力，持续在职业道路上进行探索与努力。

通过对张社工经验的剖析，我们得以更清晰地洞察其主体性与社会工作实践之间的紧密联系，以及这种联系如何塑造了其独特的专业发展路径。这一过程不仅加深了我们对社工职业复杂与多元化发展的理解，也为其他社工在面对类似挑战时提供了经验参照。

（六）社会工作职业经验对实践者生命的反哺

在社工行业面临转型的背景下，张社工虽具有情感驱动力维持，但其未选择转行亦与经济压力相对较轻的现状密不可分。对于社工而言，一旦步入婚姻并组建家庭，经济压力往往随之显著增加。张社工毕业后未急于步入婚姻，这一状况无疑为其职业生涯的进一步发展减少了制约因素。目前，年轻一代中晚婚现象较为普遍，其中一个重要原因是希望避免因过早结婚而限制个人发展的可能性。

> 晚婚是因为我没有碰上。30 岁以前就不断被催，但是我妈界限感比较好。我妈在老家都可以给我介绍男朋友。其中一个是船员，文化水平不高，性格非常内向。我觉得社工生涯对我的影响在这个地方是可以体现的，就是我跟我妈的沟通方式。如果是以前我可能会说，我不喜欢，就不要再继续了。但是那一次我妈打电话问我他怎么样，妈说那个孩子很老实什么的。然后我就跟她说，我跟他没

有共同语言，聊不到一块去。我说你想想，如果你闺女以后几十年都要对着一个说话都说不上来的人，你觉得好不好？你要是觉得好，我也可以再试试。我妈说那不行，你要是说不上话，不行！

这充分展现了社会工作知识与经验在从业者个人成长中的内化，使得社会工作者在处理自身生命发展时展现出更为成熟的特质。由于社会工作者在实践中广泛接触各类家庭，他们在反身处理自身的人际沟通、恋爱选择等议题时，能够凭借经验作出更为明智的决策，这无疑是生命智慧的一种体现。在社工行业内，众多从业者得益于其专业实践中积累的婚姻家庭方面的经验，在处理自身婚姻关系时能够展现出更好的策略与独到的见解。不少社会工作者声称，正是从工作中汲取的经验，让他们在处理个人婚姻生活时更加自信，拥有更为明确的立场与观点。这无疑得益于实践者通过目睹服务对象生命中真实的"悲欢离合"而形成的社会认知。以张社工为例，她已步入婚姻殿堂，并表达了对丈夫"有担当"这一品质的由衷赞赏。这种对"有担当"的认可，揭示了婚姻的本质及其非浪漫化的面向，体现出她基于实践经验所发展出的对婚姻的理解。这种理解蕴含着她个人在实践中不断探索与积累的实践知识，是理论与实践相结合的产物。因此，社会工作者的婚姻不仅是个人生活的一部分，更是一门值得深入研究的学问。这门学问的丰富程度，与社会工作者在实践中所观察到的人和事、所积累的智慧和经验紧密相关。因此，我们鼓励社会工作者分享他们在实践中的所见所闻、所感所悟，这对于推动社会工作实践知识的增长与发展都具有重要意义。这些生动的故事不仅充满生命力，更是社会工作实践知识的重要来源与补充。

二 社会工作者职业发展历程中的实践知识：外来非科班社工的行动研究

小贺于 1983 年出生于湖南韶山。2004 年 6 月，他毕业于湖南一职业学院。自毕业以来，截至 2024 年，他已积累了共计 19 年的社会工作实践经验。在具体经历方面，他有 14 年投身于广义的社会工作领域，随后 5 年则专注于专业社会工作行业。小贺的职业生涯轨迹，体现了非社会工作专业背景人士在该领域的成长路径。同时，该轨迹亦为我们提供了可与 D 市制度化社工职业发展路径进行比较的参照物，促使我们深入思考社会工作的知识范畴以及人才或人力资源体系构建的策略与方向。

（一）青年人的社会探究：寻找"为社会做贡献"的机会

小贺在大学期间的专业为机械制造，然而他对此领域并不感兴趣。相反，他与同学们共同创立了一个名为"力行学会"的自发性学生社团，该社团名称强调实践与行动的重要性。在大学生活中，小贺积极参与该社团组织的各项社会实践活动。

> 我们觉得当下很多有想法的年轻人只会动嘴皮子喊口号，而不去把自己的理想付诸实践，我们就要跟他们不一样，我们要致力于行动，去把自己的想法付诸行动。

通过参与社团活动，小贺的社会意识得到启蒙，他萌生了毕业后"致力于为社会作贡献"的志向。时至 2004 年毕业之际，面对职业道路的选择，小贺认为，不应仅为谋求生计而草率选择工作，而应追求那些能够直接服务于社会、实现理想的岗位。然而，"为社会做贡献"的岗位的寻觅之路颇为坎坷。最终，小贺无奈前往了深圳，加入了一家医疗器械制造企业。彼时，国家正全力推进新农村建设，这一战略激发了他内心深处的理想。半年后，他毅然决定辞去深圳的工作，返回家乡湖南的一个农村，与好友一起投身新农村建设，旨在以实际行动为农村发展贡献力量。经过半年的探索与实践，因面临诸多挑战与困难，项目最终未能如愿。随后，在家人安排下，他转而进入一家家用电器厂担任电工，不久之后，他又辞职再次与好友共同前往广东 D 市寻找机会。

> 搞乡村建设没有人脉和资源是搞不通的，国家正在大力推动新农村建设，社会上肯定有很多先行者，我们可以去寻找他们，从中

或许可以找到支持者。但要寻找到支持者需要一定的时间，我们还得先解决吃饭问题才有精力去做，于是我们打算去找一份工作，边工作边寻找支持者。到 D 市后，我们计划找一份可以二人轮流干的工作，这样一人工作时另一人就可以去上网或看报寻找机会。但这种工作很难找到，我们找了半个多月，找了几十家公司，都没有类似的工作，最后我们只好到一家餐馆找了一份洗碗的工作，二人每天分别干半天，只要老板给一人的工资，反正只要够我们吃饭就行。①

在两人并肩工作并寻觅机会的历程中，他们结识了梁漱溟乡村建设中心的刘老师。在详细了解了他们当前的处境与志向之后，刘老师向他们提出了中肯的建议，即前往乡建中心进行为期一年的学习与实践，待积累了经验和资源后，再投身于乡村建设之中。

功夫不负有心人，我们终于在网上找到了时任中国人民大学乡村建设中心"农村发展人才培养计划"项目负责人的刘老师的联系方式。一个电话打过去，刘老师听了我们的故事后，对我们说："像你们这种情况，既没经验也没有资金和人脉，肯定难以做成事的，我们这现在正在搞一个培养农村发展人才的项目，正准备举办第二期，你们先到我们这儿来学习实践一年时间，学习经验、开拓视野、积累人脉，这样你们才能够走出去做成事。"我们觉得他说得有道理，于是于当年 6 月去了北京参加乡建中心举办的第二期农村发展人才培养计划。自 2006 年 6 月至 2007 年 7 月，我在乡建中心进行了一年的学习和实践，开阔了视野，积累了经验，更重要的是认识了一批同行者。

小贺与其同学共同在乡建中心学习与实践，为期一年，主要聚焦于

---

① 2013 年 3 月，小贺参与由夏林清在河北承德带领开展的三日行动研究工作坊。本部分资料的来源为该工作坊举办期间小贺的实践历程分享。本章第二部分所有楷体字内容皆出自此。

农村新型农民合作社的创立与发展。在此期间，小贺到全国多地的农村合作社进行调研，并在安徽、吉林省等地的合作社实习半年。

在 2006 年的下半年，他参加了北京某学校所组织的大学生社会实践活动。在此次活动中，他结识了正在山东致力于社区学校建设的大陈。两人就社区教育展开了深入的探讨，此次交流激发了他对社区教育的兴趣，大陈在山东所开展的社区教育实践更是引起了他的关注。2007 年 7 月，小贺在圆满结束了在乡建中心的学习与实践后，接受了大陈的邀请，前往殷林村社区学校工作。

（二）实践者的职业起步与发展

1. 正式入职开展乡村社区教育工作

殷林村，坐落于山东省济南市市中区，人口总数超过 1500 人，是一个典型的城乡交界地带村庄。2000 年前后，随着城市扩张的加速，该村大量土地被征收。在此背景下，以老周为首的维权骨干于 1999 年通过选举程序成功替换了原村委班子，组建了新的村委班子。2005 年，受老周之邀，北京师范大学研究生大陈及其学弟在殷林村创立了殷林社区学校。该校在教育、文化、经济等多个领域开展实践活动，并取得了显著成效，赢得了广泛赞誉。然而，好景不长，小贺在该校进行为期两个月的实践后，学校便陷入了困境，被迫停办。学校团队撤出殷林后，经过商量派小贺返回殷林开展工作，一来是为了维护社区学校在殷林开展实践的成果，如儿童教育服务、吕剧团活动、社区快报等，二来是为了保持与当地骨干的密切联系，以期在时机合适时再回殷林恢复社区学校的工作。

小贺回殷林后，发挥他擅长做文字工作的优势，通过负责社区快报的编辑工作和原来的村民骨干保持联系；通过成立社区快报编委会、编审会把密切关注村庄事务的骨干组织在一起，每周召开一次会议，商议村中的热点事件以及如何处理村庄事务；通过社区快报保持对村务的民主监督，每个月出版两期社区快报（最后一共出版了 56 期）。因为社区学校在村民中有很大的影响力，具有强大的道义优势，老周等村委会成员对于小贺回村里工作表面上是持支持态度的。那时村里的骨干在认识和利益方面已出现巨大的分歧，出现了新村和老村两个派系，小贺通过组织社区快报编委会、编审会的形式把两派骨干组织在一起，保持对村务的关注。社区快报的出版流程是先由编委会成员组稿，然后由编审会审议通过，最后由小贺打印出版，每期社区快报的内容反映村庄热点问题，反馈村民意见，起到了促进村民对村务进行民主监督、维护村民利益的作用。在办社区快报之余，小贺还负责维护社区学校在村庄留下的文化、教育成果，如儿童教育服务、村民吕剧团的排练演出等。

小贺在那里坚持开展了三年的工作后离开了殷林。撤出殷林村后，小贺与他所在的工作团队进行了多次城乡创业的尝试。尽管他们有"回归到农村工作"的美好理想与预期，为此满怀热情并付出了很多努力，但那些尝试最终都以发展情况不如预期、进行不下去而告终。

2. 转做小额信贷工作：格莱珉银行的小额信贷实践

撤离殷林后，小贺前往江苏徐州进行教育调查。小贺在江苏徐州进行教育调查后受时任格莱珉银行中国执行官高先生的邀请去了江苏陆村农民合作社工作。陆村是高先生的家乡，他积极引入格莱珉银行的小额信贷模式在村里实践，积极动员村民成立了农民合作社，推行格莱珉小额信贷模式。小贺在陆村合作社做了近两年的农村小额信贷工作，工作任务是在当地村庄宣传、推广格莱珉小额信贷模式，发掘有贷款需求的村民组成五人贷款小组，为村民提供小额贷款以发展生产经营。小贺每天做的工作主要分为两部分：一是在村里进行访谈，调查了解村民的生产经营状况，动员有贷款需求的村民联合起来组成五人贷款小组，在村民成功组成五人贷款小组后，经过调查审核，为他们发放小额贷款；二是维护已有的村民贷款小组，了解他们的生产经营状况，每周召开小组会议，让小组成员进行互动交流，促使他们相互之间产生情感、互相支持与帮助，然后回收小组成员每周的还款。在两年的工作中，小贺在当地发展了四个村民贷款小组，村民的贷款需求主要涉及挖沙、养殖、购买机器等生产经营环节。这个工作需要做得很细致，由于格莱珉小额信贷模式与村民的资金使用习惯难以融合等原因，工作开展得也很艰难。格莱珉小额信贷模式要求五位有贷款需求的村民联合起来，组成五人小组才能提供贷款，而且五人小组成员之间不能是亲友关系，但在传统的农村社会，村民们普遍认为借钱是一种"丢面子"的事情，难以公开联合形成五人贷款小组，有借款需求的村民往往会通过亲友互助或向银行贷款获得资金，只有无法在亲友中获得经济上的支持和援助的村民，也就是边缘、底层的村民，才会选择这种贷款方式。并且格莱珉小额信贷模式要求贷款者每周还一次款，这也不符合当地很多村民生产经营的资金使用周期，基于上述因素，小贺的工作开展得不是很顺利，尽管部分小组在个别案例中取得了成效，但整体而言，该工作的成果并不显著。

3. 南下广东入职 G 镇社区学院，经营城乡合作社

小贺从陆村农民合作社离开后，到广东省中山市 G 镇工作。大陈当时在 G 镇主持社区学院的工作，在工作中结识了当地的公益人士苏大哥，苏大哥在当地开展了多年的有机农业实践，有着丰富的经验，二人商量开办一个城乡合作社，将农村的生态农产品通过合作社售卖给城镇的消费者，以此为渠道实现农村生产者与城镇消费者的合作。他们组建了一个团队，每人出资 3 万元，开办了毅行城乡合作社，小贺从江苏回来参与其中的工作，担任合作社的社长。合作社开办后，他们从广西、广东清远与中山的一些小农那里购买、收集到一些好的生态农产品，然后通过在他们 G 镇的店把这些生态农产品售卖出去。对此，当时他们有一个美好的设想——把由此产生的资源、利润用于以后持续支持他们在农村进一步开展正在进行的工作。但实际上，合作社开办后不久他们就遇到了现实的困难，就是团队成员都没有做过销售方面的工作，他们虽然在产品搜集上做得很好，但对于如何把这些产品销售出去，他们都没经验，只好边做边学，他们尝试过组织城镇有相关理念的消费者形成组织，在当地推广宣传健康消费理念，甚至去当地菜市场摆摊，但种种尝试都不太成功。合作社的消费者主要是 G 镇社区学校的学员，因为大陈及其团队成员在 G 镇社区学校的学员中具有很强的影响力，社区学校的学员们会从合作社购买产品，此外，在苏大哥的带动下，他的亲友和当地的一些村民也会从合作社购买产品，这样便形成合作社的两大消费群体，由此合作社才得以继续经营下去。他们也尝试通过网络销售的形式把产品售卖出去，但因宣传推广不力，在网店购买产品的大多是他们在外地的一些朋友，盈利很有限。在合作社成立初期，其盈利仅能覆盖房租及日常运营成本。经过一段时间的运营，合作社在最佳状态下月销售额可达1万~2万元。在该合作社运营状况最为理想的阶段，收入勉强覆盖他们的人员工资、场地租金和其他成本。小贺后来对这些工作经验进行了分析和总结，他认为，精力和人力的投入这方面不是大问题，他们没做得很成功的原因如下。首先，一开始他们是比较鲁莽冲动地带着美好的设想作出成立这个城乡合作社的决定并进行投入的，而没有认真地去调研相关情况，比如开展这样的工作需要有什么样的竞争力，也没有认真地评估自己的能力。在这样的基础上，一方面，从销售环境看，G镇人口90%都是外来工，他们很少有对于有机产品的消费需求，所以小贺等工作人员难以增强他们购买有机产品的意识，进而难以把产品销售出去。另一方面，从销售能力看，因为之前的工作经历，小贺他们比较擅长的是跟基层的群众打成一片，而面向城市的中高端消费群体的销售经验是比较缺乏的。小贺他们后面总结起来发现，他们这批能够从事社区工作的人不一定能够从事农产品的销售、发掘工作，让他们，特别是他自己像有经验的销售员一样去把产品卖出去，是不太可能的。这两方面因素都导致他们找不到一个好的路径把产品售卖出去，即销售渠道有问题、打不开。

4. 北上经营"院子经济"

2016年，大陈了解到北京的朋友刘老师认识一批幼儿园的教师，并且在北京当地有许多幼儿园对生态农产品有极大的需求，于是他们在北京市通州区梨园镇加州小镇社区租了一套房子作为合作社在北京的销售点，小贺从广东中山前往北京担任北京销售点的负责人。由于北京销售点不需要承担产品搜集、开发的成本，加之刘老师那边介绍了一批幼儿园的资源，北京销售点的经营有了一定盈利。在这期间，大陈的老朋友老王找到大陈，表示想加入团队，老王是山东招远人，在当地维权多年，在维权期间结识了大陈和小贺等人，他想在外地发展生产谋出路。了解到合作社在北京有销售点，于是他也想加入进来，但他不满足于经营北京销售点，就提出搞农庄的想法，他认为自己搞农业生产和销售有一套，在北京搞个院子做农产品生意、搞农业生产（如养羊、卖羊奶）具有很好的前景。小贺和他们团队的成员从殷林撤离后基本上已经从农村的工作中完全撤离出来了，被逼到了他们不太熟悉的路上去做，但他们仍然没有忘记要做农村方面的工作，他们觉得老王提出的这条创业路线和农村工作是相关的，老王具有农业生产与经营经验，又有相对丰厚的资金，和他合作或许能打开一个突破口，他们投入人力、投入钱以后能够产生利润，能够支持他们重新回到农村去开展工作。于是大陈通过各种关系在北京找了一个曾经是农村供销社的大院子作为基地的经营点，小贺与老王搬到院子里负责日常工作，后来团队成员小范也从广东中山到北京来参与院子的日常工作。

那个大院子非常老旧，院子里有房间十几间，还有一大块土地，他们经过商量后打算把那所大院子建成一个集自然教育功能和农产品销售与生产功能于一体的基地，一方面做自然教育，一方面做农产品的销售和生产。他们投入了 10 多万元来建设那个院子。院子建设搞完后，他们想做自然教育活动，让城市的消费者来体验乡村的生活，但是那个地方太偏了，距离参加者的家太远，去活动地点需要两三个小时，时间成本高、交通成本高，所以小贺他们曾经想过提供住宿，设置三四间房间，设计了单间、大通铺，装修是很原始的那种。尽管小贺他们当时设想得非常好——每周有一批来体验乡村生活的人们，他们在星期六来，能够住一个晚上，然后星期天走，每个星期都能够持续开展这样的活动。但实际并不像他们所设想的那样，这当中有他们那里的条件的原因，也有他们那里的人流量太小的原因。人们都觉得这地方太偏僻，住宿条件太差，不愿意住，因此活动很难持续进行。因为人流量少，农产品的销售量也提升不起来，老王尝试搞羊奶的销售也没有打开销路，院子产生的盈利很有限。因为日常管理问题，老王同小贺经常产生争执。小贺表示，老王在工作中表现出专断行为，将团队成员视为其下属，一旦工作表现不符合其期望，便严厉指责。大陈对团队成员的矛盾也无法调解，感到很头疼。这些矛盾就折射出知识分子和农民还是有很多习惯不太一样，这会在合作中带来问题。老王在创业初期投入得比较多，他觉得小贺这边有幼儿园和很多人脉圈子，是个资源，跟他们合作，如卖苹果、羊奶，能够产生利润。老王对小贺他们的资源的期望是很高的。但是实际上小贺他们并不如老王所预想的那么有资源。其实，做自然教育所需的经济投入是很高的，但是，一方面，小贺他们的人际圈子有限，他们有的只是一个公益工作者的小圈子；另一方面，他们缺乏销售方面的知识。这些情况都使他们不具备创业所需的条件。另外，虽然大陈知道团队里的其他一些人之前做乡村方面的经济尝试并不成功，但是最后在决策中大陈他们还是高估了老王在创业方面的能力。双方都高估了彼此的能力，不仅导致院子的经营无起色，也导致团队成员之间的矛盾慢慢积累，最终导致团队分裂。

其实在北京通州区的创业经验和 G 镇的有很多重合的部分——小贺他们对消费群体的认知不够，他们做的业务与消费群体的需要之间的吻合度不够。而且，小贺在北京通州区没有工作多长时间就跟老王产生了一些矛盾，最终，因为在北京通州区这次创业不顺利，在 2018 年 3 月，还没有结束与老王的合作，小贺便离开了那里，结束了那边的工作。

（三）艰难的过渡期——中山市的手工酿酒

因小贺的离开，原来的团队成员都陆续离开，这个于山东殷林结缘而组建的团队彻底分裂。2018 年 5 月，小贺及其在山东工作时的伙伴小荣、小范得知，他们曾经的伙伴老苏的一位经济实力雄厚且热衷于农业的朋友，在广东省中山市创办了农场。该农场在闲置了两三年之后，近期重新启用，并吸引了多个专业团队入驻，其中包括从事自然教育的团队、幼儿园，以及啤酒酿造团队。他们去考察了以后，决定入驻农场，农场为他们提供免费的住宿和场地，小范和小荣打算做幼儿园，而小贺决定做手工酿酒，因为他看到了北京农夫市集的米酒先生的手工酿酒摊位，想到自己也在家乡学习过手工酿酒，于是也想在农场做手工酿酒。农场建设过程中的总投资额达到 100 余万元。基于此，小贺团队对农场的未来发展持乐观态度，认为可以确保充足的客户基础以支持米酒销售的持续增长。对于未来的发展，他还是想寻找机会从事社会工作，但因眼前对生计的担忧，他还是决定先做手工酿酒以维持生计。酿酒的活比较累，但是酿制的过程中有空闲时间，他用这段时间去帮助所在的园区搞活动获得一部分收入。但是随着生意越来越不景气，人流越来越少，小贺依靠人流获得的收入也变得越来越少。最后，在农场获取的收入不足以支撑他在那里生活，他在那里就待不下去了。那时小范与小荣已去深圳当幼儿园和小学的老师，了解到深圳的城市社会工作发展得不错，小贺也于 2019 年 3 月离开中山去了深圳寻求发展。

（四）社工之路的开启和发展

通过进入社工行业工作，小贺发现在工作中能用得上自己之前的工作经验，他认为成为社会工作者会是一个好的选择，一方面，这反映了他的一些工作经验和价值观与社工的能相互融合；另一方面，他在社工工作中的成就及得到的承认也反映了社工行业对他之前的积累的认可。

1. 成为优秀社工

2019 年 3 月，小贺到深圳后不久，便被一家社会工作机构录用。他被派往一个社区担任一线社区社工。投身社工行业后，小贺意识到社区社会工作非常适合他。他之前积累的实践经验在这里得到了充分应用。无论是与服务对象互动、为其提供服务，还是组织社区活动、资料收集整理以及文书撰写，他都很擅长。因此，他决定将社区工作作为自己未来职业发展的重点方向。由于之前未曾取得社工证，小贺的工作经历并未得到社工体系的认可，他不得不从基础做起。然而，自从他开始从事社工工作以来，一切都进展得非常顺利。仅经过一两个月的复习，他便顺利通过了社工考试，获得了初级社工证。他的工作能力也很快得到了社区和机构的认可。他轻松应对机构分配的指标任务，社区领导安排的宣传、调研及其他社区工作，他都能有效完成。此外，他在报纸和行业期刊上发表的多篇文章，也让他获得了社区和机构的广泛推荐，并荣获宝安区优秀社工的称号。

小贺将从事社会工作比作"加入了正规部队"，相较于之前的"打游击"式工作，社会工作者享有政府购买服务带来的稳定资金支持。目前，我国社会工作体系主要建立在财政资金保障之上，因此，体系内的社会工作者能够获得相对稳定的收入和较为明确的职业发展路径。基于这些优势，小贺决定从社会工作的一线岗位开始，逐步探索社会工作管理和专业成长方面的更多机会。

2. 担任社工项目负责人

小贺在深圳做了两年一线社工后，为了有更好的发展，希望转向社会工作管理岗位。他认为，长期从事一线社会工作并非长久之计，且凭借自身积累的经验，他已具备担任管理职务的能力。在此背景下，小贺在来自北京一所高校的刘老师创办的社工机构中发现了职业转型的机会。近年来，刘老师希望机构通过社会组织等级评估，获得参与政府购买社工服务项目竞标的资格。小贺认为，这一举措有助于机构形成良性发展循环，同时为他提供了晋升管理岗位的机会。因此，小贺于 2021 年 11 月前往北京就职。

刘老师创办的机构属于典型的小型机构，没有设立行政部和项目部。刘老师本人担任机构的总负责人。小贺担任项目负责人，他不仅管理项目，还亲自参与具体工作。财务工作由外部聘请的专业人士负责，机构仅有两名全职社工。机构通常会招募实习生来补充机构的人力资源。这种小型社会工作服务机构与小贺之前于深圳供职的"集团化"管理的大型社会工作机构存在显著差异，后者规模宏大，有员工近千人。

该机构承担了多项服务项目，小贺负责这些项目的管理与实施。这些项目多由社工独立开展，社区相关部门的参与较少，因此小贺感觉工作量相较于在深圳时期增加了一倍。机构的核心项目是针对一街道困难群众的帮扶计划，小贺的办公地址也设在此街道。该项目得到了街道的资金支持，服务对象涉及 500 余户低保困难家庭，这些家庭的需求会直接反映至机构，机构则针对这些需求做出响应。小贺及其团队主要负责个案处理和临时帮扶工作，包括陪伴就医、慰问，以及为困难家庭提供物资和资金支持。他们每天可能处理数起临时帮扶事件，并可能要开展危机干预、关系调解等工作。

3. 回家乡做社工

尽管北京的社会工作机构发展得不错，且小贺个人在其中的发展前景良好，但考虑到远离家乡不利于亲友为其牵线搭桥介绍对象，以及不愿成为家乡长辈眼中"陌生而熟悉的人"，小贺考虑返回家乡湖南省，在长沙找一份社会工作相关的岗位。长沙离他的老家所在地韶山只有半小时的车程，如果在长沙工作，在做好工作之余还能照顾到家庭。长沙也有上百家社会工作机构，他计划先找一家社会工作服务中心之类的机构从事机构管理或项目管理的工作，同时发挥自己的专业能力做一些兼职工作，再在领域内谋求进一步的发展。

（五）实践者的主体性与社会工作专业的关联性探究

小贺为什么会走一条与同龄人不同的、特殊的从社会公益到社会工作的实践之路？从他的生命经验中或许能找到其中内在的原因。

1. 学习经验中的主体性的发展

小贺十岁时个头才一米多一点，身体也不太好，但非常调皮。他爸爸是村小老师，在村里非常有威望，这让他调皮起来更无顾忌。因为小贺的爸爸在小学教书，他五岁的时候就顺路跟爸爸去学校的幼儿班，但他是"想去就去想走就走"，所以没正式读过幼儿班。别的小孩读完幼儿班后都会写很多字了，而他却一到十都写不完整。上小学一年级时，语文老师对他爸说："你小孩跟不上呀，他连字母表都读不完整。"小学时他继续调皮捣蛋，到初中时，他面对他人的评价，才感觉到了"羞耻"，才想着要好好学习，改变他人对自己的看法。读初中时，小贺在学习上用了些功，但学业上没打好底子，有些课程跟不上，严重偏科，主科数学、物理、化学成绩差，历史、地理、政治却读得好，没能上高中，读了五年制大专。

> 我的家人在商议我的前途时这样对我说："你除非考上高中再去读大学，这样才能跳出农门。如果考不上，那只有留在农村了，你留在农村的话，干农活之类的事你想都不用想，你想想怎么办？"我

叔叔对我父母说："这个孩子不能干体力活，现在城里有很多大中专学校都在招生，你们就让他进去让他学点技术，有了一技之长或许他还有点出息。"所以家里就凑了一笔钱就让我去读了大中专院校，五年制大专，专业是机械制造，对于这个专业我是不感兴趣的，但没办法，我没得选择。

大一，小贺是迷茫着度过的。他清楚自身处境：

身子骨弱，肩不能扛，手不能提，学工科并不适合我，我能做什么？前路在何方？我不知道我这样下去怎么办。

当时，小贺结识了一批所谓的"愤青"朋友，他们有一个特点，那就是目空一切，不知天高地厚，自我感觉良好，觉得自己是能够"指点江山"并能够成就一番事业的。他们在一起经常相互激励：

我们从现在起，只要有想法，有理想，并且从现在起就开始实践，我们是能够有一番作为的。我们自发成立了一个团体，取名叫做"力行学会"——顾名思义就是致力于行动，……我们要致力于行动，去把自己的想法付诸行动。因为我们当时所处的环境所限，我们既没有开阔的视野也没有足够的活动平台，这决定了我们当时的行动带有很大的局限性。

就这样，小贺在学校激情澎湃地做了三年社团工作，直到2004年毕业。这段时间是小贺寻求主体性发展的时期，随着主体性的发展，他在社团实践中探索了一条社会实践的路径。

2. 就业经验中的主体性发展

面临择业的现实，小贺与同学有着自己的思考：

不能因为要找份工作就放弃我们的理想随便找份工作去做，我们可以到社会上去找一份可以直接为社会做贡献的工作。

然而，小贺在长沙待了半年后，找"直接为社会做贡献""可以做大事"的工作未果，即将过年了，他不得不回家。

回家后，小贺被家人推荐到了深圳的医疗器械制造公司工作，其当时的想法是：

> 先听从父母之命暂时去工作一段时间，反正目前我还找不到可以实践理想的工作，我可以边工作边寻觅，等有机会了我再辞职就是了。

后来，小贺因报纸上的一篇大学生参与新农村建设的文章启动了短期的新农村建设实践。

> 受那篇文章的启发，我辞掉工作跑到朋友家乡华容县的农村，寻找一个合适的村庄，进行新农村建设。新农村建设在我们眼里只是一个模糊的概念，我们的理解很简单，就是到农村去做点事，帮助农村搞发展。至于怎么搞，我们也是一头雾水，我们只有信念，我们相信"车到山前必有路"，不懂可以学习，我们可以在实践中学习嘛，久而久之自然会精通。我们首先找到他家附近一个村庄的村支书，对那位支书说："现在国家正鼓励大学生参与新农村建设，我和几位朋友也有这个想法，我们想到你们村里来做点事情，你觉得可以不？"那位支书说："那当然好，不知你们想做点什么事情？"我们想了想说："你们这里不是产棉花嘛，很多村民产的棉花都低价卖给那些二贩子了，我们可以帮你们村搞一个公司，开发棉花生产利用，这样就能让村民种的棉花产生更高的利润。"支书回答说："好哇，你们想法挺好的，但我们这里只能给你们提供场地，至于资金和技术，得你们想办法。"资金和技术，我们到哪去找呢？我们根本没有这方面的资源，我们只好到处寻找人脉，期望能找到支持者，但折腾了几个月，一点都没着落，我们的新农村建设计划只好宣告失败。

在乡村建设实验遭遇挫折并告一段落后，小贺回到了家中。在家中度过了一段宁静的时光后，家庭再次为他规划了新的职业道路——前往姨父在家乡创办的电器厂，担任电工一职。面对这一安排，小贺内心进行了如下的思考：

> 没办法，在没有找到新的途径前我只好听从父命。我知道我根本不适合干这行，上班时经常心不在焉，心里常想着如何谋一条新的出路。我还跟朋友经常联系，他在华容的状况跟我一样，也想着下一步我们如何谋出路。有一天，他给我打来电话，他说我们这样束缚在家里不自由，随着时间的推移肯定会越陷越深，束缚久了我们自己也会失去信心，会离理想之路越来越远，长痛不如短痛，我们干脆想个法子满开家里一起去广东，找一份工作，边工作边寻找机会。他的想法跟我的想法一样，于是我下定决心要摆脱掉家里的束缚，以后上班我就想尽办法怠工。我的这种状况我姨父看在眼里，有一天我外婆家办酒席，去了很多亲戚，我姨父把我的状况跟我爸说了，我爸当着所有亲戚的面说："今天我们开个家族大会，关于我儿子的状况，我们来好好谈谈。"接着他就直接问我："让你跟你姨爷干，你不好好干，你心里到底在想什么？你是不是不想在电器厂干？今天当着大家的面，你给我说清楚。"都到这个份上了，我干脆就破釜沉舟："是的，我不想在电器厂干，这不是我想要做的工作。"
>
> "那你想做什么工作？"我爸问道。具体要做什么工作，当时我也不清楚，我只能回答："我不想做一个普通的工人，我要去做一点跟别人不一样的事"。显然我爸对我的回答并不满意，他又进一步质问："你想做哪方面的事？你给我说明了。"
>
> 话问到这份上，我只好挑明了："我想像毛主席当年那样去做能改造社会的大事，什么事，我现在不清楚，我有一帮朋友，他们都有这个想法，我想和他们一起去闯一番，我们相信我们肯定是能找着机会的。"
>
> "你能啊，口气还蛮大，还想做大事，你以为你是什么，你连自己要做什么都不晓得，你脑子进水了啊！"听了我的想法我爸彻底发飙

了，其他亲戚也纷纷劝我"不要胡思乱想，谋一个实在的工作才是正道""要现实点，那些事不是你能去做的，那不是小孩子玩过家家"。

还是我舅舅比较开明，他劝我父亲："这孩子有自己的想法了，你就由着他去吧，不让他去他的心是收不回来的，他还年轻呢，再让他去闯个一年半载，不行的话到时再另作安排。"

我父亲听了舅舅的话后对我说："好，既然你决心已定，那你就自己看着办，但以后你如果后悔了，别怪父母没劝你，并且你个人以后的事一切由自己负责，家里不为你负责。今天当着大家的面你给我立个字据。"这话是很重的，包含着这一层意思：以后你立业成家的事，你自己负责，家庭不为你承担责任。看我爸当时的神情，他肯定是感到自己彻底拿这个儿子没辙了，才放出这样的话，他其实想让我知道事情的严重性，但我志已决，听了这话，咬咬牙二话不说从姥爷房间拿来笔和纸，当场就写字据："我堂堂男子汉大丈夫，自己做事自己担当，自己的路自己去闯，不需要家庭承担责任，如不成，决不后悔，也不会怪父母。"有几位亲戚想阻止我，我坚决要写。写完后，我自己含着泪念了一遍然后拿给我爸，我爸拿起字据，泪流满面，亲戚们纷纷去劝他并对我横目视之，怪我不懂事。我心底有种"风萧萧兮易水寒"的悲壮之感，但又感到一种从未有过的畅快：我自由了。

随后，小贺与其好友一同前往 D 市，寻找一份两人可轮流上班的工作，并同步探索潜在的发展机遇。后来，他们成功加入了中国人民大学乡村建设中心的"农村发展人才培养计划"，这标志着他们正式步入了全职从事乡村建设工作的阶段。小贺经过就业中的选择、实践以及磨炼，更坚定了自己的未来的道路，在就业过程中，其社会服务面向的主体性得到发展与确定。

（六）回顾与总结

尽管小贺的实践经历中有不少不顺利和成果不如预期的情况，但若放置到时代背景中看，他能取得这样的成果已实属不易，也具有非常可贵的社会改变精神，这与社会工作的初衷是相通的。多场景中的实践对小贺的社会工作相关经验的积累至关重要。小贺在殷林村做的是以文化活动为载体开展的农民基层组织工作。他在江苏陆村做的小额信贷工作其实是一种社区经济组织工作。他在中山做手工酿酒生意、在北京开展农产品销售以及自然教育其实就是在做农村发展领域的工作。

上述活动的过程和结果体现了其和大的经济体系的不可兼容性，小群体的农产品创业尝试难以与大的经济体系竞争，前者是很难、很辛苦、不太可能成功的，因为大的经济体系的背后是大资本代表的消费链和生产链。

在小规模自主创业领域，众多人士尝试了包括自然教育和各类农场在内的实体项目。大约在 2018 年，此类机构如雨后春笋般涌现，然而，能够持续经营并存续下来的寥寥无几。那些能够长期生存的实体，往往是在与市场主流体系的融合中找到了自己的定位。

比如，老苏曾经的合作者大辉经营着广州的工坊，其运用商业化模式来经营生态农产品，获得了成功。小贺觉得他们在这方面的经验还是很少的。

小贺的经验也体现了已积累农村工作经验的人的两种发展路向——自己摸索发展基层公益的模式和与资本、商业融合的模式。小贺最初选择的是第一种。一方面，他经商的曲折经历反映的是他们这些人不太能走得通这种模式，他们的理想、工作经验与现有市场体系不太相容。另一方面，他们在社工行业里工作的得心应手反映的是社工服务对于他们来说是可行的一条路。他们在福利体系里能较为容易地安放和运用过去的经验。虽然非社工专业的公益工作与社工工作可能还是有差别大的地方，但这两者的相容性是高的。就小贺而言，他擅长的、认同的工作方式和内容与社工的相通性是很高的，社工工作不需要他去直接面对消费市场，而是让他面对基层的老百姓，与之打交道，然后在社区里开展连接、团结、组织工作。

因此，从小贺的案例中我们能得出两个结论。第一，有"有心做公益的人做了多种不同的尝试，体验了跌宕起伏的过程，最后落脚到社工行业，反而发现自己的价值认同和经验能在社工行业有一个合适的位置进行安置"的情况。目前，社工行业愿意接纳非社会工作专业出身但有公益经历的人加入。这种有社会工作能力的人事实上还是能够和社工制度相融的，而且这些人才对于本土化的社会工作知识发展来说是很重要的，因为，在进入社工岗位后，有不少时候，这些工作者比一直接受社工教育的人在开展工作时会更接近社会现实且能把工作做得更扎实。这亦是小贺在深圳荣获"优秀社工"称号以及在工作中游刃有余的重要原因。这其实是所谓的专业成效好，它折射出来的是工作者有社工所需具备的能力，而这样的能力不完全是靠大学专业教育培养的，它更多的是靠实际工作对人的锤炼和人在其中的历练培养出来的。所以，反过来看，这个案例可以让我们反思社会工作的知识边界、人才培养思路和招聘方式、实践的真正意义。第二，小贺的公益经历也体现了仅靠公益人的理想化设想，脱离现有的体制、缺乏对市场和消费的认知而自己造血来发展公益事业是很难的，目前，公益、社会工作还是主要需要依靠国家福利体系而存在和发展。

三　社会工作者职业发展历程中的实践知识：本地科班社工的行动研究

（一）因了解而选择：主动走进社会工作专业

在选择大学专业时，面对两个截然不同的选择——物流管理和社会工作，小周不知所措。他的表哥，一位大三在校生，向他推荐了社会工作专业，认为其就业前景相对乐观。尽管如此，小周也意识到自己来自一个以港口著称的镇T镇，其属于D市，物流管理专业的就业机会同样诱人。考虑到自己在高中时期偏向文科的学习背景，小周最终倾向于选择与文科更为贴近的社会工作专业。在做出这一决定之前，小周已经对社会工作实务有了一定的认识。他有一位热心公益的学姐，曾向他详细介绍了社会工作中与志愿服务相关的内容，并提到自己曾听过笔者讲授的"社会工作概论"这门全校选修课程。师姐的分享让小周了解到社会工作与志愿服务紧密相关，其核心在于帮助他人。小周在成长过程中受过许多人关怀与帮助，因此对助人性质的专业产生了强烈的向往。对他而言，社会工作不仅是一份职业，更是一种能够让他回馈社会、帮助他人的途径。这样的专业选择与他的性格和成长背景不谋而合，因此，他坚定地选择了社会工作专业。

在大学就读初期，小周获得了一些实习机会，这些实习时长从两周至一个月不等，这为他提供了初步了解社会工作服务的机会。尽管当时他对社会工作的理解尚显浅薄，主要通过观察社工的工作来形成初步认知，尤其是将社会工作简化为开展活动，但这些实践经验无疑丰富了他对社工的直观感受。在于社会工作机构实习的过程中，小周目睹了社工们策划并开展各类活动、整理相关文书材料以及与上级进行有效沟通的工作场景。他当时认为，这些任务看似并不复杂，自己可以胜任（"我当时专业学习不深入，缺乏对社会工作本质的全面理解"），因此，他最终决定继续学习社会工作专业。

（二）疲于为生计奔波：职业转折中的自我叙说与协同探究

1. 初次尝试与挫败

在 2018 年 1 月，小周即将完成其学业，尽管尚未正式毕业，但他已开始筹备求职事宜。起初，他选择在其居所楼下的社区综合服务中心担任一线社工，以此作为步入社会工作职业领域的初步尝试。小周有一个同校同专业的好朋友，也是 T 镇的，他们两个人就一起去小周家楼下社区综合服务中心做一线社工。但这一尝试让他深受挫败，具体而言，是受到了来自社工机构的"欺骗"。原本，该机构内有一线社工的招聘岗位，小周是奔着社工的岗位参加的面试，但后来鉴于小周及其朋友均为尚未毕业的大四学生，机构便以一个一线社工的薪资安排了他们两人担任助理社工的职务，两人平分一个一线社工的薪资。这一举措让小周及其朋友深感不适，他们认为，自己在该专业上投入了大量的时间和精力，却未能获得与之相匹配的职位，这无疑是一种"大材小用"的体现，使他们内心颇感不悦。此外，小周还认为，机构并未事前明确告知这一安排，存有故意隐瞒的嫌疑。事实上，尽管他担任的是助理社工的角色，但其工作要求相比一线社工丝毫不减，包括独立负责项目的策划、组织、实施以及资源筹集等多个方面，这无疑需要社工而非社工助理的资质。因此，小周对于机构的行为，甚至社工行业表示出了强烈的不满和失望，自己也深受挫败。

2. 正式入职与成长

2018 年 6 月，小周完成学业并正式毕业，随后决定离开社工助理岗位。在同学的引荐下，小周于同年 8 月正式担任 D 市 A 镇的居家养老领域一线社工，此决定是基于该岗位提供相对稳定的薪资待遇。由此，小周开启了其正式的社会工作生涯，即在居家养老服务中心担任社工一职。在该岗位上，他的工作伙伴是大学时期的同学小李。小周与小李之间的工作合作十分默契。小周有工作思路，常负责统筹工作，而小李则在小周需要时提供协助，或两者相互支持，做起工作来得心应手。此外，该机构也为他们提供了良好的工作环境，包括人文关怀及相对较好的福利待遇，这些都使得他们在作为毕业生的初入职场阶段，获得了有力的支持与良好的实践平台。

小周在 A 镇的居家养老项目中服务了不到一年，但因家庭因素而不得不选择离职。尽管他内心对 A 镇有着深厚的情感，并且在该项目进行期间得到了服务购买方的青睐与职业上的高度认同，经常受邀参与市级会议，但家庭责任的呼唤迫使他做出艰难抉择。彼时，小周的母亲健康状况不佳，家中无人照料。起初，母亲在 T 镇附近的 H 镇接受治疗，A 镇与 H 镇之间的往返对小周而言尚属可行。但随着病情未见好转，治疗地点转至 E 镇一医院，这一变动极大地增加了小周的奔波之苦。他每日需在 A 镇与 E 镇之间往返，常常晚上八九点后才能返回 T 镇的家中，已身心俱疲。尽管心中对 A 镇及同事小李怀有不舍，尤其是珍惜双方在工作和生活中的默契与融洽，但现实的重压让他不得不重新考量。与此同时，其所在机构也面临着发展困境，小周的工资曾经被拖欠一两个月。

这一变故严重削弱了小周的安全感与对机构的信心。恰在此时，T镇的一家社工机构的负责人向小周伸出橄榄枝，邀请他回T镇担任新成立的社区综合服务中心的主任一职。该职位不仅提供了略高于A镇居家养老服务中心社工的薪资待遇，更重要的是，工作地点距离小周的家仅10分钟路程，极大地便利了他的生活。经过深思熟虑与多方权衡，小周最终决定接受T镇社工机构的邀请，回到了本镇工作。

3. 家庭责任与职业调整

在2019年中，小周在T镇的社区综合服务中心服务几个月后，得知因政府支持政策的调整，该中心将被迫停止运营。面对此情况，小周不得不重新审视并探究个人的职业发展路径。中心面临停运时，小周就个人去向与机构进行了沟通，得知可能被调至远离原工作地的其他镇街岗位，该岗位性质与他在A镇的岗位相似，薪酬水平也未见提升，且需频繁奔波，此情况令他产生了退缩的念头。同时，当时的D市社工亦遭遇薪资长期未调整与物价持续攀升的双重挑战。小周作为具备近两年社工经验的从业者，其月薪水平稳定在4000~4500元，这一薪资水平难以充分覆盖其日常生活开支。同时，他观察到身边众多同期生及校友在从事社工约两年后纷纷转行，这一现象亦对他产生了影响。例如，他的同学小茹选择进入一家公司担任文员，尽管薪资与社工相近，但她表示新工作带来了更好的精神状态，告别了社工工作中常见的不定时加班和突发任务，享受到了固定的上下班时间。此外，小周的一些同学也在毕业后选择了与社工不同的职业道路。那些并未从事社会工作职业的朋友，其薪资水平也可能仅为5000~6000元，甚至未必高于小周。然而，小周感受到他们似乎在内心深处对社会工作职业持有排斥态度，尽管他并不明确这种感受的根源。例如，小志等男性朋友，曾短暂涉足社会工作领域，但仅持续一年左右便选择离职。离职后，他们转而进入保险公司、招标公司，或进入房地产等行业就业。这些行业同样伴随着挑战，如频繁的应酬与加班，他们亦需面对诸多难题。然而，他们似乎更能接受这些挑战，展现出对所选职业的坚持。但在社会工作这一领域，他们选择了放弃，这更多体现了个人职业偏好的差异。值得一提的是，这些男性个体可能会认为，社会工作这一职业更多地要求他们扮演照顾者的角色，这一特点与女性特质更为契合，因而认为该职业与自身性别特征存在冲突。他们的思维方式中，男性主导的观念仍占据显著地位。在小周的熟人里，目前仍坚持做社工的男性，仅有与他同班的一名同学以及同年级的一名同学。

4. 职业探索与转折

2020 年，小周已在 T 镇社区综合服务中心担任负责人 1 年左右。时值清明节前后，鉴于服务中心即将关闭，小周在家族聚会中透露了自己的职业现状。他的表姐听后，主动提出可引荐其做一份环保工程领域的工作。小周离职后便去做了环保工程的工作。在一家专业公司从事环保工程工作 3 个月后，小周深感这段经历对其个人成长及知识拓展具有意义。然而，小周不仅面临长时间的超负荷工作，还因方案撰写进度缓慢而频繁受到批评。具体而言，一周之内，他可能有 4 天都在承受批评，这对年轻（时年 23 岁）且自尊心强的小周造成了不小的心理压力。与此同时，公司内同事的相继离职进一步加剧了小周的孤独感，他发现自己连共进午餐的伙伴都难以寻觅。尽管环保工程工作的薪资水平显著高于社工（平均月薪 7000 元，社工月薪 4300 元），但综合考虑工作环境、个人成长及心理承受能力等因素，小周最终决定放弃这份工作，转而重新寻找社工相关的岗位。为此，他积极联系各社工机构，以寻求新的职业机会。现在审视过往，那家环保领域专业公司的待遇不错，在里面也能够学到一些社工外的知识。若非那位上司批评他的言辞过于激烈，小周或许会考虑继续留任。鉴于当时社会工作领域的薪酬水平普遍偏低，小周所领取的 4000 多元薪资难以应对生活所需（包括个人生活开销、车辆维护、通勤等费用），无疑增加了其经济压力。

在 2021 年五六月期间，小周决定离开其所在的公司。起初，小周有意申请 H 镇社区综合服务中心（此中心为政府支持政策调整后保留下来的少数机构之一）的主任职位。尽管小周在社工机构的人力资源部门的面试环节中表现良好，并未遇到显著的障碍，但最终由于用人单位方面的不同意见，小周未能成功获得该职位。之后，他又尝试了 H 镇的另一个社工岗位，并面试成功，小周就在那里开始了他的社工工作。

5. 重返社工，回归专业

2021 年，政府颁布了新政策，对乡镇（街道）社会工作服务站的社工薪酬进行了调整，助理社工师的年薪提升至 99000 元，社工师则达到 113000 元。小周因此决定参与社工专业资格考试。他凭借出色的表现在笔试和面试中脱颖而出。当时 H 镇地区仍沿用旧有的薪酬标准，即年薪 76000 元，月实际收入约为 4500 元。尽管如此，该地的工作氛围轻松，压力较小，深受小周喜爱。同事们为了挽留他还承诺，一旦有新政策提升薪酬，将第一时间为小周申请加薪。但面对考试中取得的佳绩，小周开始考虑是否回到本镇从事社工的工作，并最终做出了肯定的决定。小周综合考量了多重因素，包括小周的爷爷奶奶居住在 T 镇、自身健康状况的下降，以及即将在 2021 年 11 月筹备婚礼的繁忙，最终选择返回 T 镇。回到 T 镇后，起初他并未考虑担任社工站副站长的职务，但鉴于其出色的工作表现及作为本地人的身份，领导决定推选他担任此职。截至 2023 年底，小周已在该社工站工作了两年多的时间，但其合同将于 2024 年 10 月到期。面对未来的不确定性，小周感到迷茫，因为目前省级层面尚未出台关于社工项目是否继续延续的正式文件，未来走向也尚不明确。

（三）行动中认识：职业历练与实践知识生成

1. 机遇与不确定性并存：社会工作实践转型的特点

小周的签约期限为 3 年，自 2021 年 10 月 20 日至 2024 年 10 月 20 日。在合同即将到期之际，众多社工，其中也包括小周，均对新政策持谨慎观察的态度。已有 3 个社工离职，但由于社工招聘需由省级层面统一进行，小周所在的社工站目前面临岗位空缺。这一岗位空缺现象导致在职社工工作量增加，进一步加剧了人员流失问题。据小周介绍，关于社工工资的计算标准，各镇之间存在差异。D 市设有明确的薪酬指导标准和薪酬管理办法。然而，在小周所在镇，由于财务预算制定时该管理办法尚未出台，因此目前只能按照一般聘员的标准，即每人每年 99000 元进行薪酬发放。此标准并未考虑社工的等级因素。若依据 D 市薪酬管理办法计算，助理社工师的年薪为 99000 元，社工师则可达 113000 元。若该镇有较多社工取得社工师资格，则当前薪酬标准将无法满足支付需求。目前 D 市社工的工资主要与其职级相关联。D 市社会工作者协会每年负责对本市社会工作者进行职业等级的评审。

在 T 镇，多数社会工作者实际上仍对这份职业抱有信心。这主要归因于该工作的难度相对较低，且对专业性的要求亦不甚严苛，至少在 T 镇范围内是如此。具体而言，社工面向特定群体提供基础性服务。这些群体包括但不限于低保户、低收入家庭、残障人士及流浪人员等多样化社会弱势群体。社工们的主要任务是为这些群体申请相关政策补贴，确保各项惠民政策能够精准传达给他们并惠及他们。此外，他们还会通过定期走访慰问、实施适老化改造等举措，全面输出民政福利政策，从而有效保障服务对象基本生活需求。在此基础上，社工们还参与推动社区治理。

2. 实践者社会地景的认识

T 镇在 D 市各镇（街道）的社工规模排名中处于中后段，这与其经济发展状况紧密相关。尽管如此，T 镇已采取积极措施，将社工工资标准提升至每年 99000 元，这一举措实属难能可贵。回顾历史，T 镇在改革开放前以农业为主导，被誉为农业强镇，然而其经济发展相对滞后。据小周回忆，20 世纪 90 年代时，当地居民的收入水平较低，有些家庭甚至难以维持基本生活，迫使许多人不得不前往周边城镇谋生。不过，T 镇得天独厚的地理条件为其发展提供了有力支撑。D 市毗邻海域，位于珠江与东江交汇处附近，拥有长达 30 余公里的海岸线，其中 T 镇占据近 19 公里的长度。拥有深水码头的优势极大地促进了大型船只的往来，为 T 镇的经济发展奠定了坚实基础。进入 21 世纪以来，T 镇积极响应 H 镇的发展需求，自 2000 年起着手进行岛屿搬迁与征地工作，并在 2011~2013 年大力推进拆迁进程。这一系列举措标志着 T 镇正式步入快速发展阶段。随着码头的兴起以及精细化工业园和石化储备基地的相继建立，T 镇的港口功能得到充分发挥，成为与香港等地之间进行物资运输的重要枢纽。目前，T镇在D市各镇街中展现出独特的区位优势，其外贸与物流产业已成为支撑当地经济发展的两大支柱。顺丰、中通等物流巨头纷纷在此设立枢纽中心，进一步巩固了T镇作为物流枢纽的地位。这一发展态势不仅扭转了改革开放初期经济落后的局面，也使T镇政府对社工的要求和期待比较高。尽管T镇近年来发展较快，改变了落后的面貌，但T镇在D市各镇（街道）中发展水平也还仅处于中等位置，相对经济条件较好的镇（街道），其在资金方面面临的压力相对较大。因此，就需要在各个领域争创先进，以获得资金的支持。社会工作的发展自然也不例外，也需要T镇的社会工作在全市有一定影响力。这与政府的工作机制和经济条件密切相关。

3. 辨识行动者的处境，探究行动脉络中的知识生产

在小周作为社工站的（副）站长从事社工工作时，其专业实践得以较为深入地融入本土实践场景，然而，这种融入也面临着一个不容忽视的问题，即有部分社工逐渐转变为民政系统的人力补充。该现象凸显了社会工作与政府体系深度融合带来的优势与挑战。

第一，小周工作的职责问题。一方面，他需直面市政府有关部门的任务部署，当政策文件涉及社工工作时，镇相关部门往往将任务要求直接交予小周处理，再由他进行具体安排与执行。另一方面，鉴于小周自身团队人力资源有限，他个人还需兼顾一个村的实务工作。然而，鉴于其平时承担了大量的行政工作，小周在实务工作上的投入与成效未能达到理想状态。这主要是因为他作为社工站管理人员，本应专注于监督各站点工作而非直接承担实务任务。当前，小周的工作状态体现了其极强的责任感与强大的协调能力。他需精准把握领导层的要求，并以恰当的方式将其传达给团队成员，确保指令的准确执行。同时，他还需面对来自同事的反馈与压力，尤其是当任务繁重且紧急时，团队成员可能产生不满情绪。这种情况下，小周需扮演好桥梁角色，促进各方之间的理解与沟通，以化解潜在的误解与冲突。

T镇在社工工作分配上与其他镇（街道）存在显著差异。其他镇（街道）普遍采用一个社工负责一个村庄的模式，从而实现了较高的群众

接触率。然而，在 T 镇，小周及其团队需承担更为繁重的任务，即每位社工需负责 2~3 个村庄的社工服务。鉴于这一安排，全面走访所有服务对象显然难以实现，因此，他们的工作计划往往是在一周内抽出 2~3 天时间进行走访。他们所负责的服务对象数量庞大，一个村庄即可达到一二百人，走访过程中社工并非孤军奋战，而是采取两人结伴的方式，以确保工作的专业性和安全性。尽管面临着工作压力，小周及其团队仍坚持致力于深入了解每一位服务对象的具体需求。在特殊情况下，如在临时慰问物品发放或紧急排查等任务中，他们可能会进行较为简短的询问以提高工作效率。但在日常的走访过程中，小周始终强调细致入微的重要性，认为这是社工工作的基本原则和核心要素。他鼓励团队成员，即便需要减少走访的家庭数量，也务必做得细致与深入，特别是发现异常情况，应立即汇报，以便及时采取措施加以解决。

第二，工作人员的布局问题。小周所任职的社工站，部分成员被调派至政府民政业务部门，以补充其人力资源。被调动的社工虽将承担类似办事员的职责，但实质上仍保留社工的身份。然而，在政府环境中，他们面临着新的压力与挑战，在身份上出现了某种程度的割裂感，既非政府办事员又非社工，这引起了他们的内心困惑。他们会不甘心被如此调动安排，觉得自己被调到政府部门后工作压力大了很多，尤其是在社工岗位看似更为轻松，主要涉及走访入户工作的情况下。同时，留在原社工岗位的同事也心存疑虑，对于被调动的同事为何能脱离部分一线服务工作感到不解，也认为自己的工作量因此增大了。尽管两个群体间未表现出明显的冲突，但内心隔阂难以忽视。此外，每个社工点的资源配置面临挑战，原本可能由 3~4 名社工共同负责一个社工点的工作，现缩减为仅 2 名社工。同时，市级层面在力推项目化、品牌化的工作模式，并要求社工参与相关项目创投活动，以提升 D 市社工在全省乃至全国的知名度以及认可度。在此背景下，这 2 名社工不仅需要承担大量的走访、入户调查、政策宣传等任务，还需额外参与项目工作，导致整体工作量显著增加。此外，D 市将社工撰写文章与案例获奖纳入晋升标准，有晋升需求的社工会花大量时间撰写文章或案例。在此背景下，小周作为社工站的关键角色，需同时承担起与上级领导沟通协调及向下属社工分配工作任务的重任，以确保工作的顺利进行。两个群体间的相互不理解，也为小周的工作增添了一层复杂性。

第三，社工队伍的专业性问题。一方面，社工队伍内部的专业素质呈现显著的差异性，具体表现为专业实践能力的不均衡，这直接制约了整体服务效能的提升。从小周的观点出发，部分工作未能达到预期效果，其主要原因之一在于缺乏具备实践能力的社会工作者。社会工作者的岗位应当赋予那些能够有效执行工作要求的人员，以确保岗位的设置能够充分发挥作用。政府的一些规划初衷值得肯定，特别是如果能够有效地整合全镇的社工资源，并定期组织培训活动，将为社工们提供一个良好的成长和发展空间。然而，小周也指出，如果社工们缺乏实践能力，即便进行了全镇范围内的统筹，社工的工作也难以获得广泛的认同和支持。因此，提升社工的实践能力，确保他们能够在工作中发挥实际作用，是至关重要的一环。另一方面，部分社工也存在着职业认知偏差的问题。他们将社会工作简单地视为一种谋生手段，而非一项需要深度投入与热情的事业。这种心态导致他们在工作中缺乏必要的反思与全力以赴的态度，影响了服务质量和与群众之间的情感连接。具体到小周所带领的17人团队，团队中非专业社工的比例较高，他们多以政府办事员的身份加入，与专业社工在职业认同、服务理念上可能存在明显分歧。这些非专业成员可能更倾向于将工作视为一种职业选择，而非全身心投入的社会服务，因此在情感共鸣与情感支持方面存在局限。

第四，社工与政府的互动。社工体系建立之前，政府常将工作任务委派给社区，但这一现象已随社工的发展而大幅减少。有些社工已与政府签订正式合同，确保了工作任务能够直接、有效地传达至其他部门。小周指出，当前政府在分配工作时，更倾向于将任务交给"双百"社工，让他们协同完成，而非直接指派给社区综合服务中心的社工。这一选择部分要归因于很多社区综合服务中心位于村庄，拥有较为独立的办公环境，使得政府难以将工作直接且高效地分配给他们。社区综合服务中心空间较大、服务人群稳定，通常仅负责单一社区的管理与服务，且人员配置相对充裕，一个服务点即可容纳三四名社工。相较之下，"双百"社工则需承担起全镇范围内的服务与管理工作，其角色实质上与岗位社工无异，但又需额外承担政府下达的各项任务。

社工在与政府协同工作的过程中，要承受一定的压力。这主要源自传统社工督导与政府在下达指令方式上的差异。传统社工督导倾向于采用较为温和的方式传达指示，而政府则倾向于采用更为直接、明确的方式。小周指出，在传统的政府购买社工服务的模式中，社工机构在一定程度上为社工与购买服务单位的沟通提供了缓冲空间。在面临重大问题时，社工机构能够作为中间方进行协调，从而缓解紧张局势。然而，社工站在这方面的情况则有所不同。社工站需要直接与民政部门对接，民政部门指令的下达更为直接，指令中包括明确的任务指标、完成方式等。这种直接对接的模式使得民政部门更为重视最终的结果，而社工站则更注重工作的内在过程和质量的提升，即先确保过程的完善，再追求结果的达成。

在过往，当社会工作者进入政府部门时，政府通常会将其与行政体系相区分，视其为具备专业技能的工作人员。然而，当前的政策已对社工项目进行了调整，不再刻意区分社工的行政与专业职责，认识到社工工作无法孤立于政府体系之外，而是需要与政府各部门紧密协同。小周观察到，随着社会工作近年的发展，政府对于社工的角色与定位已形成了较为固定的认知，这与社会工作者传统上作为第三方专业人士的定位存在显著差异。究其原因，可归结为政府人力需求、社会工作者专业效能的发挥以及社会治理要求的综合影响。

第五，工作成效与主管领导的关系紧密。社工效能发挥的程度，与政府主管领导的认知和重视程度紧密相关。若领导缺乏对该领域的充分理解，社工可能仅被视为临时性、补充性人力资源，而非长期稳定且专业的工作者。此外，小周认为领导的工作风格对团队氛围及工作效率也具有重要影响。起初，在 A 镇工作期间，他从事的是社会工作，得到了领导的认可与支持。随后在 H 镇，他同样获得了良好的工作环境，并与当地政府办事员建立了良好的关系，得到了团队的支持，感受到了团队协作的力量。

小周认为，社工的专业能力是否能充分展现，与主管领导是否赋予社工督导足够的自主权紧密相关。从督导方面看，D市对社工督导的选拔和任用均遵循公开的招聘流程，每位督导负责督导5~6个镇（街道）的工作。考虑到所督导的镇（街道）数量较多，督导在单一站点的工作时间相对有限，他们的主要任务是利用丰富的经验解答站点社工的疑惑，并与他们进行工作对接。在专业领域，督导主要承担项目逻辑设计和需求调研等督导工作。小周认识到，在应对社工所遭遇的挑战方面，督导并未完全发挥其应有的作用。

（四）实践者的"对行动的反映"与未来发展探究

随着社工部的正式成立，"大社会工作"这一概念逐渐进入公众视野，这标志着社会工作发展的机构化正逐步向体制化转型。社会工作者的工作内容正逐步实质性地嵌入政府体制之中，这一变化要求我们重新审视并界定社会工作的内涵及专业性，以超越传统上从西方引进的社会工作内容，探索一条符合我国国情的社会工作本土化道路。与此同时，鉴于当前严峻的就业形势，不少社工专业毕业的学生在多个行业间辗转之后，最终选择回归社工领域，这一现象在珠三角地区尤为显著，成为一个不容忽视的社会现象。作为站长，尽管小周认为自己在职业发展中取得了一定的成长，特别是沟通和处事能力均有所提升，但小周深刻体会到这一职位所带来的独特压力。在过去两年多的工作中，作为站长的他，与其他社工享有相同的薪酬待遇，但所需承担的工作更为繁重。他明显感受到整体压力较大，导致许多方面难以兼顾，进而影响了自身的精神状态。小周当前合同将于2024年10月份到期，他正慎重考虑是否续约的问题。

在过去的社工生涯中，小周最为珍视的经历莫过于在A镇担任社工的那段时光。彼时，他与一位志同道合的同事并肩作战，双方之间的协作默契无间，工作量的大小从未成为他们之间的分歧点。更为重要的是，他们能够将所学知识融入与服务对象的互动中，不断优化与调整服务方案，这一过程让小周深感满足与快乐。然而，近两三年来，小周的心境发生了显著变化，他时常感到不快乐，并萌生了辞职的念头。面对这些困扰，小周依然展现出良好的自我调节能力。他会向妻子倾诉内心的苦闷，妻子的情感支持则成为他坚持下去的重要动力。同时，与老师的交流也为他提供了建议，帮助他更好地应对职业挑战。

小周面临的主要困扰来自人际关系的复杂性。他秉持社工理念，倾向于静待时机，期望能有更好的转机出现。尽管小周当前承受巨大压力，但他依然坚守自己热爱的工作，并希望耐心等待以寻找发展空间。然而，小周的领导是一位结果导向型的管理者，他强调任务的完成，而不太关注过程。这些任务往往伴随着明确的衡量标准，为了达成目标，小周不得不频繁加班。值得注意的是，小周的加班并未得到相应的补偿，无论是加班费还是调休都没有得到。此外，他还面临着工作时间不固定的挑战，单位随时可能来电要求他处理工作事务，尤其是当涉及流浪者救助等紧急情况时，他必须立即放下手头的一切返回工作岗位。这种缺乏个人时间的情况，给小周的生活带来了极大的困扰和不便。小周提到，他的同学小罗起初担任副站长一职，然而，由于多重压力，他最终选择了辞职。这一决定是多重因素交织的结果。首先，领导层对站点要求高，加之有些社工项目作为 D 市的新兴事物，其建设要求和制度规范频繁更新，这些给小罗带来了巨大的工作压力。他不仅要迅速响应政策要求，还需确保有工作成果，以助力 D 市获得领先地位。其次，来自同工的压力也不可忽视。同工可能对他的工作安排持有不同意见，或未能给予其充分的认同，这进一步加重了他的心理负担。此外，疫情的影响也是导致小罗离职的重要因素之一。在疫情期间，社工需要承担更多的职责，小罗不仅需要从白天至晚上七八点参与核酸志愿者工作，还可能在深夜被紧急召唤去处理流浪者救助等突发事件，导致他长期处于高强度工作状态，身心俱疲。在了解到小罗的困境后，小周给予了他关心和建议，鼓励他重新审视自己的职业选择，并与领导进行沟通，寻求解决方案。最终，小罗向领导提出了调整工作岗位的申请，现在他在一个社工点担任联络员，虽然工作内容仍有一定挑战性，但他的整体工作已经轻松了许多。从上面的描述中可以看出，小周等社工站长所面对的工作环境充满压力。他所在的团队在努力工作，但这种努力并未得到领导在管理上的充分认可与支持，加班无补偿、调休不批准等问题凸显。同时，具有很强突发性和紧急性的工作挤压了小周的个人时间与休息时间，导致工作与生活的界限模糊。同时，以上经历从侧面反映了小周对职场现实的洞察，也展现了他在面对挑战时的韧性与智慧。总体而言，相较于张社工等第一代社会工作者，小周这一代社工在成长过程中，确实遭遇了职业发展机会相对稀缺的困境，他们仍需为生计而持续奋斗。在经历长时间的等待与不懈追求后，小周终于迎来了基于当前社会工作标准的积极转变。即便如此，他依然拥有非凡的幸运，得以继续担任副站长的职务，这充分证明了他的坚持与努力的价值。

目前，小周对自身的职业发展路径进行了初步的规划，主要聚焦于两大方向：一是致力于成为社工督导，二是选择继续深造，攻读研究生学位。而考取社工督导资格，则相当于为自身增添了一份职业保障，即便未来不直接从事社工工作，只要仍留在社会工作领域内，这一资格都将在应聘过程中为其带来显著优势。

结语　成为社会工作的行动研究者，
迈向社会工作实践知识生产

一　反映实践取向的行动研究：社会
工作实践知识生产路径与方法

资深社会工作者普遍具备超过十年的行业经验积淀。他们之所以能在此领域深耕十年之久，或是因为在职业选择有限情境下，将其视为一条相对理想的职业道路，或是因为受家庭背景等多重因素的综合影响。个体留任于社会工作领域的动因错综复杂，但能够长期坚守，必有其深层次且充分的考量。当然，在实践过程中，他们亦会遭遇挫折与挑战，这些均为其宝贵的本土实践经验之体现。因此，探究资深社工在超过十年的职业生涯中所经历的事件，以及他们如何阐述自身实践经验及其形成机制，成为深入理解社会工作实践知识的关键所在。本章旨在通过反映实践取向的行动研究，整理与提炼资深社工的实践经验及其形成路径，进而生产具有本土特色的社会工作实践知识。

（一）反映实践取向的行动研究与社会工作实践知识的内在关联性

实践知识主要由两个核心要素构成：一是实践者自身实践的生成，二是实践者在长期实践中所累积的实践方法。以小贺为例，他展现出了个人独特的实践探索历程，这一历程构成了他专属的实践生成路径。在持续的实践活动中，实践者会不断积累个人的心得与体会，进而形成个性化的实践方法。因此，那些拥有丰富实践经验的个体，在完成多样化工作任务的过程中，会逐步发展出多种不同的工作方法，并在此基础上累积形成自己独特的实践知识。

每位实践者的实践知识均具有其独特性与专属性。以选择社会工作职业为例，部分实践者可能是受家庭背景的深刻影响（张社工），而另一部分则可能是因社工职业能够直接触及并服务于底层与边缘群体，所以试图在其中寻得职业的价值与意义（老熊）。具体而言，张社工在回顾其超过十年的从业历程时，明确提及了两点关键因素：其一，其大学老师殷切期望他们能将所学社工知识应用于实际，避免知识浪费；其二，她在实际工作中接触到诸如遭受父亲性侵的女孩、以收废品为生的男子对儿子实施家暴等极端案例，这些案例仅靠警务系统处理是不够的，若无社工的及时介入，这些弱势群体可能面临无人关怀的困境。她指出，在过去的十多年里，每年她都会接到数起此类案例，并因此深刻体会到社工工作的不可或缺性。上述针对实践者经验的深度剖析，虽未必能立即被界定为纯粹的实践知识，但无疑包含了大量由实践者自身在本土环境中生成、积累的独特见解与宝贵经验。

研究者致力于对实践者所积累的实践知识进行系统整理。为了从中提炼出深刻的道理，并在理论上进行有意义的对话，他们必须依赖那些能够体现实践导向的行动研究方法。因此，研究者的行动研究能力对于其能否有效地提炼实践知识具有决定性作用。

研究者协同实践者进行行动研究，其实是启动了实践者对其经验的回溯，推进了实践者反身推进对自身实践经验的行动研究。尽管这种由研究者协同实践者开展的行动研究可能不算精致，但不可否认的是，其通过回溯与整理实践者的实践经验，为实践者开辟了重新审视其实践知识生成过程的有效路径。

优秀的实践者不应拘泥于既有经验，而应持开放态度接纳新的行动实验。鉴于实践者的选择常受限于特定的结构框架，且在短期内难以根本性改变，他们应基于当前可能不尽如人意的处境，深入探究其中的内在规律与"学问"。在长期处于某种结构性限制的环境中，实践者需细致观察并积累自身对于所见所闻的独特见解。

与研究者展开对话时，实践者也就开始了回溯以及对他过去的行动的反映，即对其过往行动的重新审视与评估。此过程亦启动了研究者与实践者之间的反映对话与协同探究，促使实践者开始积极回应，并在此过程中回顾与阐述其以往实践中被忽视的细节。这些被遗忘的细节实则是实践知识的精髓所在，其价值往往蕴含于细微之处。通过反映实践取向的行动研究，我们能够从特定视角深入理解实践者及其丰富经验，进而整理并提炼其实践知识，最终对其个人特质与实践风格进行精准定性。实践知识的真正价值，唯有通过反映对话与协同探究方能彰显。若研究者缺乏相应的行动研究方法与能力，则可能难以准确把握问题的核心所在并提出恰当的问题来引导行动研究深入。

我们期待通过与实践者的协同探究，对实践者的实践经验进行深入剖析，呈现更多元的答案，从而生产出丰富的本土实践知识。据此，我们可以说，反映实践取向的行动研究构成了社会工作实践知识生成的有效路径。

（二）反映实践取向行动研究的问题意识框定

在构建一则以实践知识或其探究过程为核心的行动研究案例时，首要任务是确立案例的核心轴线或聚焦点，并明确界定所要探究的具体问题。此步骤构成了反映实践取向行动研究的前提。例如，若研究聚焦于历史维度，则需细致考察实践者职业生涯的各个阶段，以揭示并理解实践者个人历史的生成脉络。同时，需将这一分析置于更广阔的社会历史背景之下，以全面把握其影响因素。此外，还要考虑社会历史背景，必须精心规划研究的整体框架。

在本书的研究中，研究者通过深入剖析实践者的实践历程与成长轨迹，深入把握 D 市社会工作发展的历程与基本面貌。具体而言，借助实践者在不同岗位间的转换历程，我们得以概括性地勾勒出 2010 年来 D 市社会工作发展的基本面貌。进一步地，通过回顾过去十多年的实践经验，我们能够将历史性的讨论引导至实践路径的生成之上。这一实践路径的生成，不仅蕴含了历史感，更是宏观、中观与微观层面相互交织、共同作用的产物。例如，老熊从原本在养老院工作转变为从事流浪救助领域的工作，这一转变背后必然涉及宏观、中观及微观层面的复杂互动，受到大环境、机构及个人等多重不可分割的因素的影响。从历史性的视角审视，通过个体的历史变迁，可以从微观层面透视宏观层面，两者均蕴含丰富的可探讨内容，其体现了扎实而具体的地方性经验，由此能够窥见宏观制度的一个具体切面。进一步地，社工职业路径的转变或可映射出整个社工制度在转型过程中所经历的结构性变迁。此外，无论是成就感满满的经历还是令人挫败的挑战，都蕴含着社会工作的实践知识。因此，研究者聚焦于两个核心要点：一是社会工作发展的在地历史性；二是实践者在工作中所遭遇的各类限制，以及他们如何在这些限制下发挥自身能动性。值得注意的是，实践者的理解可能因各种原因而不够全面或表达受限，这就对研究者的对话能力提出了更高要求，需要他们具备强大的理解力和洞察力。

因此，在进行反映实践取向的行动研究时，研究者必须构建一个明确的、集中探讨的研究轴线。这一轴线的确立，需综合考虑研究者的个人经验、研究意图及能力等多方面因素。鉴于实践知识的广泛性与深刻性，研究者必须精准定位并聚焦于自己擅长且能够有效应对的轴线之上，以确保研究的顺利进行与高质量完成。若研究者选择的轴线超出其能力范围，则其可能难以胜任反映对话与协同探究，进而影响研究的整体效果。

这个确定轴线的过程就是舍恩所说的"命名事物与框定脉络"的过程（夏林清，2018：36）。命名事物与框定脉络是设定问题，是一个过程。若目标令人困惑而又充满冲突，就需要对其进行命名并重新框定其脉络。问题设定是一个过程，在这个过程中，"命名事物"与"框定脉络"二者是交互作用着的：在设定问题的过程中，我们选择了关注情境中的哪些特定"事项"，确定了注意的范围，并赋予了问题一致性。这样做使我们能够明确指出哪些问题是错误的，以及情境应如何调整以朝正确方向发展。舍恩提出的"探究路径"是反映研究进行的一种方向，引导实践者将其与其介入的情境视为一个整体，从而探究二者之间的相互作用："在每一个不同的案例情境中，实践者均在一开始先形成一个理解该情境及问题现象的视框，并设计介入行动，该介入行动再带动后续的探究路径而导致最后的后果；针对实践者在每一案例中探究路径的特性、后果及脉络意义进行研究。"（Schön，1991）舍恩强调，"对问题的探究意识"是行动研究中最为耗时的部分。此环节中，研究者与实践者各自所具备的问题意识，将影响反映实践取向的行动研究中问题探究的方向。反映实践取向的行动研究，其本质往往是一个渐进式的清晰化过程。初始阶段，"对问题的探究意识"可能呈现出一定的模糊性，需通过多次深入的对话来积累丰富的资料。随后，通过对这些资料的系统分析，研究者方能更准确地识别问题的核心，进而明确自身的探究方向。而这一过程的有效推进，通常需要资深行动研究者的协同参与。以刘清为例，过去十余年间，其工作领域较少涉及与政府的互动。然而，在社会治理的大背景下，他需承担更多政府相关工作。在与研究者的紧密合作中，研究者引导其深入思考：在与政府合作的过程中，自己经验了什么？这促使他开始沿着这一方向进行深入探索，其问题意识也逐步增强。如今，他逐渐能够理解政府立场，这是其个人在研究中自发形成的新视角。

（三）反映实践取向的行动研究的实践向度：结构与能动的向度

通过整理实践者（刘清、老熊等）的实践案例，借助反映实践取向的行动研究方法，我们能够提炼出若干具有启示性的道理，这些道理是实践知识的重要组成部分；我们甚至可能开辟出与既有理论进行对话的新机遇与空间，从而促进理论与实践之间的融合。

社会工作研究者尤为关注实践者的实践经验，致力于探索这些经验所蕴含的深层意义及其所能揭示的实践规律。这就需要研究者借助反映实践取向的行动研究，深入探究实践活动的具体框架与机制，即实践者的实践是在何种结构背景下展开的，在此结构框架下，实践者又是如何推动实践进程的，此外还需对上述议题进行深入的本土性分析。实践者的行动无可避免地会受到社会结构的制约。优秀的实践者能够凭借个人的能动性，在这种结构性限制中寻找并确定实践的方向与意义。因此，实践知识的生成，是实践者与社会结构持续互动的结果，实践者的实践知识正是他们在与社会结构互动的过程中，经历个人成长与磨炼的直接体现。例如老熊，其职业路径从养老领域转向了流浪救助领域。通过反映实践取向的行动研究，我们可以从其过往经验中洞察到他与各类行动主体互动时所展现的智慧，这些智慧具有诸多值得借鉴之处。同时，当探讨难以进一步深入时，对话往往会触及结构性的难题。以刘清为例，他周六需亲自照顾子女，这促使我们进一步探究其家庭结构。经研究，我们发现他来自一个充满流动人口的大家庭，在工作的同时要承担大量的家务劳动和多个孩子的照顾任务，这一发现使我们能够更清晰地理解某些情况。如此一来，实践者就会形成新的分析视角，就更能深刻、多层次地理解其实践中的诸多状况与问题。在此基础上，实践者能更准确地判断自己所面临的困境究竟源自政府、家庭、社区还是实践者自身层面。因此，他们就能够找到关键所在，对这些问题及其所处情境进行解决与改变。简而言之，对实践者具体经验的深入研究，要求研究者能够精准分析出问题所在的社会系统层次。

本土经验的挖掘一定要回到实践者的实践之中，以精确辨析实践困境的根源所在。此等困境可能源自政府政策的执行、指标设计的合理性问题，或是实践工作者自身的能力与态度。即便是高度行政化、任务导向的指标性工作，亦可能蕴含着深刻的中国式社会工作实践智慧，这些智慧根植于本土实践，对实践知识的提炼必须回到实践者的实践中。

综上所述，要以反映实践取向的行动研究提炼实践知识，需从多个维度进行深入考量。具体而言，需探究实践者如何观察社会与人群，以及他们如何明确行动方向并付诸实践。这一过程不仅揭示了实践者对于社会现实的深刻理解，也展现了他们面对挑战时的策略与智慧。由此，我们看到的资深社工的面貌不再模糊，他们的专业能力与实践智慧在行动研究中得到了清晰展现。由此，研究者借助反映实践取向的行动研究方法，直接获取实践者的第一手资料，进而更明确地洞察实践知识生成的机会与制约因素。在此基础上，方可有效地构建和发展本土化的实践知识。这构成了实践知识生成的根本路径。然而，研究者在实践经验方面的欠缺，构成了此项工作的一个主要挑战。

质言之，社会工作实践知识的生成需要在多层次社会系统中分析实践者在行动中所面临的限制，以及在限制中如何实现突破与改变，并探究其背后的道理为何。同时，需要明确哪些限制是无法改变的，哪些仍存在一定的改动空间，以及实践者自身是否具备进一步利用这些空间的能力。研究者需细致区分哪些实践知识是社会工作领域内普遍存在的，哪些是特定实践者的独特经验，以及哪些知识是其尝试生成但未能成功的。最终目的是通过行动研究，更清晰地揭示实践者的结构限制，展现其实践智慧与能力，进而探索未来的实践进路。换言之，这项工作旨在融合微观、中观与宏观视角，全面展现实践知识的多层次性与真实性，确保个体、群体与社会之间的紧密联系不被割断。

二　社会工作者即行动研究者

社会工作实践知识是社会工作者历经长时间实践所积累与历练的"行动性"知识，其本质为具体的行动智慧，非单纯源自书斋的学问所能全面涵盖的。资深工作者如小贺与老熊所积累的实践知识，通常超越了传统学术教育的范畴，是历经无数次实践尝试与挑战而逐渐形成的。这种知识形态，与那些模块化、项目化及遵循固定程序的机械流程形成鲜明对比，展现出一种更为灵活与独特的知识特性。社会工作实践知识，在某种意义上，构成了与项目化运作模式对应的概念体系。尽管社会工作实践者在实践中可能会面临诸多结构性的限制，然而，他们仍能够通过与既有社会结构的积极互动，不断探索与创新，从而发展出富有成效的实践策略，促进实践知识的生成，最终成长为优秀的社会工作实践者。

关于优秀的社会工作实践者的定义，可以从以下几个方面进行理解。第一，必须强调的是，优秀的社工应深刻体会到社会工作实践所蕴含的社会价值与生命意义。在投身于这一领域的过程中，他们不仅展现出对专业价值的深度认同，更能在每一次实践中体会到其背后所承载的社会意义，这种体验具有一定的理想性色彩。第二，优秀的社工还需具备对工作群体深刻的情感共鸣。这种共鸣源自他们对服务群体所持有的社会性关怀或情感，我们称之为社会情感。它要求社工能够深入理解并感受服务对象的需求与困境，从而在情感上与之产生共振，为提供更加精准、有效的服务奠定坚实的基础。第三，他们在工作中并不满足于仅仅达成既定指标要求，而是致力于发展对服务群体有效的实践举措，这些行动不仅完成了具体指标，更聚焦于为服务对象带来正向的影响，切实地为服务群体带来福祉。第四，拥有坚定的职业选择。不少社会工作者随着年岁的增长，步入中年后，不再在各类职业选择中摇摆，而是对社工职业路径展现出了深刻的认同感。不少资深社会工作者年约四十，他们在这条道路上持续前行，并找到了属于自己的价值。这一现象反映了他们在职业选择中的独特立场。此外，需指出的是，上述标准下的优秀社工，并不是单纯以行业内的奖项或职位来定义的。这让实践者有机会呈现在实践中所形成的丰富且独特的实践知识，彰显实践知识的价值。这些知识不仅构成了其专业实践的基石，更在实践中展现了其独特的价值。

在本书的研究中，所有参与的社会工作者均符合上述关于优秀社会工作者的定义，且在研究过程中，他们均被视为行动者即研究者。

刘清作为笔者的首届学生，已回老家在广东梅州的社会工作站点担任督导。他不仅是与笔者保持最长（15年）且最紧密互动关系的协同研究者，更是反映实践取向的行动研究为其生活与职业生涯带来深刻影响和改变的典范。刘清在专业实践过程中受到了反映实践取向行动研究中前辈们的持续督导与指导，充分展现了反映实践取向行动研究与其专业成长的交织轨迹。小贺并非社工专业出身，而老熊也曾是一名私企管理人员。然而，小贺和老熊均深知在社会中寻找并坚持他们认为正确和正义的事情对其自身的重要性和意义。特别是在改革开放和经济发展的背景下，他们积极寻找并投身于他们认为正确且有价值的工作。他们一路寻找各种可以参与进去并被他们认为有意义的工作，最终带着身上累积的经验，来到了社工行业。然而，当他们的这些实践经验与社工系统相遇时，不可避免地出现了相互碰撞和制度性问题，如老熊在评选督导时的波折等。但是老熊和小贺的共同特点是，他们均得到了社工行业的认可，被视为真正有能力的优秀社工。张社工在大学里学社工专业，研究生一毕业就从河南来到南方经济发达区域，她坚守社会工作的专业化与职业化之路，并勇敢地扩展专业实践。小周，作为 D 市本地人，在进行了对社会工作专业的系统学习后，秉持着对家乡的情感，选择回归自己的故乡，即 T 镇从事社工职业，尽管这一职业并非他最初最为心仪的选择。这些案例中蕴含了社会工作实践者不同的实践面向与发展路径，呈现了实践者在不同领域中服务的实践知识与职业发展中具有差异性的职业发展路径知识。

每一位社会工作者都是行动者，每一位社会工作者都可能做行动研究。行动研究是行动者的研究，是一种行动者有意识地对其自身及其行动历程与社会处境进行的研究，是对其自身行动的策略及影响进行的自主探究，旨在改善行动者的行动品质。当一名社会工作者置身于实践现场时，不可避免地要面对社区真实处境、直面现实挑战。这是成为行动者即研究者的第一步。当前社会工作实践领域有两类较为典型的社会工作者是行动研究的关注对象。第一类社会工作者受过社会工作相关专业教育，但他们大多工作时间较短，经验单薄，面临专业所学对于社区实践无效的难题。他们带着所学知识进入实践现场面对具体难题时，常陷入无法动弹的困局。他们对于动态实践现场存在的复杂现象常难以把握，其专业性在实践中受到挑战。对他们而言，需"放下专业，接上地气"。行动研究可以协助其在与他人及情境互动过程中，发展出"立足在地"的实践知识。第二类是所学专业与社会工作关联性较弱的社会工作者，他们有的甚至只有初高中学历，但他们大多工作经验丰富。这类社会工作者很接地气，却常被认为"不专业"。事实上，他们中的不少人已经工作了十几年甚至二三十年，工作经验丰富。从行动研究角度看，他们拥有实践知识，但这种知识不是通过学校教育获得的，而是在工作里的"摸爬滚打"中积累的经验，是实践中创造的经验。这种经验常内隐于实践者自身，他们自己或许都不甚明白。行动研究可以协助他们系统整理实践经验，萃取实践知识，使他们未来的工作更具"理论性"。社会工作者若要练习行动研究，可从三个方面开始。第一，有意识地梳理自身的生活与工作经验。看似个人化的生活经验，其实是其真实的社会参与经验，与社会工作密切相关。系统梳理社会工作者作为社会中的行动者的历史经验，可让其在已有经验基础上前进，避免重复旧路。让社会工作者及服务群体的社会生活、生命经验都成为社会工作经验发展的土壤。第二，培养对行动后果的觉察力。人若要对行动后果负责任，就必须清楚自己为什么生成该行动，其推理假设在哪里。行动研究方法是要让人对一个变化的行动过程有敏觉力，以此使社会工作者在与外部情境以及他人互动时，可以对影响他人的利害作用明察秋毫。第三，从"做事"到"育人"的转向。行动研究没有一套标准化操作方法或流程，它关注人的发展，认为社会工作者的每一个介入行动都是在社会系统中进行的实验，因此行动研究会因不同行动研究者主体的凸显和差异而更具丰富性、灵活性与实践魅力。总之，做社会工作的行动研究者，就是要社会工作者在实践中，对自身经验和工作情境以及他人更有分辨能力，能细致地对待这些人和事物，以发展出更复杂、有层次的行动策略，发掘、生产对其实践有用的知识，这也是社会工作者赋权的原理。

三　反映实践取向的行动研究的教育意涵

行动研究最终要回归实践者经验的轨迹，从中提炼出具有本土特色的知识与智慧。这一过程为研究者提供了宝贵的一线原始资料，对其教学与研究工作的深化具有积极意义。对于社会工作行动研究者而言，他们可以带着学生协同开展行动研究，在深刻理解实践者经验的基础上，整理社会工作领域的实践知识。这一过程中，需妥善平衡研究者、学生及实践者三者的学习需求。具体而言，即在研究场域内，让实践者、学生及教师三个层面的学习与探索紧密交织，形成一个相互促进、共同进步的有机整体，其中最容易忽略的是学生的学习需求。研究者应如何有效指导学生，以满足其学习需求，是一个涉及教学过程的重要议题。在此过程中，必须充分考虑学生的反身性，即学生如何将个人经历与所学知识关联起来并产生共鸣。当教师引导学生进行反映实践取向的行动研究时，学生的反身性将使他们能让对话与自己生活、实习的经验共振，从而完成学习。

教师用行动研究方法"带学生"，就会有一个带学生的行动研究。这不仅是教师介入实践的体现，还彰显了知识的实践性。通常而言，行动研究过程中研究者有效地带学生，关键在于理解并促进学生的生命经验与他们所参与的行动研究之间的共鸣和相互呼应。这样的做法能够确保学生不被视为单纯的研究助手，被工具性地使用，而是作为具有丰富生命体验和独立思考能力的主体，积极参与到研究过程中，从而实现学习与成长。老师带学生也并非仅给予学生一个研究方向，便任由其自行开展行动研究，而是在研究过程中，时刻关注学生"共振到了什么"。比如有的学生说想到奶奶的生活等，是共振到了他自己家里的情况，这是学生反身性的体现。值得注意的是，学生在行动研究中的参与并不仅仅是提供协助，更重要的是通过研究参与形成自己的观点，甚至可能因此确定未来论文的主题。这要求教师在行动研究过程中，要视学生为协同行动研究者，关注学生的学习与主体性发展。具体而言，学生参与行动研究的初期，其角色主要是倾听者，尚不具备独立开展此类研究的能力。鉴于此，开展行动研究时，与学生进行深入交流变得尤为重要。这一过程可包括先由学生整理对话录音稿，随后围绕录音稿内容进行对话。对话的焦点在于提升学生反身性，即了解他们从中获得了哪些共振。从这一视角出发，教师得以增强反映对话与协同探究能力。当事人只有自己践行了实践的方法论，才能深刻领悟并内化其中的精髓。由此，促进实践者、学生及教师三个层面的学习与探索紧密交织，形成一个共同成长的有机体。

参考文献

Altrichter，H.，Posch，P.，& Somekh，B.，1997，《行动研究方法导论——教师动手做研究》，台北：远流出版社。

阿吉里斯，克里斯、罗伯特·帕特南、戴安娜·麦克莱恩·史密斯，2012，《行动科学：探究与介入的概念、方法与技能》，夏林清译，教育科学出版社。

艾利丝，卡洛琳、亚瑟·P. 博克纳，2007，《作为主体的研究者：自我的民族志、个体叙事、自反性》，载诺曼·K. 邓津、伊冯娜·K. 林肯主编《定性研究（第3卷）：经验资料收集与分析的方法》，风笑天等译，重庆大学出版社。

安秋玲，2013，《实践性知识视角下的社会工作本土化建构》，《华东师范大学学报》（哲学社会科学版）第6期。

安秋玲，2021，《我国实践场域中社会工作知识样态研究》，《华东师范大学学报》（哲学社会科学版）第6期。

鲍永玲，2007，《一个蔽而未明的"实践（Praxis）"问题》，《学术界》第2期。

Clandinin，J.，& Connelly，M.，2003，《叙说探究：质性研究中的经验与故事》，蔡敏玲、余晓雯译，台北：心理出版社。

曹典顺，2021，《基于中国道路的中国马克思主义哲学生成逻辑》，《理论探讨》第3期。

陈成文、陈宇舟、陈静，2022，《建设"一核多元"的新时代乡村治理组织体系》，《学海》第1期。

陈立，1984，《行动研究》，《外国心理学》第3期。

陈璐，2022，《情景与互动：生活垃圾分类管理的制度建构过程——基于上海市 P 区的个案分析》，《中国地质大学学报》（社会科学版）第 2 期。

陈蓉蓉、姚进忠，2021，《社区为本：后疫情时期社会工作应对突发公共危机事件的行动逻辑》，《社会福利》（理论版）第 11 期。

陈树强，2003，《增权：社会工作理论与实践的新视角》，《社会学研究》第 5 期。

陈涛，2006，《知识观的转变及其对社会工作教育的含义》，载王思斌主编《社会工作专业化及本土化实践——中国社会工作教育协会 2003~2004 论文集》，社会科学文献出版社。

陈涛，2014，《论社会工作的组织模式问题》，《社会建设》第 1 期。

陈涛、王小兰，2017，《论社会工作理论的知识论基础》，《华东理工大学学报》（社会科学版）第 6 期。

陈向明，2000，《社会科学质的研究》，教育科学出版社。

陈向明，2023，《实践—反思性行动研究的意涵和路径》，《人民教育》第 Z3 期。

陈新夏，2010，《人性与人的本质及人的发展》，《哲学研究》第 10 期。

陈友华、庞飞、曾伟，2018，《老年人居住意愿满足问题与社会工作介入策略》，《社会发展研究》第 4 期。

陈宇，2023，《乡镇社会工作嵌入式发展的行动逻辑及实现路径》，《学术论坛》第 6 期。

成洪波、徐选国、徐永祥，2018，《社会工作参与基层社会治理的机制创新及其实践逻辑——基于东莞市横镇的经验研究》，《福建论坛》（人文社会科学版）第 7 期。

崔雪梅，2009，《"反身"与"返身"》，《教育与教学研究》第 11 期。

丁立群，2020，《马克思与亚里士多德：实践理论范式的转换》，《哲学研究》第 6 期。

丁瑜、邱博文、张凯婷，2023，《家庭社会工作实践中个人经验与专业经验的关系探讨——兼论性别对界限的影响》，《妇女研究论丛》第 4 期。

杜平，2020，《专业关系的情境化建构：基于"让我们做朋友-河北"的个案分析》，《社会建设》第 6 期。

杜威，约翰，2014，《民主主义与教育》，陶志琼译，中国轻工业出版社。

方舒，2020，《协同治理视角下"三社联动"的实践反思与理论重构》，《甘肃社会科学》第 2 期。

费梅苹、杨瑛，2023，《发展核心自我：流动社会中自我视角社会工作的重构》，《社会科学研究》第 4 期。

冯仕政，2022，《社会学的实践与实践的中国社会学》，《社会学评论》第 3 期。

弗雷勒，保罗，2013，《受压迫者教育学》，方永泉译，台北：巨流图书公司。

符平，2006，《青年农民工的城市适应：实践社会学研究的发现》，《社会》第 2 期。

福柯，米歇尔，2007，《疯癫与文明》，刘北成、杨远婴译，生活·读书·新知三联书店。

付钊，2020，《专业社会工作参与基层社会治理：何以可能、何以可为》，《深圳社会科学》第 3 期。

甘炳光，2011，《社会工作的社会涵义：重拾社会工作中的社会本质》，《香港社会工作学报》（香港）第 1 期。

甘炳光，2014，《去权与充权：社工专业本质的反思》，《香港社会工作学报》（香港）第 1/2 期。

高飞，2021，《城乡融合进程中"三元化社区"治理困境及其解释——以珠三角龙腾区为观察对象》，《河南社会科学》2021 年第 9 期。

高艺多，2020，《论辩、问题与道路：批判性本土社会工作之反思》，《探索与争鸣》第 3 期。

葛忠明，2015，《从专业化到专业主义：中国社会工作专业发展中的一个潜在问题》，《社会科学》第 4 期。

龚尤倩，2012，《反叛：一项灰头土脸的行动学习》，《应用心理研究》（台北）第 53 期。

龚尤倩，2013，《解放是永不休止的跨栏赛!》，《应用心理研究》（台北）第 54 期。

龚尤倩，2016，《行动研究中的反映对话》，《中国社会工作》第 25 期。

龚尤倩，2017，《行动研究之于社会工作教学》，《中国社会工作》第 8 期。

龚尤倩、夏林清，2017，《行动研究的社会探究之道——以台湾社工专业实践为例》，《中国农业大学学报》（社会科学版）第 3 期。

古学斌，2013，《行动研究与社会工作的介入》，《中国社会工作研究》第 10 辑。

古学斌，2013，《召唤行动者的归来——社会工作教育与行动研究》，载杨静、夏林清主编《行动研究与社会工作》，社会科学文献出版社。

古学斌，2017，《道德的重量：论行动研究与社会工作实践》，《中国农业大学学报》（社会科学版）第 3 期。

郭伟和，2014，《后专业化时代的社会工作及其借鉴意义》，《社会学研究》第 5 期。

郭伟和，2017，《如何进入社会工作内部进行实践研究：一个非激进的专业实践研究大纲》，《华东理工大学学报》（社会科学版）第 6 期。

郭伟和，2018，《迈向反身性实践的社会工作实务理论：当前社会工作理论界的若干争论及其超越》，《学海》第 1 期。

郭伟和，2019，《专业实践中实证知识和实践逻辑的辩证关系——以循证矫正处境化实践为例》，《社会学研究》第 5 期。

郭伟和、郭丽强，2013，《西方社会工作的专业化历程及对中国的启示》，《广东工业大学学报》（社会科学版）第 5 期。

Hooks，B.，2009，《教学越界：教育即自由的实践》，刘美慧等译，台北：学富文化事业有限公司。

何国良，2018，《久违的实践研究：创造社会工作学的路向》，《中国社会工作研究》第 15 辑。

何国良，2019，《实践研究的两种可能：治愈与关怀的选择》，《中国社会工作研究》第 17 辑。

何国良、王思斌主编，2000，《华人社会：社会工作本质的初探》，香港：八方文化企业公司。

何威，2023，《现实形塑与科学回归：社会工作"嵌入式发展"的规范图景及其超越》，《社会科学》第 4 期。

何雪松，2007，《社会工作的四个传统哲理基础》，《南京师大学报》（社会科学版）第 2 期。

何雪松、匡梦叶、吴满岚，2024，《2023 年社会工作研究年度进展述评》，《社会工作与管理》第 2 期。

何燕堂，2017，《行动研究与实践者的知识生成》，《中国社会工作》第 10 期。

何芸、卫小将，2014，《后现代主义与社会工作研究——基于三种另类研究方法的叙述分析》，《华东理工大学学报》（社会科学版）第 4 期。

洪大用，2021，《实践自觉与中国式现代化的社会学研究》，《中国社会科学》第 12 期。

洪鎌德，1995，《评析法国思想家杜赫尼（阿兰·图海纳）的社会学说》，《美欧月刊》第 3 期。

洪瑞斌，2007，《更实践的知识与更知识的实践：以实践典范观点回应组织临床研究》，《应用心理研究》（台北）第 34 期。

侯利文，2019，《社会工作知识论基础的再认识——兼论社会工作的实践转向》，《学习与实践》第 5 期。

侯利文，2020，《教育先行抑或实践引领：再思社会工作理论与实践的关系》，《社会工作与管理》第 1 期。

侯利文、曹国慧、徐永祥，2017，《关于学术话语权建设的若干问题——兼谈社会学"实践自觉"的可能》，《学习与实践》第 12 期。

侯利文、徐永祥，2018，《被忽略的实践智慧——迈向社会工作实践研究的新方法论》，《社会科学》第 6 期。

胡幼慧主编，2008，《质性研究：理论、方法及本土女性研究实例》，台北：巨流图书公司。

黄晨熹，2023，《组建中央社会工作部对我国社会工作的重要意义》，《人民论坛》第 23 期。

黄锐，2018，《重申社会工作本质：四个维度》，《学海》第 6 期。

黄晓星、熊慧玲，2018，《过渡治理情境下的中国社会服务困境：基于 Z
　　市社会工作服务的研究》，《社会》第 4 期。

黄彦宜，2014，《社区充权：台湾与英美经验的对话》，第四届"海峡两
　　岸农村社会保险理论与实践——社会养老服务"研讨会论文，陕西
　　西安。

贾维周，2007，《舍恩的反思性实践理念与社会工作教育》，《安徽农业大
　　学学报》（社会科学版）第 5 期。

景军，2018，《现代预防医学在乡土中国的实践源头和本土化过程：定县
　　实验》，《西南民族大学学报》（人文社科版）第 7 期。

景天魁，2014，《从劳动理解社会——阿兰·图海纳的贡献》，《哈尔滨工
　　业大学学报》（社会科学版）第 2 期。

康渝生，2018，《以实践自觉推进中国特色社会主义的发展——庆祝改革
　　开放 40 周年》，《学术交流》第 12 期。

赖诚斌、丁兴祥，2005，《自我书写与生命创化——以芦荻社大学员蕃薯
　　的故事为例》，《应用心理研究》（台北）第 25 期。

李倍倍，2019，《基层实践的社会工作专业主体性探索与构筑——基于一
　　项政府购买服务的行动研究》，《社会工作》第 3 期。

李春青，2020，《从"文本阐释"到"自我阐释"——王阳明经典阐释
　　学思想的实践性品格》，《山东师范大学学报》（社会科学版）第
　　4 期。

李鸿、张鹏飞，2022，《乡镇（街道）社会工作站建设依据与路径探索》，
　　《济南大学学报》（社会科学版）第 3 期。

李健强，2009，《深化与拓展：参与式发展的本土化探索——甘肃雨田农
　　村发展论坛会议评述》，《社会工作》第 10 期。

李青，2018，《金融社会工作与反贫困：社会工作反贫困研究中的经济性
　　议题》，《华东理工大学学报》（社会科学版）第 4 期。

李忆微，2011，《促使一个民间社会服务组织发展的行动研究——以失败

为师的佛子/社工实践》，博士学位论文，台湾辅仁大学。

李迎生，2023，《扩展社会工作的传统界限》，《社会工作》第 6 期。

李友梅，2017，《中国社会治理的新内涵与新作为》，《社会学研究》第
　　6 期。

李友梅、耿敬，2020，《中国社会学的知识生产范式——以晏阳初和费孝
　　通的实践为例》，《学术月刊》第 6 期。

廉兮，2012，《抵抗与转化：社会变迁中的行动研究》，海峡两岸暨香港
　　社会工作行动研究研讨会论文，北京。

梁丽清、陈锦华主编，2006，《性别与社会工作》，香港：香港中文大学
　　出版社。

林洁，2018，《社工专业胜任能力养成之探讨——医学与社会学跨领域训
　　练》，硕士学位论文，台中：中山医学大学。

林万亿主编，2011，《扎实社会工作直接服务能力计划：社区工作手册》，
　　台北：台湾社会工作专业人员协会。

林香君，2015a，《立足实践——我对自我叙说研究方法的辨识与选择》，
　　《应用心理研究》（台北）第 63 期。

林香君，2015b，《在互为主体性中建构主体性：以批判实践取向叙说与
　　对话为方法的教学实践》，《教育实践与研究》（台北）第 28 期。

刘晶，2014，《为"公共行政实践"正名：从 practice 走向 praxis》，《党政
　　研究》第 2 期。

刘玲，2018，《本土社会工作者与案主关系研究——微观结构、关系特征
　　和行动依据》，《华东理工大学学报》（社会科学版）第 4 期。

刘振、徐选国，2020，《从专业性、社会性迈向学科自主性——新时代我
　　国社会工作学科建设的内在逻辑与发展转向》，《学习与实践》第
　　1 期。

刘振、徐选国，2021，《走出三重依附：中国社会工作学科自主性的历史
　　建构》，《学海》第 2 期。

刘易士，奥斯卡，2004，《贫穷文化：墨西哥五个家庭一日生活的实录》，
　　丘延亮译，台北：巨流图书公司。

卢俊、陈成文，2020，《从社会心理服务体系建设看社会工作的专业化发展》，《学海》第6期。

卢敏、成华威、李小云、罗尼·魏努力编著，2008，《参与式农村发展：理论·方法·实践》，中国农业出版社。

孟亚男、石兵营、陈静，2016，《中国社会工作实务的探索脉络》，《社会工作》第2期。

苗怀宁，2013，《社会工作本土专业价值观的现象学重构》，《社会工作》第6期。

潘慧玲，2003，《社会科学研究典范的流变》，《教育研究资讯》（台北）第1期。

潘泽泉，2014，《社会工作本土化：社会工作本土知识建构如何可能》，《社会工作与管理》第3期。

彭华民，2017，《中国社会工作学科建设标准与论争》，《社会建设》第4期。

彭善民、宋文然、王亚芳，2018，《德国社会工作发展范式及启示》，《华东理工大学学报》（社会科学版）第6期。

齐尼，布莱福德，2008，《变的美学——一个颠覆传统的治疗视野》，丘羽先译，台北：心灵工坊文化。

钱理群，2018，《论志愿者文化》，生活·读书·新知三联书店。

秦燕、张允闳，2013，《台湾社会工作伦理教育的现况与发展》，《联合劝募论坛》（台北）第1期。

《求是》，2006，《中共中央关于构建社会主义和谐社会若干重大问题的决定》，第20期。

权福军，2017，《叙事研究与青少年社会工作理论本土化建构》，《中国青年社会科学》第5期。

Schön，D. A.，2004，《反映的实践者：专业工作者如何在行动中思考》，夏林清等译，台北：远流出版公司。

沙莲香，2013，《行动者理论之方法论意义》，《应用心理研究》（台北）第54期。

单学鹏，2021，《中国语境下的"协同治理"概念有什么不同？——基于概念史的考察》，《公共管理评论》第 1 期。

舍恩，唐纳德·A.，2007，《反映的实践者——专业工作者如何在行动中思考》，夏林清译，教育科学出版社。

舍恩，唐纳德·A.，2008，《培养反映的实践者：专业领域中关于教与学的一项全新设计》，郝彩虹等译，教育科学出版社。

舍恩，唐纳德主编，2010，《反映回观：教育与咨询实践的案例研究》，夏林清译，教育科学出版社。

施铁如，2005，《自我的社会建构观与叙事辅导》，《心理科学》第 1 期。

宋陈宝莲，2001，《行动研究到社会工作教育理论建立：促进有经验工作者学习新实务方法的理论模式》，《社会工作学刊》（台北）第 8 期。

苏曦凌、杜富海，2015，《走向协同：社会管理中政府与社会组织关系形态的理性建构》，《广西师范大学学报》（哲学社会科学版）第 4 期。

孙国嫄，2020，《公益"形意世界"中的"自我"转变——"80 后"社会组织青年从业者价值观及行为研究》，《青年研究》第 2 期。

孙立亚，2006，《中外社会工作教育发展进程比较研究》，载王思斌主编《社会工作专业化及本土化实践——中国社会工作教育协会 2003~2004 论文集》，社会科学文献出版社。

唐立、费梅苹，2021，《结构内化和反思建构：社会工作专业化逻辑的本土审视》，《理论月刊》第 1 期。

陶蕃瀛，2004，《行动研究：一种增强权能的助人工作方法》，《应用心理研究》（台北）第 23 期。

陶兆铭，2011，《充权为本青年工作：理论与实践》，《青年探索》第 3 期。

童敏，2006，《理论和实践的整合——社会工作课程专业化设计的反思》，载王思斌主编《社会工作专业化及本土化实践——中国社会工作教育协会 2003~2004 论文集》，社会科学文献出版社。

童敏，2017，《社会工作理论的文化转向及其文化自觉》，《华东理工大学学报》（社会科学版）第 6 期。

童敏，2019，《社会工作理论：历史环境下社会服务实践者的声音和智慧》，社会科学文献出版社。

童敏，2023，《场景实践：中国特色社会工作理论体系的建构》，社会科学文献出版社。

童敏、刘芳，2019，《新时代的人文关怀：马克思主义社会工作的回顾与前瞻》，《浙江工商大学学报》第 6 期。

童敏、史天琪，2019，《如何反思：社会工作反思实践的路径与框架》，《中国社会工作研究》第 17 辑。

童敏、周晓彤，2022，《超越心理学与社会学：社会工作的在地性审视及其理论重构》，《厦门大学学报》（哲学社会科学版）第 6 期。

图海纳，阿兰，2008，《行动者的归来》，舒诗伟、许甘霖、蔡宜刚译，商务印书馆。

瓦茨拉维克，保罗、约翰·威克兰德、理查德·菲什，2007，《改变：问题形成与解决的原则》，夏林清、郑村棋译，教育科学出版社。

王长纯，2005，《文化自觉、理论自觉和实践自觉（论纲）——比较教育和而不同发展的途径》，《比较教育研究》第 3 期。

王佃利、孙妍，2022，《脱域流动与情感共生：城乡融合发展中基层社会治理共同体的构建何以可能——基于空间与治理互塑视角的分析》，《广西师范大学学报》（哲学社会科学版）第 3 期。

王海洋，2017a，《迈向实践范式的社会工作知识观》，《华东理工大学学报》（社会科学版）第 1 期。

王海洋，2017b，《社会工作充权实践与专业关系变革：以行动研究为实践路径》，《贵州师范大学学报》（社会科学版）第 4 期。

王海洋，2023，《社会工作的实践自觉：理论蕴涵与实现路径》，《学海》第 5 期。

王海洋、刘伟清、胡倩，2018，《流动儿童社会工作实践发展的路径转向——以广东省 D 市毅行社会工作服务中心的实践为例》，《中国社会工作》第 31 期。

王海洋、尚静，2024，《基层社会治理场景中社会工作的专业化发展——基于"主体性—协同性"的分析框架》，《广西师范大学学报》（哲学社会科学版）第 5 期。

王海洋、王芳萍、夏林清，2019，《社会工作实践知识的意涵与发展路径——兼论反映实践取向行动研究路数》，《华东理工大学学报》（社会科学版）第 3 期。

王君健，2019，《循证社会工作建构的可能、挑战及趋向》，《社会科学家》第 12 期。

王力平，2019，《社会工作与基层治理的协同发展》，《甘肃社会科学》第 5 期。

王思斌，2006，《社会工作概论（第二版）》，高等教育出版社。

王思斌，2011，《中国社会工作的嵌入性发展》，《社会科学战线》第 2 期。

王思斌，2012a，《试论社会工作对社会管理的协同作用》，《东岳论丛》第 1 期。

王思斌，2012b，《社会工作实践权的获得与发展——以地震救灾学校社会工作的展开为例》，《学海》第 1 期。

王思斌，2014，《社会治理结构的进化与社会工作的服务型治理》，《北京大学学报》（哲学社会科学版）第 6 期。

王思斌，2015，《社会工作机构在社会治理创新中的网络型服务治理》，《学海》第 3 期。

王思斌，2016，《社会工作在构建共建共享社会治理格局中的作用》，《国家行政学院学报》第 1 期。

王思斌，2020，《我国社会工作从嵌入性发展到融合性发展之分析》，《北京工业大学学报》（社会科学版）第 3 期。

王思斌，2021，《坚持乡镇社工站建设的专业化和本地化》，《中国社会工作》第 34 期。

王思斌，2023，《发展好"大社会工作"》，《中国社会工作》第 10 期。

王思斌，2024，《生态系统转换下我国社会工作的位势变化与新本土化发展》，《东岳论丛》第 1 期。

王伟进、陆杰华，2023，《政社互动：我国古代乡村治理的演进特征及其影响》，《广西师范大学学报》（哲学社会科学版）第 6 期。

王伟进、张亮，2023，《风险防范：加强和创新社会治理的新的重大任务》，《南京社会科学》第 1 期。

王醒之，2017，《慈善的考掘：以关系为方法的社区社会工作实验/实践》，《中国农业大学学报》（社会科学版）第 3 期。

王元璋主编，1987，《简明马克思主义原理辞典》，江苏人民出版社。

文军，2012，《论社会工作理论研究范式及其发展趋势》，《江海学刊》第 4 期。

文军，2021，《当代中国社会工作实践知识与理论回应》，《河北学刊》第 4 期。

文军，2023，《挑战与回应：发展的不确定性与社会工作学科体系建设》，《社会工作》第 6 期。

文军、方淑敏，2022，《社会工作专业自主性困境及其行动策略——基于社区治理中互动场域视角的分析》，《学术界》第 12 期。

文军、何威，2014，《从"反理论"到理论自觉：重构社会工作理论与实践的关系》，《社会科学》第 7 期。

吴帆、吴佩伦，2018，《社会工作中的"赋权陷阱"：识别与行动策略》，《华东理工大学学报》（社会科学版）第 5 期。

吴相湘，2001，《晏阳初传：为全球乡村改造奋斗六十年》，岳麓书社。

习近平，2020，《在经济社会领域专家座谈会上的讲话》，《人民日报》8 月 25 日。

习近平，2022，《高举中国特色社会主义伟大旗帜　为全面建设社会主义现代化国家而团结奋斗——在中国共产党第二十次全国代表大会上的报告》，《人民日报》10 月 26 日。

夏林清，1993，《由务实取向到社会实践》，台北：张老师出版社。

夏林清，2000，《教育实践中的多重对话关系：回应潘世尊老师的行动研究》，《应用心理研究》（台北）第 8 期。

夏林清，2004，《一盏够用的灯：辨识发现的路径》，《应用心理研究》（台北）第 23 期。

夏林清，2006，《在地人形：政治历史皱褶中的心理教育工作者》，《应用心理研究》（台北）第 31 期。

夏林清，2012，《斗室星空：家的社会田野》，台北：导航出版社。

夏林清，2010，《走在解殖的路径中：拮抗同行的社会学习》，《应用心理研究》（台北）第 45 期。

夏林清，2013，《行动研究的双面刃作用——专业实践与社会改变》，载杨静、夏林清主编《行动研究与社会工作》，社会科学文献出版社。

夏林清，2016，《是谁在哪个地方干着活：行动研究的路数》，《中国社会工作》第 19 期。

夏林清，2018，《风筝不断线——实践者的落地深耕（修订版）》，"行动者的实践空间"微信公众号，6 月 25 日，https://mp.weixin.qq.com/s/l0giLgNEumQ77lzl-0CPUQ。

夏林清，2018，《总编序：林壑万里清——社会与个人的改变之道》，载列夫·维果茨基《社会中的心智》，麻彦坤译，北京师范大学出版社。

夏林清、丁乃非，2015，《劲旅行脚：地方斗室与星空共享的对话》，《应用心理研究》（台北）第 63 期。

夏林清、郑村棋，1989，《行动科学：实践中的探究》，台北：张老师出版社。

向德平、罗珍珍，2020，《构建中国特色的社会工作学科体系》，《中国社会工作》第 13 期。

向荣、陆德泉，2013，《作为中国社会工作教育方法学的服务学习》，载杨静、夏林清主编《行动研究与社会工作》，社会科学文献出版社。

肖莉娜、何雪松，2021，《"回到实践"的社会科学：以社会学为中心的省察》，《江海学刊》第 6 期。

肖瑛，2021，《反思与自反：反身性视野下的社会性与风险社会》，商务印书馆。

熊和妮、王晓芳，2024，《西方大学教学学术的合法化困境与转型方向》，《教育学报》第 4 期。

徐东涛、汪真诚，2023，《常规扎根与动态回应：外包式社工站参与基层治理的多重逻辑与运作机制》，《浙江社会科学》第 7 期。

徐均，2014，《返身四见》，https://www.douban.com/note/324815375/?_i=
　　3625336a_mDmdy，最后访问日期：2024 年 10 月 4 日。

徐选国、田雪珍、孙洁开，2021，《从外部移植迈向本土自觉：中国社会
　　工作发展的理论逻辑》，《学习与实践》第 10 期。

徐选国、徐永祥，2016，《基层社会治理中的"三社联动"：内涵、机制
　　及其实践逻辑——基于深圳市 H 社区的探索》，《社会科学》第 7 期。

徐盈艳、黄晓星，2015，《促成与约制：制度嵌入性视角下的社会组织发
　　展——基于广东五市政府购买社会工作服务的实践》，《新视野》第
　　5 期。

徐勇，2024，《"大治理观"与"大社会治理"》，《中国社会工作》第
　　1 期。

许怡，2014，《社会服务走向赋权还是去权?》，《华东理工大学学报》
　　（社会科学版）第 1 期。

晏阳初，1989，《十年来的中国乡村建设（1937 年）》，载宋恩荣主编
　　《晏阳初全集（第 1 卷）》，湖南教育出版社。

杨宝、杨晓云，2019，《从政社合作到"逆向替代"：政社关系的转型及
　　演化机制研究》，《中国行政管理》第 6 期。

杨芳勇，2016，《对"三社联动"绩效的模糊综合评价——以江西省 J 市
　　JZ 区为例》，《南昌大学学报》（人文社会科学版）第 2 期。

杨国荣，2012，《论实践智慧》，《中国社会科学》第 4 期。

杨慧、吕哲臻，2023，《情感异化与情感唤醒：教师情感劳动的现代议
　　题》，《福建论坛》（人文社会科学版）第 2 期。

杨静，2013，《回观历史、辨识经验，寻找变的力量：一个社会工作者的
　　行动研究》，《中国农业大学学报》（社会科学版）第 3 期。

杨静，2014，《社会工作教育需要知行合一的教育行动者》，《中国青年政
　　治学院学报》第 2 期。

杨静，2016，《一把促进有效改变的利器——"社会改变取向的行动研
　　究"之于社会工作》，《中国社会工作》第 19 期。

杨静，2017，《朝向人性化改变的理论——〈受压迫者教育学〉的解读及

对社会工作的启示》，《中国农业大学学报》（社会科学版）第3期。

杨静，2017，《破茧成蝶：实务工作者知识生产的过程——以〈行动研究经典读书札记〉书写为例》，《中国社会工作》第10期。

杨静，2018，《悄然而深刻的乡土变革：本土性农村社会工作探索》，社会科学文献出版社。

杨静、吉家钦、夏林清主编，2015，《行动研究经典读书札记》，社会科学文献出版社。

杨静、陆德泉主编，2013，《在地人形：本土农村社区组织工作探索》，中国社会出版社。

杨静、夏林清主编，2013，《行动研究与社会工作》，社会科学文献出版社。

杨文才，2019，《社会工作机构参与协同治理的运行机制研究》，《中州学刊》第3期。

杨勇，2022，《行动的发生：杜威实用主义社会理论的开端》，《学海》第3期。

叶文梓，2001，《论大学师生对话关系》，《江苏高教》第4期。

岳天明，2009，《科技理性、价值理性和人文关怀》，《当代教育与文化》第3期。

张晨，2020，《在社区服务社会化中寻求专业化与本土化的平衡——基于苏州市吴中区的个案研究》，《社会建设》第2期。

张和清，2006，知识哲学与社会工作专业教育课程的实践属性——人文-实践取向的专业课程设计》，载王思斌主编《社会工作专业化及本土化实践——中国社会工作教育协会2003~2004论文集》，社会科学文献出版社。

张和清、廖其能，2020，《乡镇（街道）专业社会工作发展中互为主体性建构研究——以广东"双百计划"为例》，《社会工作》第5期。

张和清、徐菲，2022，《新文科建设背景下中国社会工作教育反思》，《社会工作与管理》第6期。

张慧鹏，2024，《当乡建情怀遭遇经济规律：对当代新乡村建设运动的反思》，《中国农业大学学报》（社会科学版）第 1 期。

张剑、亓媛，2017，《新乡村建设运动对农村社区社会工作的启示》，《山东青年政治学院学报》第 3 期。

张燕婷、王海洋，2021，《社会工作研究中的自我叙事与经验转化》，《福建论坛》（人文社会科学版）第 7 期。

张燕婷、赵洪萍，2021，《"社会学想象力"与教育社会学研究范式的整合》，《济南大学学报》（社会科学版）第 3 期。

张洋勇，2021，《社会工作者社会支持网络的构建：一项民办社工机构的行动研究》，《中国社会工作研究》第 20 辑。

张洋勇、徐明心，2022，《社会工作专业教育的转向：美国的历程和启示》，《社会科学战线》第 6 期。

张一兵、夏凡，2011，《人的解放》，河南人民出版社。

张英阵、郑怡世，2012，《再探 Jane Addams 的社区工作理念》，《社会政策与社会工作学刊》（台北）第 1 期。

张振波，2015，《论协同治理的生成逻辑与建构路径》，《中国行政管理》第 1 期。

赵洪萍，2020，《进城务工女性的母职实践——以"家为社会田野"的叙事研究》，《妇女研究论丛》第 3 期。

赵陵波、赖丽足、林羽中、赵春晓、任志洪，2018，《校园反欺凌项目干预效果及影响因素：元分析和 GRADE 证据质量》，《心理科学进展》第 12 期。

赵万林，2021，《从双重关系到友伦之"善"——社会工作双重关系话语的重构》，《宁夏社会科学》第 6 期。

郑广怀、王晔安、马铭子，2021，《"以红领专"：社会工作者的专业自主性与国家的领导权建构》，《社会学研究》第 6 期。

郑广怀、朱苗，2021，《生态因素如何影响循证实践在社会工作专业化进程中的作用》，《学海》第 3 期。

中华人民共和国国家统计局，2011，《中国统计年鉴 2011》，中国统计出版社。

周金玲，2023，《政府购买社会工作服务的主体及其关系辨析——以湖南省社工站建设为例》，《华东理工大学学报》（社会科学版）第 3 期。

周鹏，2022，《毛泽东群众路线思想三个维度的再审视》，《湖南科技大学学报》（社会科学版）第 3 期。

朱健刚、陈安娜，2013，《嵌入中的专业社会工作与街区权力关系：对一个政府购买服务项目的个案分析》，《社会学研究》第 1 期。

朱健刚、邓红丽、熊婧茹，2023，《参与式发展的路径比较：对社会组织参与乡村振兴的反思——基于广东省 G 市 L 村的案例研究》，《理论探讨》第 3 期。

朱健刚、胡明，2011，《多元共治：对灾后社区重建中参与式发展理论的反思——以"5·12"地震灾后社区重建中的新家园计划为例》，《开放时代》第 10 期。

朱晓阳，2005，《在参与式时代谈建构"性别主体"的困境》，《开放时代》第 1 期。

朱战辉，2019，《农村青年就地城镇化实践机制分析——基于珠三角 D 镇的经验调研》，《中国青年研究》第 4 期。

朱志强，2000，《社会工作本质：道德实践与政治实践》，载何国良、王思斌主编《华人社会：社会工作本质的初探》，香港：八方文化创作室。

Argyris, C., Putnam, R., & Smith, D. M. 1985. *Action Science*. Jossey-Bass Inc.

Berg, B. L. 2007. *Qualitative Research Methods for the Social Science*. Boston：Allyn and Bacon.

Bruner, J. S. 1986. *Actual Minds, Possible Worlds*. Harvard University Press.

Cleary, T. 2018. "Social Work Education and the Marketisation of UK Universities." *The British Journal of Social Work* 8.

Denzin, N. K., & Lincoln, Y. S. （eds.）1994. *The Sage Handbook of Qualitative Research*. Thousand Oaks, CA：Sage.

Denzin, N. K., & Lincoln, Y. S. （eds.）2011. *The Sage Handbook of Qual-

itative Research (4th ed.). Thousand Oaks, CA: Sage.

Farber, N. , & Reitmeier, M. C. 2018. "Apturing the Wisdom of Our Tradition: The Importance of Reynolds and Towle in Contemporary Social Work Education. " *Clinical Social Work Journal* 28.

Garrett, P. M. 2016. "Introducing Michael Gove to Loïc Wacquant: Why Social Work Needs Critical Sociology. " *The British Journal of Social Work* 4.

Gibbs, A. 2001. "The Changing Nature and Context of Social Work Research. " *British Journal of Social Work* 31 (5).

Goldstein, E. G. 1995. *Ego Psychology and Social Work Practice* (2nd ed.). New York: The Free Press.

Hall, B. L. 1992. "From Margins to Center? The Development and Purpose of Participatory Research. " *The American Sociologist Winter*.

Higgins, M. , Popple, K. , & Crichton, N. 2016. "The Dilemmas of Contemporary Social Work: A Case Study of the Social Work Degree in England. " *The British Journal of Social Work* 3.

Hugman, R. 1991. *Power in Caring Profession*. London: Macmillan.

Kabeer, N. 1999. "Resources, Agency, Achievements: Reflections on the Measurement of Women's Empowerment. " *Development and Change* 3.

Kemmis, S. , & McTaggart, R. 1988. *The Action Research Planner*. Geelong, Victoria: Deakin University Press.

Knott, C. , & Scragg, T. 2010. *Reflective Practice in Social Work*. London: Learning Matters Ltd.

Lather, P. 1986. "Research as Praxis. " *Harvard Educational Review* 56 (3).

Mclntosh, P. 2010. *Action Research and Reflective Practice: Creative and Visual Methods to Facilitate Reflection and Learning*. New York: Routledge Publish Press.

Mertens, D. M. , & Ginsberg, P. E. 2008. "Deep in Ethical Waters: Transformative Perspectives for Qualitative Social Work Research. " *Qualitative*

Social Work 7 （4）.

Patricia, C. 2018. "Developing Rich Pedagogies for Fast-Track Social Work Education." *The British Journal of Social Work* 5.

Payne, Malcolm. 2014. *Modern Social Work Theories.* Basingstoke: Palgrave.

Powell, F. 2001. *The Politics of Social Work.* London: Sage Publication.

Specht, H. , & Courtney, M. E. 1994. *Unfaithful Angels: How Social Work Has Abandoned Its Mission.* New York: The Free Press.

Turner J. 2017. *Social Work Treatment: Interlocking Theoretical Approaches.* New York: Oxford University Press.

Walters, N. , Lygo-Barker, S. , & Strkljevic, S. 2001. *Empowerment Indicator: Combating Social Exclusion in Europe.* Bristol: The Policy Press.

Webster, L. , & Mertova, P. 2007. *Using Narrative Inquiry as a Research Method.* London: Routledge/Taylor&Francis Group.

图书在版编目（CIP）数据

社会工作实践知识：理论构建与行动研究／王海洋
著 . -- 北京：社会科学文献出版社，2024. 12.
ISBN 978-7-5228-4774-0

Ⅰ. D632

中国国家版本馆 CIP 数据核字第 2024HW8300 号

社会工作实践知识：理论构建与行动研究

著　　者／王海洋

出 版 人／冀祥德
责任编辑／胡庆英
文稿编辑／陈彩伊
责任印制／王京美

出　　版／社会科学文献出版社·群学分社（010）59367002
　　　　　地址：北京市北三环中路甲 29 号院华龙大厦　邮编：100029
　　　　　网址：www. ssap. com. cn
发　　行／社会科学文献出版社（010）59367028
印　　装／三河市龙林印务有限公司

规　　格／开　本：787mm×1092mm　1/16
　　　　　印　张：16. 5　字　数：245 千字
版　　次／2024 年 12 月第 1 版　2024 年 12 月第 1 次印刷
书　　号／ISBN 978-7-5228-4774-0
定　　价／98. 00 元

读者服务电话：4008918866